老上海 新上海

《旅游圣经》编辑部
陈玉贞 著

北京航空航天大学出版社
BEIHANG UNIVERSITY PRESS

内容简介

该书深入挖掘上海的历史、人文、风土人情，通过最有上海特色元素的景点、美食、酒店、客栈、购物地、休闲地等，展现了上海的独特魅力；紧扣人文主题，通过对历史、建筑、文化的描写，全书充满浓厚的人文气息；景点介绍和攻略并重，既以生动细腻的笔法描写景点本身，篇幅详略得当，又提供了丰富的景点游玩攻略，信息翔实、图文并茂。

图书在版编目（CIP）数据

老上海新上海 /《旅游圣经》编辑部著 .-- 北京：北京航空航天大学出版社，2014.5

ISBN 978-7-5124-1355-9

Ⅰ.①老… Ⅱ.①旅… Ⅲ.①旅游指南－上海市 Ⅳ.①K928.951

中国版本图书馆 CIP 数据核字（2014）第 003596 号

老上海新上海

《旅游圣经》编辑部 陈玉贞 著

策划编辑：谭 莉

责任编辑：郑 方

*

北京航空航天大学出版社出版发行

北京市海淀区学院路37号（100191） http://www.buaapress.com.cn

发行部电话：（010）82317024 传真：（010）82328026

读者信箱：bhpress@263.net 邮购电话：（010）82316936

北京尚唐印刷包装有限公司印装各地书店经销

*

开本：700×1000 1/16 印张：20.75 字数：372千字

2014年5月第1版 2014年5月第1次印刷

ISBN 978-7-5124-1355-9 定价：49.80元

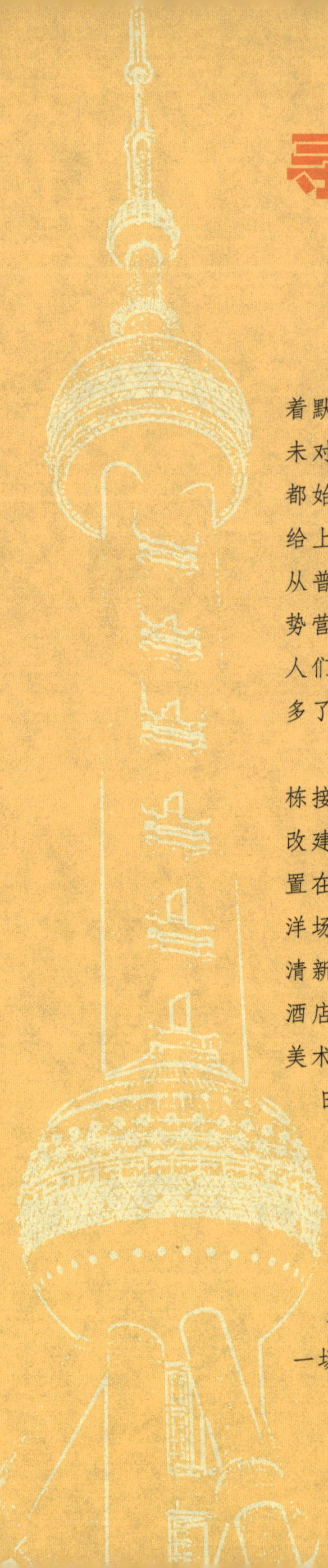

寻找老上海风情

体验新上海魅力

在唐、宋、元、明乃至更早的朝代中，上海都一直扮演着默默无闻的角色。江南的繁华重镇和北方的政治中心，从未对上海有过一丝一毫特别的关注。所有翻天覆地的变化，都始于清政府签订的那一纸条约。五个通商口岸的开设，带给上海两种极致的对立。短短半个世纪造就的上海，经历了从普通小镇到超级都市的转变，人们的目光已经被富贵和权势营造出的极致摩登深深吸引。在所谓名震天下的十里洋场，人们为外滩的老建筑群迷醉，为法租界的情调迷醉，总想更多了解那个年代的上海——老一辈的上海，老上海。

现在的上海，改建旧日建筑是一种潮流：外滩老建筑一栋接一栋地被列入修补的队列，老式的厂房一座接一座地被改建成创意艺术园区，老式的行当和记忆一类接一类地被安置在博物馆或艺术馆内重新焕发摩登感的魅力。人们对十里洋场的追忆和迷恋便在这些年中一层层地渗出来。小资或小清新情调在这样的追忆和迷恋中，逐渐扩散了大半个上海。酒店、餐厅、咖啡吧、酒吧、独立书店、艺术馆和各类私人美术馆，都在海纳百川的上海追寻属于自己的风格，新天地、田子坊、老码头都是个中翘楚。后世博园区的中华艺术官等，都是上海的新潮流走势，是崭新的上海。

我们热爱这座城市，这座魅力无穷的城市。我们找来一位常年游走在上海的人，为你一一解说老上海的风情和新上海的魅力，这是继《老北京新北京》后的又一场旅行盛宴。无论来自何方，我们衷心诚挚地希望你能有一场精彩的上海之旅！

《旅游圣经》编辑部

目录

124

第五章
人民广场区域——上海的最中心

160

第六章
淮海路区域——新霞飞路

开篇

最美上海八大体验

1. 滨江大道上观外滩夜景
2. 新天地酒吧体会新潮上海
3. 田子坊小巷中玩一把小清新
4. 漫步后世博园区
5. 豫园赏江南园林
6. 去天蟾剧院忆一代戏剧烟云
7. 吃遍七宝古镇美食
8. 走一走复旦的校园清新路

最值得推荐的三处黄金旅游地带

本书关于“黄金旅游地带”的定义

综合性特色旅游区域，囊括“游、食、住、行、购、娱”中的全部内容，适合休闲小住

有多个代表性人文特色景点

集中较多特色美食、休闲、购物场所

有多家不同档次的特色客栈

交通方便，有地铁直达，区域内适合步行游览

1. 外滩地带（包括外滩、南京东路区域，两地相连）

交通： 乘坐地铁2号线南京东路站下可到达南京东路区域，沿南京东路朝东走十分钟即到外滩

景点： 外滩、外滩老建筑群、南京东路、外滩源、老码头创意园区

美食： （外滩）东京和食、花马天堂、上海姥姥、庄氏隆兴小龙虾面馆

（南京东路）德兴馆、平成屋日本料理、鲜得来年糕、老半斋

休闲： （外滩）和平饭店老年爵士酒吧、Victor’s Deli、Bar Rouge

（南京东路）南京东路步行街都有咖啡店，如Costa等

购物： （南京东路）南京东路步行街

住宿： 外滩老船长青年旅舍、旅行者国际青年旅舍、蓝山外滩青年旅舍

2. 人民广场地带

交通： 乘地铁1号线、2号线或8号线人民广场站到

景点： 上海博物馆、上海音乐厅、当代艺术馆

美食： 云南路美食一条街、黄河路美食一条街

休闲： 芭芭露莎、Kathleen’s 5等

购物： 来福士广场、人民广场地下购物中心

住宿： 新易途国际青年旅舍、苏州河畔国际青年旅舍

3. 淮海路地区

交通： 乘地铁1号线在黄陂南路下或地铁1号线在陕西南路站下

景点： 淮海路商业中心、新天地、复兴公园、孙中山故居、宋庆龄纪念馆

美食： 进贤路本帮菜一条街、查餐厅、鹿港小镇、揽香、Pier 39

休闲： Shanghai Tang Cafe、Brown Sugar、古董花园、宝莱纳

住宿： 首席公馆、老陕客栈

外滩夜色

老上海最值得推荐的8个地方

夜色下的外滩，一座座的明灯宫殿

南京路的老建筑物，最耀眼的两座便是如今的永安百货和对面的上海时装商店

静安宝寺

1.外滩（见64页）

十里洋场的最典型代表。百年以来，外滩都是上海的象征。

2.城隍庙（见238页）

“到上海不去城隍庙，等于没到过大上海。”可见老城隍庙在上海的地位和影响。

3.上海老街（见240页）

再现100年前上海老街的热闹，演示了一段老上海从明清向民国直至西洋文化涌入时期的一段历史文化变迁。

4.石库门（见161页）

19世纪后期出现的石库门建筑，是上海很有特点的建筑群，在新天地周边的区域至今能见。

5.张爱玲故居（见215页）

上海这座城市的风骨永远都有小资气息的存在，张爱玲是第一个说出口的人。

6.多伦路（见287页）

一条20世纪文人和权贵聚居在一处的街道，一条充满了各式异国风情建筑的街道，一条充满文人风骨的街道。

7.南京步行街（见130页）

上海最老的商业街，也是唯一保留基本原貌的商业街，街上的老建筑依旧陷在回忆当年荣光的岁月中。

8.静安寺（见205页）

上海最古老、最别具一格也是唯一保留了基本原貌的商业街，老字号云集。

新上海最值得推荐的8个地方

真正潮流的人，是那些换一套衣服就轻易将容貌转换的人

田子坊巷景

金茂大厦和环球金融中心

1.新天地（见161页）
石库门巷子改建的餐饮区域，如今是城中最热闹的地方。

2.田子坊（见263页）
平常人家的街巷里，猛然窜出来的一座创意园区，吃喝玩乐的好场所。小资和小清新的气息各分天下，深受欢迎。

3.陆家嘴（见110页）
摩登高楼的魅力一直都是上海国际化的象征之一。许多人到了陆家嘴的滨江大道后，就愿意坐下看看对岸的百年风云。

4.后世博园区（见95页）
2010年上海的荣光，是上海世博会。2012年后的后世博园区满是艺术馆、博物馆和创意中心，保留了世博会中别致的建筑群。

5.静安别墅（见212页）
在20世纪的老式别墅群中，小资和小清新开辟出了一片属于他们的区域。安静的院落里，都是服饰店和咖啡店的天下，精致和创意是唯一的主题。

6.南京西路（见208页）
上海总能接收时尚潮流的第一手资料，南京西路的奢侈品广场内就是最大的展示台。

7.衡山路（见257页）
老牌的酒吧一条街，光鲜华丽。舍去了刚开业那几年的浮华，衡山路的腔调越发像20世纪30年代身着旗袍的丽人。

8.M50创意园区（见290页）
满是画廊和创意产业，每走一步，都是一场脑力风暴的盛宴。有人喜欢看画廊，有人喜欢坐在近园区的书店发呆，有人喜欢晚上跑来看音乐会。这里似乎什么元素都全了。

分类指南

最值得推荐的 10 家地方菜餐厅

最值得推荐的 10 家咖啡馆、茶馆

最值得推荐的 8 家酒吧

最值得推荐的 8 家旅舍

地铁全攻略

上海地铁始建于1990年，1995年第一条地铁线路建成通车，使上海成为中国继北京、天津后第三个拥有地铁的城市。目前正在运营的线路有：1号线、2号线、3号线、4号线、5号线、6号线、7号线、8号线、9号线、10号线、11号线、13号线和机场磁悬浮线。随着10号线、11号线、13号线等更多地铁线路的不断开通，地铁交通将遍布上海每个角落，并将更偏远的郊区与城市进行更为快速的地铁连通。

目前，上海地铁实行以站距定票价制。除5号线外，0-6公里3元，6-16公里4元，16-26公里5元，以后每10公里加收一元，上不封顶。5号线为了吸引客流2元起步，执行0-6公里2元，6-16公里3元的优惠票价，且仅适用于莘庄-闵行开发区区间。如持机票购磁悬浮线，票价50元。

市区线路首班车为5:30至6:00发出，末班车为22:30-23:00。磁悬浮为6:45-21:30。

地铁站外观

乘坐地铁指南

地铁站外指示牌

当您从上海火车站、上海火车南站、上海火车西站、上海虹桥机场和上海浦东机场出站后，都可按照车站指示进入地铁站。浦东机场可通地铁2号线，但进入市区前需在广兰路至月台对面更换地铁。

当您穿梭于上海市内，看到道路旁竖有蓝色地铁标志牌时，表明附近都有地铁站，且相距不过数百米，步行5分钟以内可达。标志牌通常附有指向牌，指向明确方位。在地铁站的出入口处上方立有写着“地铁”字样的标志牌及线路名称，通常在入口两侧有两块提示标志牌，一块为“入口编号标志”牌，上面标有车站名和入口编号；另一块为“地铁运营时间标志”牌，上面标有地铁列车通过本站的首末车时间。如找不到，可询问地铁客服人员。

安检

沿入口处台阶下到地铁站内，经过通道进入售票大厅，如果是带包的旅客，无论背包大小都须进行安检，将背包放在x光检测机的传送带上通过即可。地铁内禁止携带易燃、易爆、毒害、腐蚀等违禁物品。上海火车站、地铁站需先购票再安检。

购票

有两种方式：

1.购买“一卡通”。这是我们推荐的方式。大部分地铁站都有一卡通售卖窗口，最好每人购买一张，这样可以节省之后每次排队购票的时间，而且用它乘坐公交汽车可以享受连乘优惠。详情请参见“一卡通”使用指南。

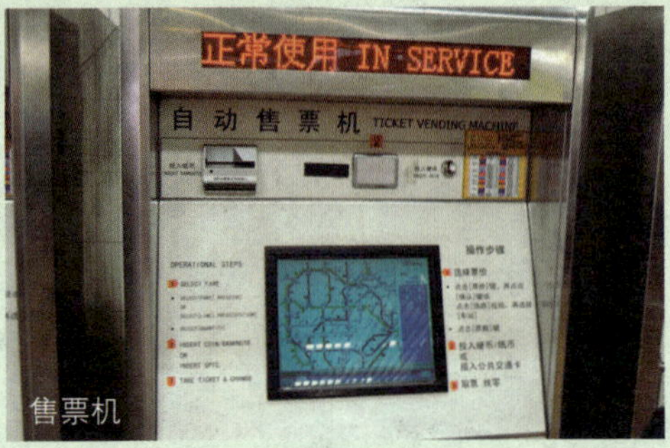

售票机

2.购买单程票。可到售票处购买单程车票，也可以选择用售票大厅两侧的自动售票机自助购买。使用自动售票机购票时，须准备好一元硬币或是八成以上新的五元、十元面值的平整纸钞。直接在屏幕上选择购票数量，选择线路和车站，随后出现购票信息页面，确认后将票款从指定的进钞口插入，然后在页面上核实投币金额和找零金额，点击绿色“确认”按钮，车票和找零会在“取票找零口”吐出，购票完成。若是投币完后，放弃购买可选择屏幕右下角的红色“取消”按钮，钱币会退还给你。

进站

走到闸口，看闸机机身的标志提示，如果是红色箭头表示此通道不开放，如果是绿色箭头表示该口可以进站。右手持车票，将车票轻触右侧闸机的刷卡感应区，听到确认提示音，在闸机开启的5秒内必须通过，否则闸机关闭。身高1.2米以下的免票儿童通过闸机时，须走在成人前方。拉行李的乘客最好将行李放在身体前方，推着行李过闸机，或选择大件物品专用通行闸机更为方便。

候车

进站后，妥善保管车票，不要折叠、弯曲或污损。沿右侧滚梯或楼梯走到站台，楼梯口处上方会标有两侧列车的行驶方向。站台内的标志主要在头顶上方的灯箱和两侧立柱上，部分车站会在站台两端设立有“地铁线路图标志”牌，上面有上海地铁线路图、本站的三维结构图、车站周边地图、出入口指示标志和本站厕所的位置方向。站内有多台液晶电视会显示距下一辆列车进站还有多长时间。

候车时，请不要越过地上的黄色隔离带，并按箭头的指示站在车门两侧，先下后上。当排队上车时，听到清脆的铃声请抓紧时间上车，如果铃声结束车门发出“嘟”的关门提示音，你还没能挤上列车，最好后退回站台，以免被门夹住。

地铁内候车区域

乘车

乘车时，尽量注意广播在列车开动时和即将进站时的报站，因为有些线路列车两侧的门会交替开启，报站时将提示开启哪一侧的车门。到站前，请提前换到门口位置。上海的大部分地铁线路仍未安装电子提示线路，还需自行计算何时下车。

换乘

换乘线路时，站台内头顶上方和立柱上也都会有明显的标志，而且在换乘通道沿路都有标注方向。基本上随着大批人流方向走动是不会有错的。

换乘标志

出站地图

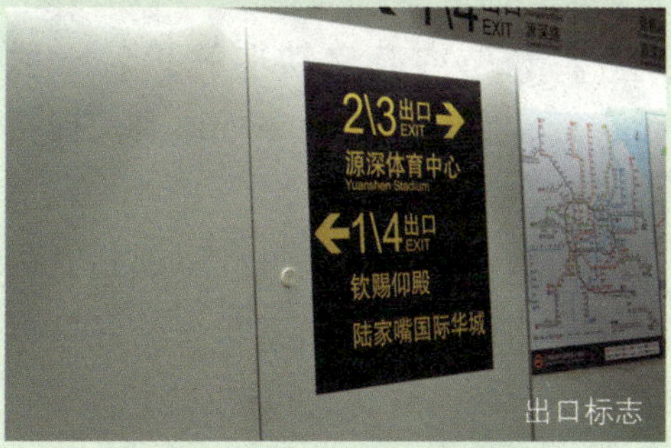

出口标志

出站

下车准备出站时，可以参照站台两侧立柱上的车站周边地图或是站台两端中央的“地铁线路图标志”，知名的景点、商场、酒店、公司等都会标注在上面，选择距离你所要去的地方较近的站口出站。

出站口

出站时，同样要看清闸口上方是否是绿色箭头，右手持车票，使用交通一卡通的旅客可在刷卡区上刷卡通过，使用单程车票的旅客将卡插入投票口后，迅速通过。

出站后，可乘上行滚梯到达地铁站口，请务必靠右侧站立，左边的通道要留给赶时间的乘客快速通过。

其他

地铁站内有自动取款机，一般为工行、农行、建设银行或浦发银行等，但均可使用银联卡。

如果你在乘地铁过程中遇到无法解决的问题时，请向工作人员寻求帮助，相信会得到满意的答复。

“一卡通”使用指南

“一卡通”，全称为上海公共交通卡，属非接触式IC卡，用户持卡接近读卡机指示的感应区即可完成付费。在上海乘坐地铁时使用“一卡通”，可节约排队买票的等候时间。购卡时需付20元押金，当卡内金额为正数但小于应付金额时，可透支一次，此后需及时冲资，方可继续使用。“一卡通”可多次充值反复使用。另外，“一卡通”还可在出租车及部分公用电话亭、超市、轮渡等地点使用。

办理方法

1.大部分地铁售票窗口均可以申请办理并充值，但也并非每一个出入口都能办理，最好询问一下地铁工作人员，以免多走冤枉路。

2.申办时，不需要任何证件，且申请的数量不限，因为大部分公交线路不可以重复刷卡，所以最好每人办理一张，即办即取。

3.办理“一卡通”须交纳每张卡20元的押金，并同时充值，首次充值金额不能低于30元，再次充值额需为50元或50元的整倍数。以普通的5-7日旅游行程安排来计，地铁作为主要代步工具，充值80元足够使用。

使用方法

1.持卡乘坐地铁须在进站和出站时各刷卡一次。

2.持卡乘坐公交汽车，可享受4折优惠。乘单一票制线路车辆时，上车刷卡扣除票款，下车不用刷卡；乘坐分段计价线路车辆时，上下车均刷卡。

3.当卡内仍有余额，但不足以支付本次乘车票款时，可透支一次。透支金额在下次充值或者退卡时偿还。

退卡方法

1.妥善保护好“一卡通”是顺利退卡的关键。退卡网点只受理“好卡”，即外观完好，无划伤、折断、破损、弯曲、打孔、浸泡、贴膜等情况，设备可以正常读取卡片信息的IC卡。

2.退卡时回收卡片，退还押金；已透支的“一卡通”，须先偿还透支金额。

3.上海的退卡网点极多，地铁站、便利店、浦发银行等均可，以地铁站退卡最为便捷。地铁线路退卡点如下：

1号线 衡山路、锦江乐园、共康路、汉中路

2号线 江苏路、松虹路、世纪公园、海天三路

3号线 中潭路（东厅）、漕溪路、江杨北路、东宝兴路

4号线 杨树浦路

磁悬浮 浦东机场票务中心4号窗口火车站和附近的地铁站均不能退卡，建议最后一天游览后在上述最近的地铁站退卡，去车站时购买单程票。

地铁线路简介及重要站点周边信息

1号线

该线南起莘庄，北至富锦路，行驶全长近37公里，共设28个车站。途经人民广场、淮海路、衡山路、徐家汇等旅游区域。

人民广场站

景点：人民广场、上海博物馆、上海美术馆、南京东路、南京西路等

黄陂南路站

景点：新天地、淮海东路

陕西南路站

景点：陕西南路、复兴公园、长乐路、东湖路、进贤路美食一条街

衡山路

景点：衡山路酒吧一条街

徐家汇站

景点：徐家汇

2号线

连接浦东与浦西最早的地铁线，全长60公里，共有30个车站。途经陆家嘴、南京路等旅游区域。

静安寺站

景点：静安寺、静安公园、南京西路、巨鹿路、蔡元培故居

南京西路站

景点：南京西路、静安别墅、沐恩堂

南京东路站

景点：上海美术馆、人民广场、外滩

陆家嘴站

景点：东方明珠、环球金融中心、滨江大道

世纪公园站

景点：世纪公园

3号线

这是上海首条高架轨道交通线路，全长约40公里，共设29个车站。现部分车站与4号线共用车站。途经上海火车站、上海南站及虹口足球场。

虹口足球场站

景点：鲁迅公园、四川北路购物

街、多伦路文化街、多伦现代美术馆

7号线

7号线从市区的西北锦秋路站（锦秋路陈太路）起穿越市中心城区至浦东芳甸路站，线路全长约34公里。共有28座车站。途经世博园区、常熟路、静安寺等旅游区域。

耀华路站

景点：中国馆、世博演艺大厅、阿拉伯馆

常熟路站

景点：淮海中路、衡山路

静安寺站

景点：静安寺、静安公园、南京西路、巨鹿路、蔡元培故居

8号线

上海轨道交通八号线，编号M8，又称杨浦线。该线属于南北走向，是直达2010年世界博览会场址的轨道交通线路之一。

虹口足球场站

景点：鲁迅公园、四川北路购物街、多伦路文化街、多伦现代美术馆

人民广场站

景点：人民广场、上海博物馆、上海美术馆、南京东路、南京西路等

大世界站

景点：上海音乐厅、大世界、云南路美食街

老西门站

景点：豫园、上海老街、城隍庙

耀华路站

景点：中国馆、世博演艺大厅、阿拉伯馆

9号线

也称作申松线，是一条东西走向为主的线路。规划中全线由松江新城站至崇明岛，目前已确定线路走向的为西起松江新城站，东至杨高中路站的一期和二期工程。

世纪大道站

景点：八佰伴商区、陆家嘴

小南门站

景点：豫园、上海老街、城隍庙

马当路站

景点：新天地

打浦桥站

景点：田子坊

徐家汇站

景点：徐家汇

七宝站

景点：七宝古镇

佘山站

景点：佘山风景区

10号线

全长36公里，沿途经过新天地、豫园老城厢、南京路、淮海路、四川路、五角场城市副中心等上海中心区域，因此被称为“最黄金线路”。

同济大学站

景点：同济大学、复旦大学

南京东路站

景点：外滩、南京东路

豫园站

景点：豫园、上海老街、城隍庙

新天地站

景点：淮海路和新天地

陕西南路站

景点：陕西南路、复兴公园、长乐路、东湖路、进贤路美食一条街

虹桥站

景点：虹桥火车站和虹桥机场

11号线

采取主线和支线两条线路，主线自嘉定北站至江苏路站（北段一期）江苏路站至浦东三林（北段二期），支线由安亭至嘉定新城站途径上海国际赛车场站，并与11号线主线段在嘉定新城站并线。

12号线

全长40.4公里，设32个车站，西起闵行区七莘路站，途经徐汇区、卢湾区、静安区、闸北区、虹口区、杨浦区，直至浦东新区金海路站。12号线于2008年底开工建设，预计2014年完工。

13号线

该线由嘉定区江桥镇的金运路站至浦东新区张江路站，共设31个车站。

地铁线路图

对背包客访谈

8位不同职业、不同年龄段的上海背包客
应《旅游圣经》编辑部邀请
畅谈多年上海生活感悟
披露心目中上海最美的地方
推荐独家景点、美食、旅行路线

静安别墅里的小店

背后霓虹远去，细雨中提着行李，等上远洋的船。

汪茹芸，24岁，从事过许多职业，现为北京大学艺术史专业研究生。2009年开始自助旅行，那年背包周游欧洲16国42个城市，那是生命交付给旅行和世界的一年。

1. 你在上海生活多长时间了？家乡在哪里？

24年中的22.5年。上海本地人。

2. 你觉得上海对你最大的吸引力在什么地方？

同一个地方，既是自己的家乡，也是可以触摸到更远世界的地方。

3. 如果用一个词来形容上海，你会说什么？

我会说——“家”。

4. 如果用一张照片来表现上海，觉得应该是怎么样的画面？

背后霓虹远去，细雨中提着行李，等上远洋的船。

5. 对于上海近年来的变化，你有什么看法？

她只是也只会变得更像她自己了。

6. 你认为真正的上海在哪个地方能体现出来？

在上海每天最平常的生活中。

7. 你游览上海景点感受最深的一次是怎么样的？请谈一谈当时的感受。

有1-2个月的时间，辞去工作在上海各处游荡，我称之为“在上海流浪”，以一个陌生人的视角去看上海，走走停停，静静地看每个路人经过，想象他们的上海和生活，看这个城市的模样，听这个城市的声音，闻这个城市的味道……每个瞬间的感受都新奇、特别又熟悉。

8. 你最喜欢去上海的哪个地方？

嗯~福州路吧。（如果我失踪了，请来福州路找我，哈哈）

9. 你最喜欢去哪个饭店？

汾阳路宝来纳（不是推荐饭店，是每个地方都有属于它的故事）。

10. 请给来这个城市的旅行者一些建议。

在外旅行，那些给我印象最深的城市，都是我曾经住满了一周的城市。各位，请来上海生活满一周，你会知道，这也是一座从它脚下泥土中实实在在地长出的城市。那些过早给这个城市下的定义和判断，都忽略了泥土的成分以及生命的过程，而它们比我们想象得复杂多了。

浓郁的梧桐树背后，一座座幽静的花园里，风格迥异的小洋楼若隐若现，诉说着曾经的沧海桑田。

冰猫，39岁，旅游编辑，2001年开始自助旅行

1. 你在上海生活多长时间了？家乡在哪里？

一枚土生土长的上海人，除了出门旅游，很少长时间离开过上海。

2. 你觉得上海对你最大的吸引力在什么地方？

家乡。家乡的感觉就是不管你离开这里有多久，走的有多远，当飞机降落的时候，底下那片灯火阑珊能让你感到一阵温暖。

3. 如果用一个词来形容上海，你会说什么？

混搭（石库门和时尚酒吧的混搭、老弄堂和创意小店的混搭、外滩万国建筑和现代化的陆家嘴构成了浦江两岸）。

4. 如果用一张照片来表现上海，觉得应该是怎么样的画面？

老式弄堂里石库门黑色的大门大都紧闭着，偶尔有一辆自行车停在门口，抬头可以看到繁杂的电线和居民家晾晒着的衣服。在弄堂口却有一家小清新风格的咖啡馆，透过天蓝色的门和大大的玻璃窗，可以看到里面大多是沙发和各种靠垫，让这片狭小的空间显得安静而温暖。

5．对于上海近年来的变化，你有什么看法？

我很喜欢近年来上海对各种元素的融合和创新。历史和现代的融合让浦西的外滩万国建筑和浦东的陆家嘴构成了如今的浦江两岸，中外元素的融合让新天地石库门里的西餐厅和酒吧别具风格，新旧元素的融合让马勒别墅等老洋房酒店、餐厅成为时尚风向标。

6．你认为真正的上海在哪个地方能体现出来？

我觉得应该在原来南市区的文庙到老城隍庙那一带吧。

文庙算是上海的老城厢了，也是市中心唯一的儒学圣地，建于清咸丰年间，现在的文庙是1999年修缮后重新开放的。不过上海当地人去文庙则更多的是去淘旧书，淘完书在附近的文庙路上吃吃逛逛，从烤串到菜饭骨头汤，小吃店一家挨着一家，充满了浓浓市井的气氛。

7．你游览上海景点感受最深的一次是怎么样的？请谈一谈当时的感受。

那是多年前第一次听说田子坊这个地方。

一走进田子坊，犹如穿行在迷宫般的老式弄堂里，抬头是住客们晾晒的衣服，而底下一家家特色小店和休闲餐吧在不经意间跳入你的视线。这边是家印巴风格的小店，出售着店主从各地搜罗来的宝贝，从印度香到大红色的描金纱丽，从手工纸制挂历到干草编制的落地灯，每件都那么抢眼。那边是银子坊，除了可以定制银饰品外，还有很炫的玻璃工艺品，可以自己动手来DIY的。一会儿是家东南亚风格的餐厅，一会儿又是家泰迪熊主题餐厅，看得我眼花缭乱，上海亲切、温暖和嘈杂的一面尽情展现在眼前。

8．你最喜欢去上海的哪个地方？

武康路。

武康路名气并不大，这里看不到公交车，甚至连行人都不多，静若处子，没有丝毫张扬。在这条南北走向不足2公里长的安静的小路上，却延绵着近百栋各式老洋房，仅在门口挂上保护建筑牌子的就有二十多栋。浓郁的梧桐树背后，一座座幽静的花园里，风格迥异的小洋楼若隐若现，诉说着曾经的沧海桑田。

9．你最喜欢去哪个饭店？

真如羊肉馆（普陀区北石路155号，近兰溪路）。

这里的羊肉面和白切羊肉是我的最爱。门口有大大的“百年老店”四个字，20世纪80年代的风格，油油的桌子和斑驳的墙面，背后鼎沸的人声伴随着烟酒弥漫在空气中，时光仿佛在这里停滞了很久。只有这里的价格跟上了时代的步伐，羊肉45斤/元，羊脚25元/斤，红烧羊肉面是12元。

10．请给来这个城市的旅行者一些建议。

上海的轨道交通非常发达，你要去的绝大部分地方轨交都能到达，搭乘轨交在时间上比较容易把控，价格也相对便宜，可以多加利用。

在上海向行人问路或跟出租车司机说目的地，尽量不要用“东南西北”的，上海人分不太清。最习惯最精确的表述是一些地标性的建筑或者是“XX路的和XX路的十字路口”之类的。

上海餐厅、酒吧、咖啡馆繁多，对于有选择困难症的朋友来说，出门前做好功课是一个办法。

文艺青年范儿的情调调

唐棠，24岁，舞者，2010年开始自助旅行

1. 你在上海生活多长时间了？家乡在哪里？

两年四个多月，成都。

2. 你觉得上海对你最大的吸引力在什么地方？

第一次来觉得上海不如北京，但后来就喜欢上了上海的摩登感，比其他城市洋气多了。

3. 如果用一个词来形容上海，你会说什么？

玛丽莲·梦露。怀旧气息与摩登都市的结合体。

4. 如果用一张照片来表现上海，你觉得应该是怎么样的画面？

外滩的新视角餐厅，印象中在餐厅的某块反光镜中领略了一把倒映中的外滩霓虹。当海水的颜色幻作天空，被霓虹的多重色彩和光泽渲染出不一般的外滩。

5. 你认为最美的上海在哪个地方能体现出来？

我特别喜欢新天地，喜欢躲在角落里的木头咖啡吧。

6. 你游览上海景点感受最深的一次是怎么样的？

有一次超级棒。我一个人去上海外滩美术馆，慢慢悠悠地坐上轮渡，慢慢悠悠地踏上圆明园路，花15块钱买了一张门票，看了一场迷人的意大利装置艺术展《分享但不公平》。走在虎丘路上的时刻，被外滩的夜景彻底迷住了。

7. 你最喜欢去上海的哪儿个地方？

特别喜欢长乐路富民路的街角处，坐着发呆很爽。

8. 你最喜欢去哪儿家饭店？

巨鹿路上的萤七人间，永嘉路上的本帮菜。

9. 你能否推荐一条上海旅行路线？

浦东坐轮渡到外滩，坐车去湖南路，我第一次去湖南路就觉得那里太美了，和朋友走了三个小时走到了徐家汇。

10. 请给来这个城市的旅行者一些建议。

不要去豫园，特别是周日，人太多了！

一个愿意逐步放弃自己的语言的城市，你不能再用排外来形容它了。

马莅骊，30多岁，从事教育行业，1994年开始自助旅行

1. 你在上海生活多长时间了？家乡在哪里？

差不多是一直在这里，从出生起，除了中间去英国读书工作了两三年。

2. 你觉得上海对你最大的吸引力在什么地方？

因为它是上海，对我重要的人差不多都在这里。我觉得在这个问题上没有多少选择的余地，虽然也会觉得其他城市的好，不过这里毕竟是我的家，对我来说这就是最大的吸引力。

3. 如果用一个词来形容上海，你会说什么？

生气勃勃。

4. 如果用一张照片来表现上海，觉得应该是怎么样的画面？

早晨九点左右静安寺的地铁站。这是我熟悉的画面。只有在这样的画面里，你会感受到所有生活在上海的人是多么不容易，他们勤奋向上，积极进取。你也会真切感受到这个城市的拥挤，人们对于有限资源的竞争和抢夺。

5. 对于上海近年来的变化，你有什么看法？

这个问题太大了。上海的变化应该是多方面的，我举一个比较感性的例子，越来越多的人说普通话，两个陌生人相遇他们首先用普通话交流，即使两个上海人之间也常常这样。我觉得这个现象本身说明了很多问题，一个愿意逐步放弃自己的语言的城市，你不能再用排外来形容它了。

6. 你认为真正的上海在哪个地方能体现出来？

对我来说，不是某个地方，而是某个时间

段。我最喜欢春节期间的上海，异常宁静。城市走空了一大半，让我觉得非常像小时候的氛围。

7. 你游览上海景点感受最深的一次是怎么样的？请谈一谈当时的感受。

作为上海人，其实不太有逛景点的经验，何况上海几乎是没什么景点的。记忆里比较有意思的一次是初春的时候去佘山。因为上海是平地，唯有佘山脚下的路有点坡度，比较有意思。但这样的风景可能对外地的朋友早已司空见惯。

8. 你最喜欢去上海的哪个地方？

我曾经在永福路工作了八年，那里附近都很不错，比如安福路，武康路，再到桃江路东平路，有许多老房子老街道。20世纪90年代末的时候道路上没有那么多的车，尤其安静，现在人渐渐多起来，开了许多有趣的小店，是摄影师和老外小资们的聚集地。你可以在那个区域随便乱走，到处都很美好，累了就找个咖啡馆歇一歇。可以是个很惬意的下午。

9. 你最喜欢去哪个饭店？

上海有很多很好的美食选择。我个人比较喜欢广东菜，从前常去公司附近的博多新记，我最喜欢的是宝庆路弄堂里的那家。虽然环境比较简陋，但菜色却是几家里最美味的。

10. 请给来这个城市的旅行者一些建议。

我去一个城市旅行的时候，不太喜欢去大众景点，我喜欢搭乘当地的公共交通，去小街小巷吃小馆子。如果你也喜欢这样的玩法，那么搭乘公车或地铁，可以去许多有趣的地方。看外滩的话，可以在傍晚去浦东的滨江大道，遥望浦西的建筑，或者干脆坐轮渡。如果喜欢购物的话，不要去南京东路淮海路徐家汇这些地方，人太多了。我喜欢南京西路更多些，还有长乐路和陕西路都有些很有特色的小店。

真正的上海，既体现在陆家嘴金融区的锐意进取中，也体现在思南路、新华路这些市中心老马路的幽深静谧里。

潇湘，30岁，曾为报纸记者、杂志编辑，现为自由职业者，2004年开始自助旅行

1. 你在上海生活多长时间了？家乡在哪里？

   13年。家乡在福建武夷山。

2. 你觉得上海对你最大的吸引力在什么地方？

   繁华中透着一丝疏离，活力动感又带着几分醉生梦死。

3. 如果用一个词来形容上海，你会说什么？

   腔调。

4. 如果用一张照片来表现上海，你觉得应该是怎么样的画面？

   电影《歌舞中国》里，一个爵士舞者站在高高的天台上，激情又落寞地翩然起舞，脚前是蜿蜒浦江和陆家嘴的水泥森林。个人觉得这个画面最具上海气质。

5. 对于上海近年来的变化，你有什么看法？

   十年间，高楼如笋，日新月异。上海越来越具现代化国际大都市的气质，但一些老建筑老街巷，也在拆除的浪潮中日渐消失。

   建筑是凝固的历史，老建筑犹如文化名片。如何在变迁中留存，并赋予时代新气质，苏州河、新天地、各种创意园区，还在做各种不错尝试。

6. 你认为真正的上海在哪个地方能体现出来？

   个人觉得上海具有两面性。所以真正的上海，既体现在陆家嘴金融区的锐意进取中，也体现在思南路、新华路这些市中心老马路的幽深静谧里。

7. 你游览上海景点感受最深的一次是怎么样的？请谈一谈当时的感受。

2000年冬天的某个午夜，和朋友骑车去浦东的滨江大道。那时，滨江大道还不太出名，晚10点即关闭。游说保安放我们进去，长长的滨江路上，只有我和朋友踏夜漫步。隔着黄浦江，对岸是熄了灯的万国建筑群，洗尽铅华，沉睡在浓浓夜色里。

对着仿佛沉睡的一整座城市，那时年少的我们，朝着滔滔江水，肆无忌惮放声呼喊。

如今回想，早已忘了呼喊什么，只觉得那便是青春。便是承载着我们青春的地方。

8. 你最喜欢去上海的哪个地方？

滨江大道。同样沿着黄浦江水，坐落于浦东的滨江大道，少了外滩人头攒动的喧哗。这条改造自旧日码头的景观道路，有着浦江沿岸最靠近江水的平台。相伴无敌江景的，却是这座城市最珍稀的清静休闲。

随意一个阳光和煦的午后，漫步过游人稀少的江岸，拣一处江边无人的靠椅，或是滨江大道的茶座、咖啡厅，悠闲地看游轮货船穿行江面，鸥鸟贴着水面划过美丽弧线。偶尔拉响的一声汽笛，打断随江水流淌的脉脉遐思，迎面吹来的是这座城市特有的海派风情。

9. 你最喜欢去哪个饭店？

透明思考。以琉璃为主题，流光溢彩。

10. 请给来这个城市的旅行者一些建议。

在常规景点之外，别忘了去思南路、绍兴路、新华路、湖南路等老马路，漫无目的地散散步。无论白天还是夜晚，无论工作日还是周末，这些市中心的小马路，始终是清幽空静的。两边是藏着历史传奇的老宅子，头顶是枝叶茂盛的梧桐，漫步其间，你会知道上海并非一般印象里的拥挤喧哗，还有她极具腔调的另一面。

至今喜欢溜达法租界，一层层的梧桐叶子下，摇晃的都是一场当年的梦。

张庆东，45岁，高校教师，1990年开始自助旅行

1. 你在上海生活多长时间了？家乡在哪里？

在上海生活一共十多年了。家乡就是上海，当中离开了一段时间，又回来了。

2. 你觉得上海对你最大的吸引力在什么地方？

去过很多地方，还是上海的包容性比较好。虽然我还不算太老，但总有点叶落归根的想法，在外头飘了很久还是选择回到上海——我的出生地。

3. 如果用一个词来形容上海，你会说什么？

摩登。上海的城市明显给人感觉很摩登。人们的步子都很快，反应都很迅速。

4．如果用一张照片来表现上海，觉得应该是怎么样的画面？

外滩夜景。更喜欢航拍图，有种历史和现实对撞的感觉。

5．你认为最美的上海在哪个地方能体现出来？

我很偏爱清晨的外滩，有一种早晨的忧郁感，感觉更贴近20世纪的风云变幻。

至今喜欢溜达法租界，一层层的梧桐叶子下，摇晃的都是一场当年的梦。特别是武康路安福路一带，我也喜欢没事去走走。每次走在路上，路旁的大铁院子和灰砖别墅，常常让我在脑海里编故事，你知道的，关于20世纪，谁可能住在这里，谁和谁可能来过，有许多建筑都与名人结下缘分，走在法租界常能贴近这种感觉。

6．你游览上海景点感受最深的一次是怎么样的？

上海的景点不是自己一个人去全的，往往要带些朋友逛逛。有些很特别的地方，在他们的旅游书中出现过，连我都不知道怎么去。常常会有一种原来上海还有这种景点的感觉。感受最深的，还是在外滩第一次见到外滩建筑群亮灯的瞬间，顿时被迷住了魂魄。

7．你最喜欢去上海的哪几个地方？

上海博物馆。没事就溜达去转悠转悠，常能碰上讲解员。他讲得热闹，我听得热闹，很有意思。

或者去离我家近的复兴公园。虽然比以前简朴了些，但还是很多人在的，娃娃很可爱，还有个画水彩很棒的画家，我喜欢坐在旁边看看。

8．你最喜欢去哪个饭店？

老半斋，老字号，离原来的公司近。

9．你能否推荐一条上海旅行路线？

外滩是必然要去的，半天时间。然后撤到南京路上看一圈也就罢了。不去新天地的话，会被人说不够潮流的，自新天地可以窜到长乐路附近小资一把。有几处会议旧址可以看看，邻近人民广场的当代艺术馆展品别致，再余下就是田子坊的小清新和M50的艺术氛围，可怎么也要三天才能玩得舒服。

10．请给来这个城市的旅行者一些建议。

没必要赶景点，这座超级都市的魅力大多都在下午和晚上展开。第一次来看外滩和博物馆艺术之类的，第二次去创意园区溜达，以后次数多了也就知道怎么玩了。

喜欢去有情调的餐厅，COZY最重要

许丽荣，40岁，公司老板，1995年开始自助旅行

1. 你在上海生活多长时间了？家乡在哪里？

一年，新加坡人。

2. 你觉得上海对你最大的吸引力在什么地方？

上海人，我居住的小区很好，邻居也都很好。

3. 如果用一个词来形容上海，你会说什么？

变化多端，上海这座城市新旧风情结合得很好。

4. 如果用一张照片来表现上海，你觉得应该是怎么样的画面？

摩登高楼下，是老上海的风情。恒隆广场后面的小巷子，搭配上老虎窗后的老屋宅。

5. 你认为最美的上海在哪个地方能体现出来？

我喜欢上海的人文气息，特别是在我居住的小区很有这种感觉，脉脉温情。

6. 你游览上海景点感受最深的一次是怎么样的？

有一次自己糊里糊涂跑到田子坊里面，突然在里面发现冬天的德国红酒，意外之喜——很有圣诞节的味道。里面很多的小餐馆，都很cozy，对面的琉璃工厂也让我觉得很赞，很让我有点回到纽约的感觉。

7. 你最喜欢去上海的哪个地方？

老码头和田子坊。

8. 你最喜欢去哪个饭店？

我喜欢去有情趣的餐厅，经常去的是Haiku日本餐厅，还有老码头的乌镇和印度菜Kebabs on The grill。我更推荐武康路上的小茉莉，特别适合下午茶。

9. 你能否推荐一条上海旅行路线？

不怎么连成串地去旅游景点，倒是常常喜欢发掘新的情调餐厅。很喜欢五原路武康路一带法租界的感觉。

10. 请给来这个城市的旅行者一些建议。

公交一卡通必不可少。

出行一定要错开上下班高峰，地铁超级堵。

撇开表面的浮光掠影，深入上海的市井生活，是一种不同的上海生活

董玲，39岁，自由职业者，2002年开始自助旅行

1. 你在上海生活多长时间了？家乡在哪里？

   整十年。是混在上海的北京姑娘。

2. 你觉得上海对你最大的吸引力在什么地方？

   上海很适合女性生活，非常细腻。

3. 如果用一个词来形容上海，你会说什么？

   其实可以用很多词来形容上海，但我个人觉得还是喜欢用“阴柔”形容。

4. 如果用一张照片来表现上海，你觉得应该是怎么样的画面？

   比如说，像是陈逸飞画中的格调，阴柔又有些生命力。

5. 对于上海近年来的变化，你有什么看法？

   没有特别多的看法，过得挺顺挺自如的。

6. 你认为真正的上海在哪个地方能体现出来？

   上海人在骨子里有一种对格调的追求。

7. 你游览上海景点感受最深的一次是怎么样的？请谈一谈当时的感受。

   我最早来上海的时候，老房子中的居民还经常在窗口上演万国旗，我瞬时就震惊了，印象十分深刻，十年都不曾忘记。

8. 你最喜欢去上海的哪个地方？

   去上海的小马路坐坐，吃吃喝喝，逛逛。

9. 你最喜欢去哪个饭店？

   不怎么热衷于吃，朋友聚餐的时候最开心。

10. 请给来这个城市的旅行者一些建议。

    撇开表面的浮光掠影，深入上海的市井生活，是一种不同的上海生活。纯然景点式的旅游，不算在上海的旅游。

田子坊

第一章

1 上海旅游总攻略

缤纷四季

上海的春天其实很短，续着冬日尾巴的寒冷。小雨淅沥不停，四五月天气好些，六七月就直接进入大雨不停的梅雨季节。但好不容易过了一场冰冷滋味的冬天，随眼可见的嫩绿芽儿实在叫人看得舒坦，那时的上海人全拥去公园里，等玉兰花的清香，等樱花吹落在公园小道，继而是牡丹花王的盛况，上海植物园里小朋友大朋友都忙着赏花春游。微雨的次数多，地上湿润得紧，人也易被春困所染。

七月八月，上海进入十分干脆的夏日炎炎。此时，那无甚遮拦的外滩就是个超级大蒸笼，还是法租界的林荫小道更得人疼。但凡在有庭院的小餐厅或咖啡馆里一坐，或者避让到十分荫凉的小书店里，也极舒适。晚九点之后略好，新天地、田子坊的街边小铺都坐满了出来乘凉的客人，那时的外滩也艳极美极。

一年之中，最为适宜的还数秋季，真的就是天高气爽，除了开端的热浪仍然滚滚外，凉风一凑趣，就没了烦躁。天色早晨蓝些，之后白云多多，遮住层层热浪，心情好生舒畅。这座城市的匀润风骨，秋日里最能瞧得出。没了春日的困顿，没了夏日的灼热，没了冬日的梅白色调，秋季的上海什么都好，吃得好，睡得好，就连最为普通的景致也能在眼中淡妆一番。

而冬天的上海，下雨时叫人恨得牙痒痒，就跟北京的冬日里起了黄沙一样，丝丝绵绵地朝人袖口领口裤管里钻。可冬日里也有好处，比如春节元宵最为热闹的豫园庙会，热热闹闹的人群能在那几日晚间堵塞整个豫园，拖家带口都要沾上一回喜气，兔子灯这类旧日的俗物也难免在小娃娃的手中溜上一回，各种曲艺表演更是层出不穷，围观者众！

行程安排

三天时间——走马观花老上海

第一天，上午先到外滩，看看对岸朝气无限的陆家嘴金融区，对比着20世纪30年代的百年建筑群，外白渡桥上走走，外滩源逛逛，大约九点的光景可径去南京东路。顺路直走，逛这中华第一商业街，吃的喝的玩的样样都有。中午时分去黄河路上吃点本帮小菜，转身投奔上海美术馆的怀抱，体会海派人文之风，此后或博物馆或南京西路转转。夜间若有余力还可观赏外滩夜景，一日访景的疲倦之感顿消于此。

第二日，上午逛豫园，走街串巷，把上海最为本源的老城痛痛快快地逛上一场。在江南园子豫园里信步游走，看池水碧绿，看肥鱼跳脱，在城隍庙里虔诚上一炷香，敬重城隍爷一番。到老上海风情十足的茶楼上坐坐，此后是南翔小笼包

水边餐厅的情调

巨鹿路小景

的汤汁肥美，是红烧排骨肉的酥嫩可口，是上海菜系的浓油赤酱。下午到世博园领略异域风情，晚上可去云南路美食街饕餮一番。

第三日交给郊区的朱家角，十足的小桥流水人家，看碧河弯弯，去佛寺静心，抿一口浓茶，于浅浅河边吟游一番，让朱家角浓浓的人家风味，混着午后的清风暖人心脾，留住这一刻的美好回忆。

五天时间——意犹未尽上海行

三日只可略观上海，如有五日光景，看起掠影浮光则更可从容。

第一日，从世博园开始，看完中国馆和阿拉伯馆已是下午，可直奔云南路美食街领略天南地北的丰盛大餐和可口小吃。当晚给外滩的迷人夜景两三个小时，可于亲水平台上闲逛，可走去外白渡桥追忆，也可去外滩某号楼里借着上佳位置，可心地吃喝，有景相随。

第二日，是豫园的时光。坐11路领略老城的闲散光色，看高大楼宇和两三层石库门的交织搭配。要逛豫园两个小时，城隍庙进香问前程一个小时，上海老街上的茶馆两个小时，豫园美食一个小时，此后转战新天地。

第三日，要给浦东的陆家嘴，可以晚起些，以缓昨日的疲惫。下午登东方明珠、金茂大厦或国际金融中心任一高楼。之后可去正大广场购物，夜间临坐于滨江大道旁的餐厅咖啡馆，喝一口啤酒，爽一夜的心脾。

第四日，是闲散逛街的日子，适合购物，访南京东路、淮海路或加上长乐路等，一日逛街已是足够。黄河路美食街和长寿路小吃一条街等均可一饱口福，夜间可去衡山路的酒吧，休闲一番。

第五日，可参照三日游的第三日安排。

十里洋场专题游

十里洋场，是对20世纪二三十年代的上海最为华丽的诠释。

第一日，从南京东路开始，自西向东，逆时针回溯一段历史。无可避免地走到外滩，无可避免地欣赏文艺复兴时代的绚烂气象，轮廓的大气，廊柱的坚实，加上充满想象力的壁画和异域风情十足的建筑顶端。下午可江边闲坐，转入苏州河畔，看桥影戏水，渐渐转入法租界的领域。武康路和湖南路是必定要走走的，入夜时分回到衡山路的某家庭院餐厅，鉴赏不俗的美味佳肴。

第二日，去复兴公园淮海路一带，纯是闲逛，可走可坐，行程自定。要逛巨鹿路，直插入南京西路的中心区域，把沐恩堂和南京西路一带的老建筑都看看。静安别墅的小小茶馆总可待上一阵的，夜间也可窜入其中的咖啡馆，总有那么一两家在放着精选的影片，实在惬意。在那里更可认识不错的朋友。

第三日，时间奉献给虹口的鲁迅公园，捎带上多伦路文化馆，走街串巷，看看十里洋场的文人情调，甜爱路和甜爱支路也可走走，都是林荫充足之地。若有余力，可去人民广场的博物馆和规划馆一观。

住宿

作为中国第一大城市，上海市内的宾馆和旅舍足可以满足各档次各类型的需求。本书推荐的宾馆全部都位于市区，设施良好，出行方便。

本书重点推荐的住宿处是特色宾馆，有曾历经故事多多的豪门宅院，有老宅里清雅的小院，也有曾是名人待过的居所，他们各有各的故事，各有各的桥段。选择如此的住处，更能体验一份来自文化的传承和与过往历史的对话。比如极有历史渊源的东湖宾馆，曾是上海大亨杜月笙的居所；比如和平饭店，曾是上海名流争先入住的顶级酒店。如此等等，凡不类举。

最为经济的选择是青年旅舍。它们胜在简洁干净的环境、便捷的交通、经济实惠的价格。本书推荐的青年旅舍，多设在交通方便、周边设施齐全的繁华中心地带，提供标间，也提供方便旅行者交流的上下铺多人间，很适合独自出行者。或能找到有共同语言的旅伴，为旅途增色添彩。

经济型连锁酒店的住宿条件更为舒适，服务标准统一，适合普通大众旅行者。“如家快捷”和莫泰168是目前国内发展迅速的知名品牌，在上海分布有多家连锁店，价格在180～300元不等。在全国拥有3000多家连锁店的“锦江之星”在上海也设有几家分店，只是位置稍微偏远一些，标准间价格在200～300元之间。

书中提供的房价多为平时价格，多数宾馆的房价会随淡季旺季上下浮动。另外需要提醒的是，上述宾馆特别是特色宾馆入住率较高，需要提前预订，最好提前两周以上。

部分经济性连锁酒店

莫泰168

http://www.motel168.com

全国统一订房热线：1010-2020

如家快捷

http://www.homeinns.com

全国统一订房热线：400-671-2288 /021-54083646

锦江之星

http://www.jj-inn.com

全国统一订房热线：400－820－9999

凌晨六点,透过老船长青旅的窗户，外滩迷人的景致，勾得人直往外奔!

豫园湖心亭

美食

上海的饮食文化，可谓十分符合摩登都市的腔调，海纳八方菜系，全国各地的菜系和世界各国风味佳肴都在上海扎下根基，吃食种类十分充裕。上海的本帮菜请参阅下一章的详述。

私房菜

总要和历史渊源或某家典故搭上关系才更好，招揽客人时才有更多的故事可言，故而上海许多私房菜也随即应运而生。私房菜馆的大小不一，有些单人独骑，只需一位大厨便可打理出一席盛宴，有些则需团队运作，力求将最新鲜的食材以上乘的烹饪手法奉于宾客们。菜肴或精致十分，或卖相普通，但多是有品味，有典故。此等饭馆，都须预约，预约大厨的时间，也预约当季最佳的食材。本帮菜的小小私房饭馆可在进贤路找到几家，余者都散在上海老式建筑群中，着实要碰碰运气。

小吃

要论及上海的小吃，头把交椅就是小笼包所属，别无他家可争。上南翔小笼的楼阁，等热气腾腾的小笼包置得高高，被小推车推到近处，先来一碟满是姜丝的陈年老醋，再揭开笼屉，一个个白皮粉嫩的小笼包就被递上桌。要夹褶皱最多的开口处，轻轻地动作，轻咬一口，重重地吸上一口汤汁，余者放入醋内裹上一层，再度送入口中，稀里哗啦能迅速将一笼包圆，然后翘首以盼下一笼的到来。

小笼是如此，切糕也是如此。去松月楼，排在长队伍中，等着秋季槐花糕的出笼，热气蒸腾之下，是松软可口香气喷人的小小糕点。其他的小吃，更是有待你来寻找，老字号的面馆，老字号的小吃，种类繁多，管教此行不虚。

地方菜系

上海这座城市里流行的美食，近年来以川菜和茶餐厅为主，就连本帮菜也被抢去了一些风头。好在上海可供选择的菜系实在多，川、湘、滇、西北、东北等乃至各国佳肴都不少，轮流坐庄也成了常事。

云南美食街上的海纳百川，黄河路上的本帮小菜，长寿路的龙虾一条街，天南地北的都有。各大购物中心区域的美食城也是不少，餐饮相对也是集中。

休闲与娱乐

旅行，是看风景，看他乡的风景，看他人的风度。旅行，是读历史，读一座城市，读几段典故。旅行，是阅读文化，是多年的沉淀，是数代人的思绪。游人可以选择放松心情，可以选择杯盏清谈，也可以扎根于热热闹闹的氛围，休闲和娱乐在旅途中往往并不分家。

上海的休闲地带基本只分为两种，一种紧跟着最新的时尚潮流，永远在最为热闹的中心。比如静安寺，比如南京西路和淮海路，都聚集了大量的餐厅酒吧和娱乐设施。若谈及购物，南京路、淮海路和徐家汇，则是吃喝玩乐一应俱全的地方。至于陆家嘴金融中心一带的正大广场和滨江大道，八佰伴购物中心则是浦东区域的时髦场所。虹口足球场一带的四川北路也是吃喝玩乐样样俱全，更有许多老美食店藏在其中。中山公园也算一个大型的娱乐休闲区域，小店极多，吃饭看电影等也都是极其方便。

另一类的休闲，则更浓缩了二十世纪二三十年代老上海风情，多是小资的情调。新天地、衡山路和田子坊便是此中代表。衡山路虽是第一波酒吧热潮的佼佼者，但风头已经被新天地盖过，田子坊作为后起之秀，也加入谋划情调的行列中，有景有人有情调，不怕你不爱上它。美食也自然不会错过此等上佳位置，粤菜为先，川菜紧跟其后，日本料理和各类西餐业都聚在一处，选择多多。南京西路上的静安别墅，玩得则是小清新的格调，小小的空间里是咖啡馆、酒吧、小店和客栈餐厅，大大的院子很招人喜欢。

此外，若有余暇，上海也有不俗的演出，主要集中在音乐会、歌剧、话剧、戏曲艺术等领域。音乐和歌剧，最佳选择是上海音乐厅和上海大剧院；若是话剧，则推荐安福路话剧中心；戏曲艺术，则首推福州路上的天蟾舞台，那里古韵古风犹存。

复旦校园里的梅花

交通

航空

上海的民航航线极为发达，是中国的三大航空枢纽之一。上海拥虹桥与浦东两座国际机场，其航线覆盖全国六十多个城市和世界七十多个国家和地区，年运送旅客达5111万人次。

虹桥国际机场

1. 轨道交通：目前，轨道交通2、10号线均已延伸至虹桥机场2号航站楼（其中2号线不到达1号航站楼）。地铁站设置于虹桥机场2号航站楼的地下层。市区旅客可通过轨道交通网络换乘轨道交通2、10号线后在“虹桥2号航站楼站”下车，出站后可直接到达2号航站楼。

2. 出租车：旅客候车点位于2号航站楼到达层（地面）4号门南侧。

机场咨询电话：96990

浦东国际机场

浦东机场有两座航站楼，相距不远，之间有免费穿梭的巴士。

1. 轨道交通：地铁2号线可直达浦东机场。只需注意在广兰路换车，运营时间：6:00—22:00。轨道交通是到达机场最快的交通方式，且极准时。

2. 地面交通：

线路	始发站	浦东机场	主要停靠站	终点站	间隔时间（分钟）	票价（元）	咨询电话（021-）
机场一线	1号航站楼 7:00-23:00	2号航站楼 7:05-23:05	虹桥机场2号航站楼	虹桥枢纽东交通中心 6:00-23:00	15-25	30	68346612
机场二线	1号航站楼 7:00-23:00	2号航站楼 7:05-23:05	/	城市航站楼（静安寺） 5:30-21:30	15-25	22	68346612
机场三线	1号航站楼 7:00-23:00	2号航站楼 7:05-23:05	龙阳路地铁站，打浦路，肇嘉浜路，天平路	银河宾馆 5:30-20:00	15-20	16-24	68346645
机场四线	1号航站楼 7:00-23:00	2号航站楼 7:05-23:05	德平路浦东大道、五角场、运光新村	鲁迅公园 5:30-21:30	15-25	16-22	68346830
机场五线	1号航站楼 7:00-23:00	2号航站楼 7:35-23:05	洋泾港桥、东方医院、延安中路、成都北路（下行单向）	上海火车站 5:30-21:30	15-25	16-22	68346830

线路	始发站	浦东机场	主要停靠站	终点站	间隔时间（分钟）	票价（元）	咨询电话（021-）
机场六线	1号航站楼 21:00-4:00	2号航站楼 21:05-4:05	龙东大道科苑路、龙阳路地铁站、张杨路、东方路、老西门、延安中路、石门一路、延安西路、华山路	安化路定西路（中山公园）6:00-20:00	30	14-24	68346645
机场七线	1号航站楼 7:30-23:00	2号航站楼 7:35-23:05	川沙路、华夏东路（8元）、上南路、华夏西路（12元）	上海南站 6:30-21:30	10-20	8-20	68855057
机场八线	1号航站楼 7:00-19:30	2号航站楼 7:05-19:35	/	南汇汽车站 6:20-18:40	/	2-10	68022000
机场环一线	1号航站楼 8:00-19:15	2号航站楼 8:05-19:20	当局楼、公安分局、指挥部（非高峰站）、海关仓库、航空公司、施湾	航城园 7:10-18:45	/	2-3	68346612
守航线	1号航站楼 23:00后至当日航班结束后45分钟	2号航站楼 23:05后至当日航班结束后45分钟	龙阳路地铁站、东方路、张扬路、东方医院（浦东大道）、浙江中路（延安路人民广场）、石门一路（延安路）、华山路（延安路静安寺）、虹许路（延安路）	虹桥机场1号航站楼	不超过45分钟	16-30	68346612

3.穿梭巴士：每日06:00至24:00均有穿梭巴士运行于浦东机场的两座航站楼间，每10分钟一班。

虹桥机场与浦东机场相比，若同时自市区出发，则虹桥机场更近，约40分钟内出租车到达，浦东机场则需预备一小时的交通时间。上下班高峰期时，建议多给半小时的预计堵车时间。

铁路

上海是全国铁路的枢纽，有4座客运站，分别是上海火车站、上海火车南站、上海虹桥火车站和上海西站。

上海铁路在市内有一百多家火车票售票处（包括代售处）。直达列车、动车组预售期为10天，普通列车预售期是8天。

上海火车站

原是上海市客流量最大的火车站，也叫新客站。现在共拥有8个普通候车大厅，1个软席候车大厅，同时有专门开往香港九龙的出入境通道和边防检查及海关。

咨询电话：021－63179090、021－95105123

上海火车南站

自上海火车南站始发的车辆多开往杭州、福州、温州南等地；经过上海火车南站的车辆则主要往来于杭州、江山、齐齐哈尔等地。该站现设有东北、西北、东南、西南4个方向的进站口，有可以容纳近4000名旅客的12个候车室，以及两处软席候车室和城际列车候车室。

咨询电话：021－51105110

上海虹桥火车站

上海虹桥火车站为沪杭高速铁路、沪宁高速铁路与京沪高速铁路的停靠站点，也是华东地区最重要的铁路客运枢纽与规模最大的铁路客运站。上海虹桥火车站是目前国内建成的功能完善、设施先进、节能环保和现代化程度最高的大型铁路综合枢纽。

咨询电话：12306

上海西站

上海西站位于上海市普陀区，距离东侧的上海站约5公里，上海西站是一个集沪宁城际铁路、城市轨道交通、城市公交为一体的现代化综合交通枢纽。

咨询电话：021－62549500、021－56241022

每个火车站附近都有许多公交线路，有的公共汽车站距离火车站较远，而且公共汽车站的位置经常会有变动，应该多问路，很多人都会热情地指路，向交通警察问路应该是一个好的选择。

公路

上海的公路可谓四通八达，以上海为中心向全国辐射出的国道共有8条，分别可到北京、海口、西安、成都、重庆、昆明等地。上海共有9条高速公路：迎宾高速、沪芦高速、沪金高速、沪嘉高速、新卫高速、沪常高速、申嘉湖高速、亭枫高速和外环高速。

上海共有21个长途汽车站，运营着远郊区和地方市县的长途线路。不通火车或者火车票紧张的线路，乘坐长途汽车也是一种选择。一定要到汽车站内的售票窗口买票，车票通常都是电脑打印的。长途汽车站附近闲杂人员多，注意看管好自己的物品，不要轻信周围的人力车、摩托车和出租车司机提供的信息，最好到车站里面的窗口询问。

公共汽车

上海市内的公共汽车系统相当发达，几乎都采用空调车，票价定为每乘次2元。通常为投币车，如线路极长，也会有专人售票，按路段长短收费。现金购票无折扣优惠。为方便出行，可购买“上海交通一卡通”。一卡通在连续乘坐地铁或公交时，有换乘优惠，自动计算。

关于上海的公共汽车乘车路线，可登录上海交通网http://www.jt.sh.cn了解详情。

地铁

已开通的线路包括1号线、2号线、3号线、4号线、5号线、6号线、7号线、8号线、9号线、10号线、11号线和浦东机场的磁悬浮线等。

地铁实行按站点距离定价措施，单此车票可按线路购买，也可使用“上海交通一卡通”乘坐地铁。

具体请参考本书中的《地铁全攻略》。

出租车

上海拥有极其庞大的出租车数量，近年来屡次调整出租车价，现采用分段式计费方式，详情如下：

05:00—23:00期间，起步费14元（包括1元的燃油费），可运营3公里，超过3公里后每公里2.40元，总里程超过10公里后超过部分按每公里3.60元计算。

23:00—到次日5:00期间，起步费18元（包括1元的燃油费），可运营3公里，超过3公里后每公里3.10元，总里程超过10公里后超过部分按每公里4.70元计算。

上海的出租车都按照计价器收费，计价器打印发票，不需要跟司机讲价。上海比较常见的几家出租车公司预订电话如下：

上海大众出租有限公司　预订电话：96822
上海强生出租汽车公司　预订电话：62580000
上海锦江出租有限公司　预订电话：96961
上海农工商出租有限公司 预订电话：96965
上海巴士出租有限公司　预订电话：96840

旅游集散中心

上海旅游集散中心是面向自助旅行者提供固定线路旅游的机构，在上海体育场、虹口足球场、杨浦体育场、铁路上海南站、新客站北广场、上海港吴淞客运中心设置了发车站点，旅游线路达170余条，涉及景点约270余个，每天总发车次数达400余次，主要是江浙沪等周边地区的短、中途游线。

排名前五位的旅游线路分别是：

一日游线路：周庄一日游、东方绿舟一日游、乌镇一日游、崇明一日游、西塘一日游。

二日游线路：天目湖南山竹海休闲度假二日游、杭州二日游、普陀山二日游、雁荡山二日游。

购买此项服务的游客，请特别注意车辆固定的回程时间，以免延误。

网站：http://www.chinassbc.com

月亮船里的螺旋形空间

第二章

2 漫话上海

上海史话

与北京、南京、西安等城市不同，上海并没有经受过几千年的战乱波及，也没有经历过几千年间的改朝换代。至于那些古老的城市所拥有的历史和沉淀的丰厚文物，上海也不曾拥有过。可是这座城市，这座饱经忧患的城市却在短短百年内体会了数千年才有的丛生变故，甚至更多。

起笔仍是该说说最原始的上海。沧海桑田，逐渐成陆，才有了最开始的一段土地。历史上第一个和上海发生渊源的名人，是春秋战国时期的楚国春申君黄歇。传说中，上海曾是黄歇名下的一块封邑，故而上海也叫“申城”。

“申城”这片滨海之地，可巧有那专心跑海上生活的人看中，几家搬了来，扎个草棚，造就了一个小小渔村。三国时代，“申城”叫华亭，唐朝起设了华亭县。“上海”二字真正成为集镇，是在南宋咸淳三年（公元1267年），朝廷在上海浦西岸设上海镇，隶属于华亭县。公元1292年，元朝中央政府颁下批文，设立上海县。真正追溯上海的建城历史，便要自这一天开始，算算至今已有七百余年。

明末清初的上海，已略成气候，农业兴旺，商贾通行，买卖昌盛，是远近闻名的一处“东南名邑”，也是全国的棉纺织手工业中心。清雍正八年，清政府设苏松道，驻松江府上海县。

清朝中期的上海稳步发展，其真正迅速变革之源来自那份鼎鼎大名的丧权辱国条约——《中英南京条约》。英国人站在自家的战舰上，一路顺着中国的沿海左看右端详，终于定下条约中的五个对外通商口岸，上海的名字赫然其中，这一年，是1842年，上海对所有人打开了城门。

英国人先吃下了一部分地盘当租界，特别是今日外滩的位置；法国人紧跟其后，半点不退缩，其他国家也是步步紧逼——“今黄浦、静安和虹口、杨浦两区南部沿江地带主要是公共租界（英美租界）；黄浦、徐汇两区的核心区域主要是法租界；长宁则是公共租界越界筑路区；而闸北和南市两片中国管理的区域（华界）则被租界分割互不相连。”

租界的存在，使清政府基本丧失了在自己的国土上治理外籍人员的权力，使得各国侵略者能好整以暇地掠夺中国的资源和金钱。1855年小刀会刘丽川、1860年6月太平军赖文光、1862年初太平军李秀成各发起了占领上海的战役共三次，并无一次打入租界领域。那时还算地处老城厢的豫园，应对战乱深有体会，小刀会的起义曾将它的点春楼作为据点，打了三天三夜的阵仗，打得上海城的百姓人心惶惶，拜菩萨拜天神也要消除战祸，终是无计可施。大批的流民甚至富家商贾干脆逃入租界，以期洋人洋枪的保护，自此才引发了租界的一场场变革。

青铜器是上海博物馆的特色收藏

穿行于新天地的巷子中

侵略者对于清政府是死是活，根本不予理会。对他们而言，最重要的是用船装走了多少黄金白银。即便是中华民国成立之时，军阀当道，政府几近瘫痪，社会无序混乱，可上海的租界之内却独享着太平，经济迅猛发展，管理政策趋于齐备，人口数量更是不断攀升。可以这样说，1912年至1936年，中国政局的一切变动，都不曾真正影响到租界的繁荣。仅以外滩公共租界的银行为例——英国汇丰银行、德国德华银行、法国东方汇理、美国花旗银行、比利时华比银行等组成了“东方华尔街”，还有数量众多的私人资本经营的银行、钱庄和信托公司足有100余家。

公共租界里的工部局按部就班地安排租界内的事务，市政建设、治安管理、征收赋税等角色样样代理，警察、法庭、监狱等职能样样齐备。他们修建道路，修建办公楼，修建公园，修建体育场甚至屠宰场，承担着一个政府应有的职能。他们甚至还颁发车辆的牌照以便管理租界内进出的车辆。公家花园的亮丽模式，被清政府照搬至下辖许多城市进行模仿；远东第一屠宰场的威名，仍可自1933老场坊的新颜里看出端倪；外滩沿线的万国建筑群，更是那个年代独有的绚丽；至于南京东路、南京西路、淮海路的商业繁盛，高大的酒店和百货商场，沿线一排新式公寓别墅等，都是各具情怀，且不要提那些别致的教堂建筑。如今谈及上海能翻出些履历的景点，除了豫园、浦东和郊外之地，多少都与百年租界颇有关联。而上海曾经历的诸多事件，也有许多发生在租界中，里面的故事恐是整整一年也说不尽道不完。

居住租界的各界人士俱全，无论政界、商界、演艺界，或是知识分子进步人士革命者，尽管口中心中多要贬低租界的丧权辱国之意，但仍多居住于其中，避开战乱事端。从这一点而言，租界的确为各界人士提供了一个相应自由独立的发展空间。

1931年，日本在东北制造“九•一八”事变后，在上海又挑起“一•二八”事变——闸北区陷入一个多月的军事冲突。1937年，在上海组织了有史以来对抗侵略者最为惨烈的一仗——淞沪会战，70万中国军队3个月的拼杀仍未能保住上海，日本军队侵占了上海除租界以外的所有地盘，设立关卡和哨兵，设立军营和军队演习场。在此期间，公共租界的北区及东区（今虹口、杨浦）作为日军防区和势力范围，和华界一样受到重创。租界的风光，至此结束，法租界和苏州河以南的公共租界中区及西区则开始了长达四年多的孤岛时期。

1941年，租界的好日子被彻底终止。12月7日，太平洋战争爆发，日本对英美宣战，随即攻入租界，占领上海全境。租界的管辖权曾被日本人伪善地交换给自家的奴才汪精卫。1943年初，美英与重庆国民政府改订新的条约，声明彻底放弃在华租界，拥有百年历史的租界就在这款条约后不复存在。1945年上海光复，国民党接管上海全境。

1949年5月27日，上海解放。

1990年4月18日，国家宣布开发开放上海的浦东。

今天，上海已经发展成中国最大的经济中心之一，并正努力建成国际经济、金融、贸易和航运中心。

老城厢

几乎每一座有历史的城市，都有自己的老城厢。虽说这个词原本的意思，只是城内和城外比较繁华的地区。因早几千年的规矩，“城外为廓，廓外为郊”，故而城墙之内是城，而城外人口略为稠密又有经济活动类似集市之处，便是“厢”。上海的老城厢，也可循着此理做一番解释。但这词用在今日，早已意会成一座城市的起源，政治、文化、经济的最初之本。

西安南京等历史博翰的城市有老城厢，上海虽然年岁差上不少，也当然有自己的老城厢。论起位置，就在如今的豫园一带，那里有公交11路，两元钱，跳上车去，无论哪一站起，都是一圈鸭蛋圆。各站名都以门为结尾——小东门、大东门、小南门、大南门、小西门、老西门、小北门、老北门、新北门，这条线路绕着中华路和人民路，首尾相接成圆。这段旅程，简简单单，路并不长，可背后的意义却实不简单。

要从元末说起。那时的上海已是县城，经济逐渐起色，引得许多人定居于此，只是却有一事始终烦恼上海县城官民许久。元代末年至明代初年，倭寇一直横行沿海，出没难测，且日渐猖獗，几乎不掩其踪。此时，上海县不比一般铜墙铁壁般的城池，倒可以说是大开大阖，并无城墙可供护卫，更枉论护城河或其他防御工事，故而于倭寇的多次侵袭中很是吃亏。

明嘉靖三十二年（1553），上海县官民奋起筑城后，方才有所改善。不足三月，上海县城外就筑起了一道4.5公里长、8米高的城墙，城外挖了一条深且宽的护城河，守护一方百姓。这道城墙圈起了上海县城形如鹅蛋圆的地形，与寻常方正的城池并不相同。若是有心人，大可翻出清朝上海县的地图，可见明代古城的风姿依旧。两个朝代的权利更替和政权的风云莫测，并未影响这座小县城的勃勃

豫园九曲桥

生机，经济越发蓬勃向上，县城居民也越发增多。

城墙建起后又过了几年，倭寇之患被平定。上海县的官绅为敬天地神明的保佑，于城墙的四座高台之上，造了四座寺庙。寺庙之中，香火鼎盛，信徒众多。时至清朝，城中墨客更喜登高望远，一时之间，城墙之上倒有一段极为风雅的意境可循。此后，经济昌盛，到1840年鸦片战争前夕，上海县东界川沙，南邻南汇，西接青浦，北连宝山，城内有街巷63条，商店林立，鲜萃羽集，地大物博，被称为“江海之通津，东南之都会”。

鸦片战争后，上海出现租界。上海县城仍属清政府治下，经济照常发展，只是此时，城外的荒地农田随着租界迅猛的发展速度，也一改旧颜。不过二十年，上海的经济政治重心，不再是华界的旧县城，却是与英美等租界形成并驾齐驱的几重经济政治重心。

1912年，沪军都督府民政总长李平书批示，拆除上海县城墙。他给的理由是，“为商业一方面论，固须拆除城垣，使交通便利；即以上海风气、人民卫生

城隍庙里城隍爷的宝印

两项论，尤当及早拆除”。李平书说这段话时，上海的租界之势如烈火燎原，迅猛不可挡。他拆了城墙，又把城外的护城河用砖土填平，才出现如今11路循环往复的中华路与人民路。旧日城墙的命运，也就了断于此，仅仅在露香园路口留下一段仅70多米的残存原址，于2005年被重新发现，设为上海市文物保护单位。可登高参观，现名大境阁。

元、明、清到民国初年，老城厢一直都是上海的政治、经济、文化中心，也是上海人口最稠密的地区。对上海的经济产生过重大影响的商船会馆、潮惠会馆、三山会馆、四明公所，均出于此；对上海的文化产生过重大影响的龙门、蕊珠、敬业、梅溪四大书院，更是出自于此；对上海的建筑艺术产生过重大影响的豫园、露香园、也是园、日涉园等私家园林，也是独具风姿，只是可叹目前只剩豫园还可观赏。

如今的老城厢，不得不说，只是寻根访祖之所，带着历史流逝中最为本质的感慨。还能于各种街名中，说出一段段上海曾经历过的故事，如光启路、马医生街、旧校场街、露香园路、馆驿街、青莲街、文庙路、学前街、三牌楼路、四牌楼路、金家坊、翁家弄……也还能于老铺面中，怀念一番往日老城厢的韵味，如小东门的德兴馆、小南门的一家春、老西门的大富贵徽菜馆、著名点心店乔家栅、新北门的清真餐馆回凤楼，还有城隍庙里的松月楼、南翔馒头店、宁波汤团店。

石库门

石库门，这是19世纪末期，曾在上海租界中风靡一时的建筑风格。它取西式的连排住宅为风格，掺入中式庭院设计的天井和巷弄的概念。初时的石库门，还以木头结构为主，后来改为砖木结构，以砖石为基础。其最为显著的特点，便是宅外极为中式的石雕门框和厚实的重木双开大门。

这种门，门扇上还有一幅铜环，极为好认。石库门的门楣部分，被工匠们注入了极为纯正的江南传统韵味。早期是砖雕青瓦压顶门头式样，后期又添了西方建筑中的部分特性，如常用三角形、半圆形、弧形或长方形的花饰。

先期的石库门，怎么说也都是富门大户住的，一户一家，极为宽敞。进门是天井，虽小，却常有绿叶植物的搭配，或者梅兰等暗合风骨。天井之后是客堂，两旁用作厢房。各房之间均置有木质落地窗，窗户一开，可见屋内屋外一切事物，视野极为通透。此时的石库门，很有江南之风，很是讲究。

此后，涌进租界寻求庇佑的人越来越多，特别是20世纪20年代，租界里房地产商的手笔也越来越大，石库门也是越造越多，屋宅类别也逐渐增多，添了石库门弄堂、新式弄堂、公寓式弄堂、花园弄堂等住宅形式。石库门的单元面积越发小了，三开间缩成二开间，再小一成，是一开间。江南之风的格调也不再，居者也不再是富商大户，而是这座城市的中坚力量：职员、学者、工程师、记者、律师、高级工人等，大都受过良好的教育。

这种上海住宅聚落，因租界而生，又因抗战胜利和内战爆发而逐步成为明日黄花，姿色早褪。底层市民涌入，无论平素是何名声，无论平素是富是贫，自此都在一个屋檐下过着日子，算柴米油盐酱醋茶，算方寸之地的小小利益，一个挤字可以逼倒英雄汉。此等情况，至20世纪的80年代仍未有所改善，仍是小小屋宅挤着一家五六口人，或还不止。故而许多石库门的住家，曾一心一意地逃开着这种太过透明的居所——只因石库门的房子太过逼窄，无容身之所，或邻里之间太过熟悉，知晓今日上班的时间、家中烧的小菜为何、哪家亲眷又来拜访，正所谓好事也出门，坏事也出门。他们住进一幢幢钢筋混凝土的高楼之中，一个个将石库门抛开，却又在数十年之后，怀念起石库门中曾经历过的一切。楼道里飘浮的味道，微蓝偶尔窜出红色的火苗，乌黑的煤球，还有巷弄内独有的声音、气味和光影，在多年之后仍被一一地想起，念起，提起。

朱家角廊桥

许多作家都是喜欢石库门的，如王安忆。她说，每一个弄堂都有着自己的生活习性，有着不同的气味。你说，若没了东方明珠，没了金贸大厦，没了无数林立的高楼巨物，上海的风韵还在不在？

却还是在的，且仍是温情脉脉，充满烟火之气。你且推开一扇石库门宅院的大门，把心静下，扫一眼面前的旧物。是各家的灶台，堆砌的方式各不相同，是水龙头偶尔漏出的嘀嗒声，水渍子慢慢地于池中聚了起来，又润了那些青苔一些深色。人陷在20世纪的风物，门外却依稀能听见三轮车车轴滚过石板的声音，微震的动静掺在叮当响的铃铛声中，还有菜贩子的叫卖声，大叫大嚷的孩童脆音，荡荡悠悠地倾注在整座巷宅中，源自20世纪群落的人情味，仍在。

浓油赤酱

早在仍是小小县城的年代，上海就可以用兼容并蓄来形容。从久远传入的佛教和道家，推及宋代传入的伊斯兰教，都能在上海快速立足，并稳步发展。而至近代上海，更能吸收西方政治、经济、文化之精髓，辅助中国传统的政治、经济、文化的发展。擅采众家之长，此类做法，不仅在文化思想上是，在经济政策上是，在统治管理上是，于小小民生而言，赖以果腹的菜色也是——浓油赤酱的上海菜。

上海菜，也叫本帮菜，初生之时只是贩夫走卒的心头好。它并不精细精致，取材寻常，拾掇拾掇，放重油，多放酱油，口味重，易下饭。对于那时生活在老城厢里的寻常百姓，一天劳累之余，有一份下饭好菜，有一壶黄酒暖身解渴，是一日中至关重要的部分。

上海菜取料都是一些家常的食材，甚至于那个年代都上不得台面，什么秃肺，什么圈子，什么腌笃鲜，什么黄豆汤，均是当年不甚起眼之物。二十世纪曾出过许多知名的本帮菜馆，出现了一批极为知名擅烹本帮菜的大厨，也形成了极为知名的本帮菜系。较为平民的菜色有黄豆肉丝汤、炒肉百叶、线粉咸肉汤、白切肉、干煸草头、咸肉豆腐、肠汤线粉、炒三鲜、鸡骨酱、腌笃鲜、全家福、草头圈子、八宝辣酱、大鱼头粉皮、糟鸡、红烧鮰鱼、清炒膳糊、椒盐或糖醋排骨、小白蹄、什锦沙锅、酱汁肉、乳腐肉、走油肉等。中高档的菜色有虾子大乌参、青鱼秃肺、炒秃卷等，均是名震一时的招牌档。

此后的本帮菜不断发展，也并非原本单一的浓油赤酱，亦有极为清淡的菜品出现，以符合低糖、低脂、低盐的饮食潮流，油糖酱油等物放得越来越少，即是如今的海派本帮菜，别具江南之风。

沪剧

当京剧和昆曲的身腔做派早早地在中国流传开，沪剧仍只是个未上台面的花鼓小戏。江浙一带的民间，是极喜欢这样的小戏——用词简单，人物简单。戏班子也简单，四五个人，加一把二胡，一副鼓板，一面小锣，便可随时随地来上一段，没有京剧那么讲究唱念做打的派头，也没有昆曲那么讲究词字之精细。它有的，是寻常百姓的小日子，是家长里短的零星念叨。

这么一念叨两百多年，就有了沪剧。1953年成立了第一个国家沪剧演出团体——上海人民沪剧团。喜欢沪剧的观众，多分布在上海、苏南及浙江杭嘉湖一带。沪剧只说故事，像听邻家姆妈绘声绘色地说一段故事。没有十分华丽的衣着，精干短打扮，口中都是白话加工过的戏词，无论男女老少，是否懂沪语，只要看表演听台词，都能明白点意思。

略有看过几部沪剧，就可上台面亲眼看看，听听富有江南气息的碎碎念。长腔长板的殷殷克制，长腔紧板的气势如虹，连叠尾韵的灵动唱词，赋子板的娓娓道来，簧腔类的绣腔、流水板、阴阳血、反阴阳则是需懂点行当，才能知不俗。缀腔的哭头、迂回、三送、凤凰头、煞板，是锦衣上的明珠，是承前启后的妙语，台上的热热闹闹，焉知不是台下千余人的热热闹闹？

二十世纪的四五十年代，是沪剧最为昌盛的年代，剧目多，流派多。全盛时期盛名的生角有筱文滨、解洪元、邵滨孙、赵春芳、丁国斌、王盘声等，旦角有石筱英、丁是娥、小筱月珍、顾月珍、王雅琴、汪秀英、凌爱珍、杨飞飞等，都是一代沪剧名角，拥有大批的拥护者。其中，王盘声是沪剧小生中最流行和观众最喜爱的流派，唱腔清新流畅，韵味十足，表演潇洒飘逸；解洪元的唱腔抑扬顿挫，爽朗豪放，宽洪醇厚，1949年评为“沪剧皇帝”，代表作有《借黄糠》、《魂断蓝桥》等；石筱英生就一条甜糯嗓子，唱腔清脆流利，自然柔和，而杨飞飞沙哑宽厚又低沉的音色特点，令她的唱段听起来别有韵味，传人众多；小筱月珍是沪剧刚派最好的传人，吐字清晰，铿锵有力，代表作有《冰娘惨史》、《碧落黄泉》、《庵堂相会》等。

第三章

3 外滩区域

——上海最早的轮廓

初次拜访上海的人，没人不想看看真正的外滩。想知道电视电影里那么美的外滩，是不是真的；想知道外滩沿线的那一排建筑，是不是真的那么迷人；想知道整修后的外白渡桥，是不是变得明媚耀眼；想知道亲身站在外滩的感受，是不是真的别有情趣。

北起苏州河口的外白渡桥，南至金陵东路，便是外滩的迷人画作。度过百年历史的外滩，早就不需要太多的宣传，早几十年的口口相传，已经使得它的名字被深深地刻入人们的心中——只要提起上海，必然记得外滩。20世纪的东方金融中心，即便经历岁月无情的流逝，仍留下了许多看点——造型严谨、风格迥异的建筑群，外白渡桥与吴淞路闸桥的风姿，屹然挺立的上海人民英雄纪念塔，集了刚健、雄浑、雍容、华贵的气势于一身。

不需要对它下任何的注解，是站在江边凭栏独揽一江波涛也好，是抚摸旧旧墙痕的点点眷恋也罢，甚至站在制高点举杯遥视或是登上游船细细观，阅读外滩的方式，真的多种多样任君选。

旅游指南

去外滩，逛外滩，脚下的功夫一定要了得。推荐从福州路的汇丰银行大楼开始，先领略外滩万国建筑群的近景，接着绕去圆明园路，看看外滩的缘起之地，再周转至外白渡桥凭栏远眺浦东的如画胜景。此后，是一路通途的外滩观景台，即可在金陵东路坐轮渡直奔陆家嘴的明珠，也可继续朝十六铺前行，经老码头再转回延安东路的白色灯塔。

如此的行程，至少需要6个小时。建议下午开始逛，至欣赏完外滩迷人无比的夜景为止。心思足些的，建筑群中更有顶级的酒吧和餐馆可供选择，外滩三号、六号和十八号俱全。

外滩的交通，首选公交车。若是地铁，最近处是南京东路的二号线和十号线，出站后总是要朝西走上一走，好在浦东的摩天大楼特别是东方明珠很易辨认，不会迷路。

外滩附近的高档酒店实在多，集中于黄浦路和十六铺码头附近。至于青年旅舍，似“老船长”之类的先辈，则是占据了最佳位置，出门到外滩不过两分钟的路程，故而其生意一贯富足，服务态度也是好的。

主要景点 M

外滩
——黄浦江划出的横线

在中国，很少有人不知道外滩。外滩极少有寂寞的时候，除了每天最深夜的时刻陷入沉睡，其余的时间，有的是人陪它，永远热闹。陪客的年龄跨度，从仍在怀中的婴孩到垂暮的老者不等。陪客的来处也广，驻扎在上海的各方人士，本国和他国好奇的游客们。有时陪客能给的时间多，靠在江边静静地坐上半日，有些则少，两个小时走完观景大道，再赴他方。绝大部分的陪客，只能陪上外滩一点时间，今日尚在江边感慨的身影，明日说不定就在飞机场等待着登机。除了清晨，当外滩每日最为清醒的时刻，有一批特别的陪客一直相伴左右。

这些特别来客，都有着起早的习惯。他们早早地把家人的早餐准备好，酱菜装碟放在旁边，用小小的挡蝇伞一罩，轻手轻脚地关门，坐车或自备交通工具，心思飞奔到二十分钟之后。一段家长里短后，是掌中的红扇一收一合，是神气无

比的晨跑队伍，是天上自由翱翔的几盏风筝，是老汉们手中能高能低的纸鹞子。最爱纸鹞子，全凭老汉们手中的线轴掌控。他们在观景平台上，踢足抬脚回旋，有些时候身段之美，似行云般流畅无比。鹞子贴着几幢老式建筑，高空盘旋，低处俯飞，划过的弧度有着不可思议的美。

清晨的外滩，在晨练者的陪伴下，容易忘记一切过往，专心沉浸在和乐融融之中。它已经远离那个风云变幻的日子，足有半个世纪之多。这种和乐融融，将在越来越多游客聚集的时刻被打破。游客们要看外滩的古老建筑，要听外滩的历史，所有的记忆都将在每一位导游张口后于面前重播一次黑白影段。

1840年，中国为鸦片打了一场仗。军队败了，战争输了，上海开埠。英国的军舰在长江口岸兜了一圈，默默无闻的三类城市上海就成了他们眼中的战略要地。听听他们的打算吧——“我们可以从上海深入长江以内的口岸；巴黎和伦敦到上海的航线最为合适；我们的军舰炮弹射程可以覆盖整个上海”。

自军舰下来的各国殖民者，以最大的努力不断吞噬上海的土地和权利。他们的住所自小小破庙，到租赁的普通民宅，再到聘请设计师特别打造的独幢住宅；他们的地盘，自临江的芦苇草荡，一路延伸至上海腹地的村庄土地。他们学会了复制，快速有效的复制，从政治体制到管理模式，从道路到建筑。最早成为租界区域的外滩，便是一场复制战役的陈列品，从某种程度而言，也是各国殖民者试图在异国营造生活的典型标志。

按照计划，芦苇荡被慢慢地填平，总叫洋人们抓狂的泥泞地面慢慢铺上了石

子，细碎的石子虽然也容易被马蹄踢飞，但总比纯泥的路面好上许多。临黄浦江的那一面，被无尽的风帆遮挡，自彼此的缝隙间已然看不清对岸的土地。那些白色的风帆，在许多年之后出现在大英博物馆内，真实的笔触一直是油画最为人所称道的特质。

最为古老的外滩，被按照时间排列了顺序，直到时间跳转至20世纪二三十年代，外滩沿线的那五十二幢建筑已然起来，端庄厚实的原英国领事馆，雕饰有度的东方大厦，羊头花饰窗框的怡和洋行等等画上的建筑和如今的老建筑都能一一对应，唯一不同的是，那时的建筑上都有一根高高的旗杆。不同的颜色，不同的旗帜符号，都被一一地复制于笔下，万国旗帜的肆意张扬正是那个年代外滩可悲可痛的根源。

这时的上海，已是远东第一城市。论起上海的经济，曾有一句十分著名的论述：“上海一年之内的国民经济总额，曾是全中

只有清晨的外滩，才见得到风筝

他玩的叫做盘鹰,讲究的是一手控制的艺术。除了下大雨和下雪，每日五点至八点，风雨无阻

晨跑者，每日至少4个来回，去时整齐，回来零落。时不时还大吼几声 1，2，3，4

国的三分之一。”殖民者们很是满意营造出的租界环境，这里有在祖国能买到的面包，有来自祖国最好的红酒和香烟，这里还有和祖国同步的建筑风格，这里更多的则是在祖国无法想象的特权。领事馆、外国银行、夜总会，被装载在大大小小、高矮不一的巴洛克风情之中。这些建筑有英国式的、法国式的、古希腊式的，全都跟上了欧洲建筑的发展风格。建筑师笔下的构思，分明是殖民者思乡情绪的泛滥，全都洋溢着文艺复兴时期的张扬独特——比如汇丰银行大楼。

它有着被赞美到极致的称呼，“远东最大的银行建筑，仅次于英国的苏格兰银行大楼的世界上第二大银行建筑”，“从苏伊士运河到远东白令海峡最讲究的建筑”，“中国近代西方古典主义建筑的最高杰作”，“外滩建筑群中最漂亮的建筑”。著名的英资建筑设计机构公和洋行，是这座大楼的缔造者。自1925年，公和洋行自汇丰银行手中获得建造合约，华丽精美大气古典考究等词汇被一一扔到这座建筑的头上。“外形接近正方形，高5层，中部加上隆起的建筑为7层，上有一半球形屋顶似古罗马万神庙风格。钢框架结构，外形呈仿古典的砖石结构，内部处理采用古典主义的形式，如爱奥尼克式柱廊，藻井式天花板等”。最是体现细节部分的柱子、护壁、大理石贴面，是那个年代公和洋行所能想象到的全部

外滩楼群

华丽。

任何人站在这样的穹顶下，不知所措或不知如何言语，是前两分钟必然会发生的反应。二十米高度之上的暖黄色，是来自三位天神的百年保佑。当太阳神身披红色斗篷驾着骏马来到这个东方神奇的国度，当身着绿纱的月亮女神也遥遥赶来，当丰收女神也被汇丰银行高层管理者殷切的期望带着自己的祝福赶来时，二十世纪二三十年代的巨型城市被彻底定格在他们之下。黄道十二宫之下的世界，是上海，是香港，是东京，是伦敦，是纽约，是曼谷，是巴黎，是加尔各答。

八座城市，八幅由几十万块仅几平方厘米的彩色马赛克镶拼成的壁画。上海的外滩和英国商船旗，香港的珠江和1842字眼，东京的皇宫和富士山，伦敦的泰晤士河和圣保罗大教堂，纽约的自由女神像和纽约市徽，曼谷的湄南河和曼谷王宫，巴黎的塞纳河和城岛，加尔各答的恒河和莲花狮子，各自绽放着属于那个年代的印记。

不止是汇丰银行大楼，一墙之隔的海关大楼，也相当不俗，落成于1927年。外滩上经年累月飘扬的恢宏钟声，便来自于它最尖顶的钟楼。这座大钟漂洋过海自英国而来，所有的组装都在上海进行，包括紫铜的指针和分针。“时针长2.19米，质量37.5千克；分针长5.16米，质量49千克；3个钟摆，最大一个质量达2吨，每一刻钟就有135千克的铜锤撞击铜钟报时。”——即便在全世界的范围内，如此庞大的古钟也极其难寻。曾为清政府兢兢业业工作过四十年的海关署理大臣赫德，便在这里牢牢地盯住各国的贸易商们，一手举着香槟，一手拿着洋枪。四十

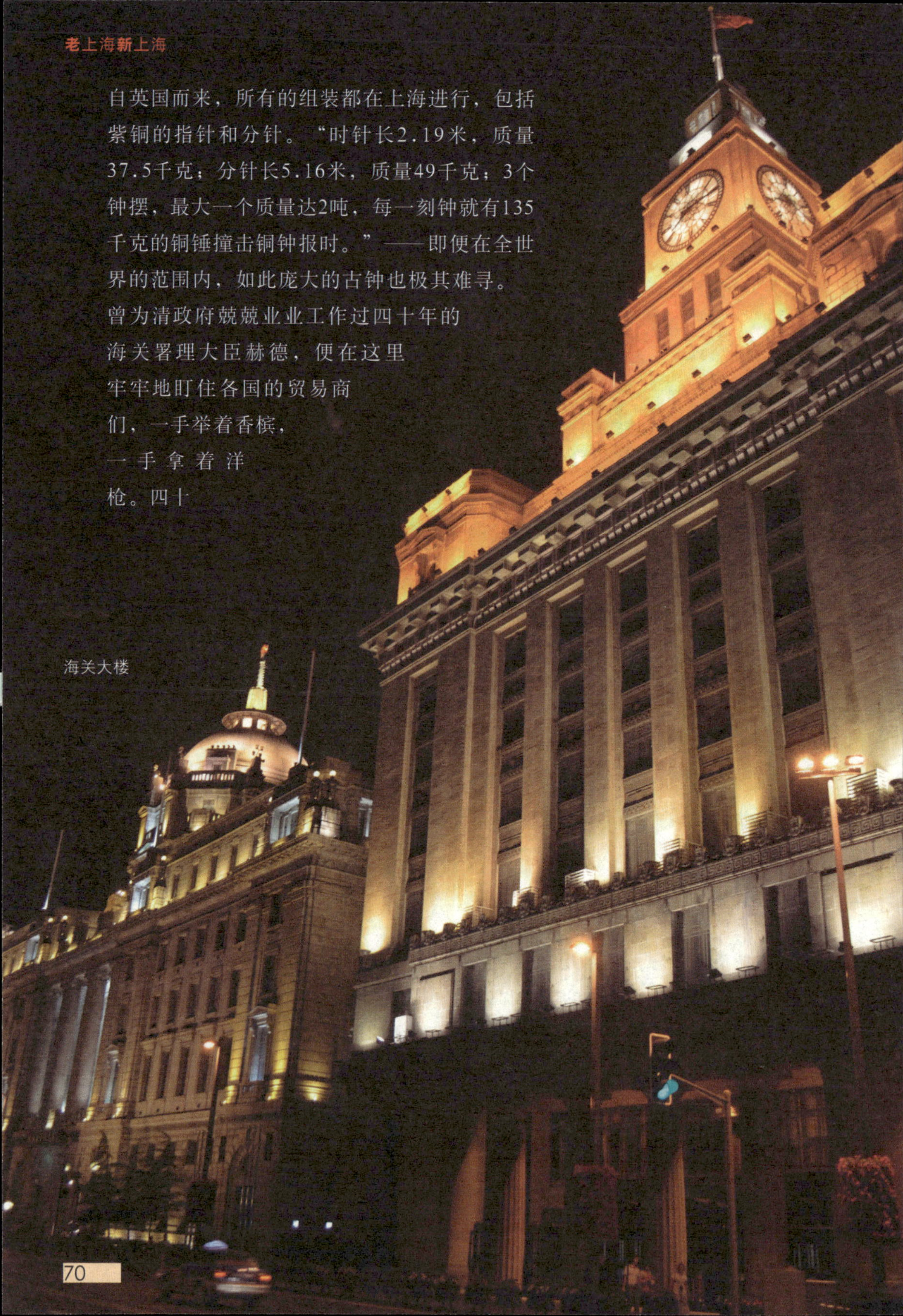

海关大楼

年间，赫德曾为清政府留下了无数追缴而来的海关税收，最高的一年税收甚至达到全国年进项的三分之一。这些银两白花花地滚进大清的国库，再滚滚地进入赔款的范围，被大量的商船运至遥远的国度。

和平饭店另一侧未开的大门，隐约能见着未重修之前的模样

比如和平饭店，SWATCH艺术展中心，是过去的和平饭店南楼。1909年，中、英、美、法等国在汇中厅召开了万国禁烟大会；1911年，上海各界人士在此庆贺孙中山就任临时大总统；1927年，蒋介石、宋美龄在此宴会厅举行订婚典礼，这里还叫过汇中饭店。而1964年1月，周恩来在九霄厅会见法国总理埃德加•富尔，中法建交；1988年，江泽民在和平厅设盛宴欢迎墨西哥总统路易斯•埃切维利亚；当1998年6月30日，上海市市长徐匡迪夫妇在九霄厅宴请美国总统克林顿及其夫人希拉里，这里就已是和平饭店，上海最早的屋顶花园，这里有中国境内最早的一部电梯，世界级的著名饭店。

和平饭店的北楼，就在对面，隔着南京路相望。最为著名的沙逊大厦，上海近代建筑史上第一幢完全意义上的近现代派建筑，77米的高度独领风骚近半个世纪。公和洋行设计，厚厚的花岗岩贴满整座建筑的外墙，是20世纪20年代极为流行的美国芝加哥学派高层建筑风格。最为别致的地方，在于屋顶19余米高的墨绿色方锥体。作为整座外滩唯一屋顶有颜色的建筑，曾经的沙逊大厦不是一般的风光——上海滩的地主富商、政客、军阀异乎寻常地捧场，将它捧成远东第一楼，沙逊自此也踏上了上海滩房地产巨头的队伍。每日夜里，是喝不完的酒水，演不完的爵士乐，住不完的富商巨贾。

再如外滩三号。对于公和洋行而言，这是他们在上海的第一个设计作品，也是上海的第一幢钢框架结构大楼。有利大楼（Union Building）是它20世纪初的名字，整体建筑继承了文艺复兴时期均衡对称的建筑风格，但装饰上又多采用豪华巴洛克风格的旋涡型图案。新中国成立后被上海市民用建筑设计院租用，2004年1月，被改建成高档购物消费场所，从此才有外滩三号之名，外滩的奢华之风也起源于此。一楼Armani上海中国旗舰店的别致黑白色调，三楼沪申画廊则展现着画卷与空间之间的奢侈配比度，巨大的透明玻璃里是无穷无尽的中西方现代艺术美感。

外滩三号的奢华风头一度是沪上之首，直至外滩二号华尔道夫酒店的出现才算终结。那一日华尔道夫开张，上海夜总会的光彩重放，1864年的巴洛克式风亭，1864年的细腻雕刻，1864年长达34米的黑白大理石酒吧柜台，英国和日本风味交融的建筑也只唯此一座。整个上海滩的名流都因此陷入复古潮流的席卷重来中，盛大的品牌发布会一个接一个地出现在这上海滩最豪华的夜总会里。

如上的建筑，只是外滩建筑群中的代表作。在那个年代，这些洋楼中充斥着忙碌的大班们，滴滴答答的打字机，满是广告的手册，永不停止的电话声。这些洋楼里高楼层的窗外，可以远远地望见对岸贫瘠的土地，许多讨生活的小小渔船停在那里。高大的轮船常常掩盖这些渔船的踪迹，它们足有七层楼高，甚至比当时最高的和平饭店还要高出一截。时光荏苒，和平饭店前的礼宾员，已是一口标准的洋泾浜英文，已识得哪位是哪家的大人物，来自洋行，来自领事馆或是某个机构。他们纯熟地记下贵客的称呼，总要装出一脸的谄媚，低腰拉门，等待这些人乖乖地进入饭店，花上一大笔钱。里面的几个硬币，化作礼宾员养家糊口的工资之一，剩下的大头，都被牢牢地装进沙逊的口袋。这时，他已是上海滩极有影响力的人物。拎着一只破旧皮包到上海发财的人物中，沙逊被人提及最多。如他一般，借着殖民者的威名获利的洋人们很多，更多的商人则在后来的珍珠港事件后，快速地登上轮船，抱着从上海滩诓走的白银。

外白渡桥上被日军牢牢地控制，哨兵可以随意打骂，甚至杀死中国民众，连租界内的洋人也不得不暂时和谐与日军的关系，这种互相妥协的关系直至日军完全侵占租界为止。外滩极有风情的老建筑物上，被高高地扬起日本军旗。烧杀劫掠开始登场。杜月笙乘火车远远地离开上海，金嗓子周璇成了上海最大的电影明星，山口淑子站在八层的外滩高楼，面对日军侵略后泛红的江面痛苦不已。那个动荡的年代，每个人都有一场破碎的梦，黄浦江的滔滔江水曾经吞噬过多少条性命也只有外滩知道。

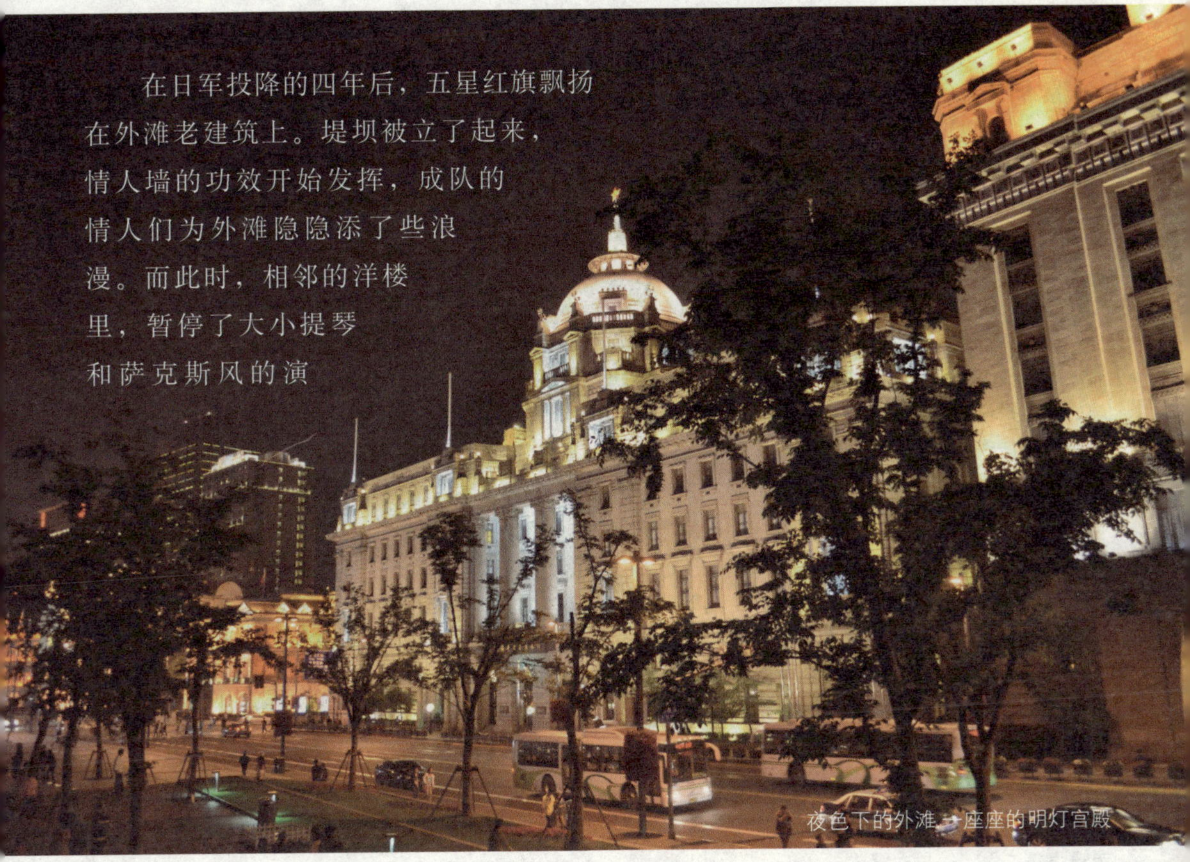

在日军投降的四年后，五星红旗飘扬在外滩老建筑上。堤坝被立了起来，情人墙的功效开始发挥，成队的情人们为外滩隐隐添了些浪漫。而此时，相邻的洋楼里，暂停了大小提琴和萨克斯风的演奏，保温杯里的香味每日中午在大楼里互相串着味道，每家人昨晚吃的菜色如何，都于此可见一斑。有轨电车的模样，在惊鸿一瞥之后，被送入历史博物馆，那段曾在外滩上行驶的记忆，将成为铭牌上永远的一笔。诸多的变化之下，只有钟声不变——它每日按点报时，钟声仍旧洪亮，能盖住所有的喧嚣。

夜色下的外滩一座座的明灯宫殿

20世纪80年代的人们，只要来到上海，自吴淞口开始便要准备好领略着外滩的风光。钟声极有默契地配合着，一声声地回荡在每个船客的梦想里。关于外滩，每个人心中都有一场梦，关于它曾经的繁华，关于它曾经的破旧，关于它的曾经沧桑，关于它现在的不朽。

尖尖的东方明珠，首先替代了外滩对岸的制高点。人们终于有了一处更佳的位置，好好欣赏外滩的全貌。黄浦江的弧度，在更多的灯光陪衬下，即便夜间都是美得无与伦比。关于时间的沧桑，似乎不曾带走外滩任何美色。它似乎永远得天独厚，似是这段黄浦江的天钟秀灵都归属了它一般，要美貌有美貌，要气质有

地址

上海市黄浦区中山东一路（南苏州路至金陵东路）。

交通

地铁二号线南京东路站出站,步行二十分钟可达。

门票

无

作者手记

1.薄雾起时的外滩有着沧桑感，晴空万里的外滩则似绚烂无比的盛宴，微雨的外滩带点蓝调的犹豫十足。它就像是个会变魔术的家伙，在不同的时间带给你不同的感触，每次都不一样。

2.江面上仍有小型货船的飘过，重重的汽笛声总能刮去一部分人的注意力。靠着栏杆对着浦东照相，是游人们最爱做的事情，别忘了搭乘金陵东路的轮渡，那是另一种看外滩风景的得意之处。

3.外滩三号、五号和十八号的夜景最佳，登高的确可望远。此外，白色灯塔的三层位置也不错，也可远观浦江夜景之美。

4.并非只有外滩沿线才有老建筑，深藏在这些建筑线条背后，在江西中路的两侧，也有许多老式建筑，许多都是日本商行的作品，如今被更为低调的公司承租着，只能欣赏纯建筑外观。

下一站

游览：

外滩朝北的方向是外滩源和苏州河景点，朝南的方向是老码头创意园区，打车10分钟之内可到；在金陵东路坐轮渡可以尽享黄浦江风光，并至滨江大道的陆家嘴风光区。外滩连着南京东路，朝西可至南京东路步行街和人民广场。

美食：

外滩的建筑群里经典美食扎堆，三号、五号、六号和十八号的楼上，福州路和四川中路口的上海姥姥红烧肉总让人惦记。

就着外滩老楼为背景的婚纱拍摄中，也有老外的身影

气质，要历史有历史。

金茂大厦和其他高楼，也是不遗余力地提供更多观赏外滩的位置，2009年的外滩整修更是添了近距离的观景平台，休整后的外滩，虽仍像活在18世纪的国度，但越发精致了。关于这座城市的记忆，关于百年来它曾见到的一切，都被散入了各类典籍和字画，各种回忆录里只要提及上海，必然要来上一段关于外滩的感受，必定要眼看着江水，或是随着黄包车一路穿过外滩的小道。

然则外滩是极少理会这些的，时光带走能带走的，也留下能留下的。百年的光阴，也不过只得一个上海，一个外滩。整修后的和平饭店里，老年爵士乐队的萨克斯风吹得沧桑，却包含着洞察世事者的感慨，那乐声儿飘转回荡，悠悠地潜入黑夜之中，久久地回荡不休。

主要景点 M

外白渡桥

——百年上海之魂

清晨五点，苏州河上的外白渡桥仍半睡半醒着。偶尔几辆货车飞速滑过，享受着平日里绝无可能的时速。天上的云彩渐渐地起了颜色，像被一大桶粉色油彩泼着。初升的日光十分娇嫩，虽然亮却没什么杀伤力。桥面上渐渐地亮了起来，建筑物的阴影也将一步步地撤退，回到自己专属的位置。很快，大批的行人将穿梭其上，一日的奔波忙碌即将开始。

这已是多年前重新补修后的外白渡桥。人们依旧是会在桥上穿行来往。只是上海人的心中，大概多少是有些不一样了。一年之间被牢牢封住的外白渡桥，被人想念的次数，远超过几千倍。它在那头好好地享受百年工作后的唯一休憩时间，这厢是无数上海人的思念之情，于文字述说，于电视话旧，于艺术展览中，倾注无限感慨。

除健身的人们和偶尔经过的几个行人，清晨的外白渡桥，还在享受热闹喧嚣器之前难得的宁静

我还记得，原先的桥身铁板，若是猛然一阵小跺脚地跑过去，必然会震得漫天响；我还记得，人行道旁栏杆，分明是实打实的铁色，摸着有些生锈，老去的岁数都在那层红色上；我分明记得，我的父亲牵着我的手，一路走过外白渡桥，走上外滩，骑在肩上的高度才能看到橙色的黄浦江。如今，自沪东造船厂回炉一年后回归的外白渡桥，早就不是记忆中的模样。以前被白炽灯光点缀得明灭相间，如今是被城市之光的五彩纷呈所代替，夜色下已是新式流派，和对岸的灯光有得一比。上海大厦早被这些灯光衬托得毫无姿色，只剩白日。白日里

这对曾经的哥俩好，才能看得出原貌，还能寻些旧日记忆中的影子。

茅盾先生的《子夜》开端，最叫人记得外白渡桥："黄浦的夕潮不知怎的已经涨上了，现在沿这苏州河两岸的各色船只都浮得高高的，舱面比码头还高了约莫半尺。风吹来外滩公园的音乐，却只有那炒豆子似的铜鼓声最分明，也最叫人兴奋。暮霭挟着薄雾笼罩了外白渡桥的高耸的钢架，电车驶过时，这钢架下横空架挂的电车线时时爆发出几朵碧绿的火花……"许是白日里的桥身太过清醒，或太过浮躁，先生才选了傍晚的迷离昏色下笔。

"在桥的左边是静的，在桥的右边也是静的，而在桥的中间却是那样的热闹，除了各色车辆和各色的行人以外，还有西洋的东洋的少妇在邀请走着的站着的男子到她们的家里去作一次小小的客。" 海派文人林徽因曾远远地望着外白渡桥，言语清淡之间，将一个十里洋场的"白相"写明白。她喜欢走在桥上，静静地看着。只这短短的桥身，便是整个十里洋场的映射，远在南京路上的繁华

如何，只看此处的细枝末节也便可想象。难怪近代和现代的作家们，只要提到上海滩，便不免落俗地要加个外白渡桥。好似只有添了这份元素，笔下的上海滩，笔下的二三十年代，穿着旗袍的女人，拎着公事包的大班，黄包车上飞扬的笑声，日本哨兵的严苛残酷，炮灰的碎屑，哭嚷奔逃的难民，才能算是真实。

外白渡桥迷人的光泽度，便由作家们笔下的作品而起。印刷本中出现的次数越多，这座建筑的魅力越发明显，它再也不只是一座简简单单的钢筋铁骨，它，让人

外白渡桥的全身景。拍摄点是原游船俱乐部的后侧位置，游人少知

自另一侧的桥身看对岸，英雄纪念碑与东方明珠一并倒映在水中，十分壮观。行人们都爱趴在桥身拍一拍这份景致

铭记于心。人们的喜怒哀乐和悲欢离合，人生的第一张照片，第一段感情，一生之中的重要情绪都和这座桥分不开。

地址
上海市黄浦区黄浦公园（近中山东一路）。

交通
地铁二号线南京东路站出站步行二十分钟可达。

作者手记
看外白渡桥，最佳的位置是上海大厦。可是临江房间，可是唯一的情侣包房。景色之迷人璀璨，无可媲美。

让我们倒转光阴：上海开埠之初，苏州河两岸可没有桥梁，人来人往都靠摆渡船运送。自从苏州河南北两岸先后划为英美租界以后，1855年，英国人威尔斯私人出资建造了首座外白渡桥。这是一座长近120米的木结构桥，行人过桥须要缴纳5文的过桥费用。如果不从桥上走，这一段路程只能靠小舟摆渡。桥身的英文名叫“Wills Bridge”，因桥身近外摆渡口，遂称“外摆渡桥”，后来又被讹作“外白渡桥”。“Wills Bridge”的名字不知飘散至何处，大概只有历史学家和图书馆才知道它的存在，而外白渡桥这个化名却长久地流传至今。1875年，工部局造了新木桥，“Wills Bridge”因桥面质量问题被最终拆除。新桥有自己的名字，叫花园桥（邻着外滩花园），可人们还叫它外白渡桥。只是这回，人们行于其上，不再需要付过路费。1908年，第三任外白渡桥上岗。舍弃了木桥的构造，新式的电车终于可以一路自杨树浦开到外滩，开上南京路。此后，这座钢筋铁骨一直守护在苏州河上，长久地守护至今，直至成为上海的标志。

而按照装置艺术家肖可霄的说法，他更追寻着外白渡桥作为上海标志性建筑物的背后，所蕴藏的深刻性——“外白渡桥是外滩的脊梁，一个宽厚的长者，这座大桥102年来，默不作声，暗暗散发沉静的力量，让我谦卑，让我懂得沉默，语言的尽头，我们务必要静下来。它穿越过战火、城市规划，居然能够在上海这个很现实的城市存活下来，至今还起着重要的交通功能，很不简单。有趣的是，它处在黄浦江和苏州河交界处，是一个意象，交糅、融合不同的路途，最后结合在一起。”肖可霄眼中的外白渡桥，分明有景中之伤，淡淡的忧郁。

而更多的人，则喜欢选择安静的时刻，跑来看看外白渡桥。避开无极限的游客，避开高峰期的车水马龙，避开烈阳带来的焦躁，他们想看的外白渡桥，应当要跟梦里的桥一模一样。摸着铁质栏杆，感受掌心传来的粗糙；一步一步地丈量，仔细听闷闷的脚步回音；轻触粗石上的桥碑，看头顶上钢筋的轮廓。但其实，每个人心中的外白渡桥，都不一样。

延伸景点 E 老码头创意园区
——曾经的十六铺码头

海上的薄雾未消，湛蓝色只是隐隐约约的影子。浓重的海腥味，整整伴了两日一晚，连头发中也都是它的味道。上两层的旗子还在风里飞，目力三丈外，看不见什么。算足时间的人们，满满地站了一船舷，顺着船头前行的方向看着。微微的亮，是第一个掺入薄雾的颜色，接着橙色和粉红，自一点一层层地往外跳。薄雾的第一个口子被迅速撕开，就像拆个包装那样迅速利落，将船头的那一条长线抖落。人们开始声声大叫，喊着上海到了，一整夜海浪折腾下的人们睡眼惺忪地拥挤着朝前，盼着早早地踏在上海的土地上。两架长长的接客梯，慢慢地在地上挪着步子，推梯子的人一步一步挪得很有节奏。一阵躁动后，整条四层大船只剩下打扫卫生的清洁工。

这是我初次造访上海的印象，而我第一次踏足的区域，叫做十六铺码头。这是上海最早的码头，严格来说，十六铺码头的起端，要自清朝的咸丰、同治

新造好的观景大道上，即便是以前没什么游客的十六铺，也都是人来人往

年间算起。那时被太平军点燃的烽烟炮火炸满了全国各地，当时的上海县将城厢内外的商号划分出了十六个联保联防的“铺”，负责铺内治安。最大的铺是十六铺，包括了上海县城大东门外，西至城壕，东至黄浦江，北至小东门大街与法租界接壤，南至万裕码头街及王家码头街。十六铺码头的昌盛，便与铺内商家纵横的情形不无缘故。此后，即便1909年的上海县地方自治，也未曾改变十六铺在人们心中的地位，渐渐自成地名，至今仍是。

当然，现在已经没有十六铺码头的概念了，取而代之的是老码头创意园区。老码头的名声，仅一年来闯荡在上海滩的各大报纸刊物上，附带各类访谈故事和新鲜的菜色，可以用鹊起来形容，整个创意园区的营造已经非常成功。

老十六铺的弄堂和街面上，是满满的故事，特别是那幢曾经是黄金荣、杜月笙的仓库，更给了老码头一点说道说道的传奇故事。杜月笙初到上海滩，就在十六铺“鸿元盛”水果摊当学徒，凭一手精妙的削水果皮“刀法”逐渐发迹。如今，上海最大的水果批发市场还在“上海老码头”旁边，不过距离拆迁的日子已然不远。

创意园区内共有22栋建筑，保留着上海油脂厂的原貌，最聚集人气的就是中山南路479弄的大门后，充溢着淙淙流水的景观水池。餐饮店和酒吧绕了水池一圈，提供环保菜色的名唐餐厅，供应特色东南亚菜的TOP CHOICE等等，各凭本事吸引了一大票忠实的食客。

自十六铺朝着对岸，总共能看见对面清楚的字眼——上海晚上好

地址

上海市黄浦区十六铺。

交通

公交251、868、736、928、910、65、801、317、307、305可达。

作者手记

1.十六铺码头旁的老码头创意园区域，很适合在怀旧之旅后坐下喝一杯。这片区域拥有大量的创意餐厅和咖啡厅，已渐成一个新的潮流基地。

2.十六铺码头旁，还有可在黄浦江上驰骋半小时的海上游船服务，可直接买票，直接上船。

延伸景点 E

外滩源

——往事不褪色

三四年前的上海，可没有外滩源的讲法，至少对于诸多国内外的游客而言，外滩也就是浦西浦东的两条通途——20世纪的老建筑群和对岸的丛丛高楼。自外白渡桥观赏浦东风景线，或自滨江大道观赏浦西老建筑风景线，是他们游览外滩的不二方式。如今，又多了个外滩源。

自外白渡桥右侧的绿草坪转上另一条路，南苏州河与中山东一路的交界口，是这段旅途的起始。当浦东成片林立的摩天高楼都被暂时搁在身后，当左侧的古典建筑群也暂时被挡住了视线，面前这座从铁栏杆的各种弧线图案中透出的米黄

游客们大多不知道外滩源,所以即便是夜晚，这里还是安静的

色建筑，在过往的七十年间都只扮演着默默无闻的角色。任谁都能从细枝末节看出些它的不凡，深棕色的木制百叶窗，黑色的铁质落水管，青灰色的阳台廊柱，或者说，只需见到铁栏杆与它之间相隔的大片草坪。于外滩这等寸土寸金的地方，足足24000平方米的草坪就意味着一出大手笔的戏。

正门的门牌号是中山东一路33号，如今被划归金融家俱乐部，但在1849年，它最初开造时的名字，是英国驻沪领事馆（1870年毁于火灾，1873年完成重建）。如果说白纸黑字上的租界契约只是一个最初的开端，这座外滩现存最早、保留最完整的建筑，这座租界时期上海出现的第一个外国领事馆，就是英国人殖民于上海的真正足印。文艺复兴时期的印痕，深深地刻在其中，鼎鼎大名的余洪记营造厂好生执行了格罗斯曼与伯依斯的设计。自它的中式蝴蝶瓦慢慢地朝南，才有一整个的新月式外滩。

大片的绿色扑面，百岁的广玉兰、雪松、桑树、丝梅木和银杏，一一都是原貌。一条贯穿绿地的小道绕了个弯，就是领事馆的正门，可惜不让进。远远的，看见墨绿色的教堂尖顶，高高地刺向天空，不容小觑。原领事馆的旁边，还有另外一座建筑，更小些，也是一样的风范。这是原领事馆官邸，正在维修，只能隔着栏杆远远地瞧上一刻。

南苏州路朝前，除了偶尔经过的汽车，几声鸣笛之外，少有人走动。右侧的原划船俱乐部，和左侧的教会公寓，只剩下个外壳能够见人。这两座建筑早早地撇开了职能，空晃在苏州河旁，不知不觉已有超过大半个世纪。教会公寓建成于1899年，棱角还能看，新古典主义的帕拉迪奥窗套，既活泼又庄重。它一旁的新天安堂，便是刚才瞧见的尖顶教堂。午后阳光，射在教堂的花窗上，五彩斑斓。它独霸苏州河南岸的制高点，左右匀称的三角形屋顶，每一轮圈住的白色镶边，旧时的欧洲风情，很是吸引拍摄婚纱照的摄影师。教堂的台阶，优美的门廊，对面俱乐部的红色巴洛克装饰，一一都是他们眼中最佳的背景。

于这座18世纪末期的教堂一转，是一条步行道，圆明园路，直直地伸着。深色的青花岗岩砖，很衬19世纪初的老味道。真光大楼、兰心大楼、协进大楼、哈密大楼、女青年会大楼、圆明园公寓、安培洋行大楼，一整排的八座老式建筑，在阳光下面异样的精神。外滩源开发的缘故，圆明园路上的建筑也算在其内，原本斑驳的外表多少也修补了些。一头一尾的建筑们，还有几座正在修缮中，只有当中的几座，已有保安在门前站岗。

这些楼宇均建于1920—1936年，大部分都是洋行建筑和公寓式住宅。顺着

当年的教工宿舍，如今还能在其背后看到四层楼梯。当年的黑长袍，都是顺着这些楼梯上上下下

金融家俱乐部，占据着这座建筑。八点开始对游客开放

这些建筑，恰能摸着20世纪的种种线索。总领事馆、商务和传教中心、货运及游船码头，以及成片的滨水仓栈，顺着黄浦滩不断朝南扩张着。老城厢的阔野之地能在短短二十年内迅猛地变成繁华的新城中心，起因也都在这片渐为人知的外滩源——外滩真正的源泉。

那些楼的门口都打着不大的广告，宣告着楼内的公司——有金融有证券，也有酒吧和餐饮的入住。路面上来往的人不多，嗅觉灵敏的老外和摄影师们倒是偏爱这里。静寂时有，热闹时有，独独隐于世间，分明一路走来的感受，是与外滩截然不同的味道。

地址

上海市黄浦区圆明园路、北京东路、延安路和南苏州路的所围区域。

交通

乘33路、37路、55路、65路、868路、921路、928路到中山东一路南京东路站下，朝南苏州路走，五分钟即到。

作者手记

1.划船俱乐部的后面有个小小台阶，登高而望，左侧是苏州河畔的邮电博物馆，右侧是外白渡桥、上海大厦和浦东诸座高楼的盛大布景，夜景更美。

2.最新潮的Muse酒吧就在外滩源内，益丰外滩源5楼北京东路99号（圆明园路口）。Muse可称得上是刘嘉玲的心头宝，自同乐坊迁入外滩源后，更是人气爆棚。

资讯补给站

[住宿]

上海福州路外滩“老船长”青年旅舍

福州路上的“老船长”，算起来是上海开得年数最久的青年旅舍。地段好得没话说，出门走两分钟便是外滩。可惜楼老了一些，很是有些当年大学宿舍的感觉，大楼中间镂空，设回廊，这边的人能隔着两道窗户瞧见对面的人。房间很大，楼层高挑，睡起来的格局是大的。楼顶的大露台酒吧就要顺着船舱式的楼梯网上爬一段，外头就是敞亮的外滩景色，丝毫不逊色于外滩三号或者五号的餐厅外景，倒是添了几分自在逍遥和与世无争的感觉。这里的下午和傍晚生意最好，来往的都是识货的熟客。旅舍楼下有明信片服务，出门左转是24

旅舍四楼的告示牌，贴着丰富多彩的夜生活

小时全家超市；对面的爵士乐吧十分热闹。

多人间65元/床，头等舱（即标间）350元/间。

上海市黄浦区福州路37号（近江西中路）

021-63235053

地铁2号线南京东路站下，沿河南路朝西走，至福州路左转，过江西中路即到。

上海旅行者国际青年旅舍

旅行者的位置不起眼，灰色的大楼外贴着保护老建筑的铭牌。一楼的illy咖啡倒是分外显眼，总坐满了串烧各国语言的行者，一旁则是六十升或七十升背包垒成的陪衬。夜间沿着苏州河旁散步，还能远眺着外滩的夜景，偶有汽笛声相伴，做一场关于老上海的繁华旧梦。出门左转就是一排小饭馆，香味诱人，解决几顿饭不成问题。附近老式建筑多，沿街摆摊的小贩也多，水果倒是便宜。床位60-65元，标间240元/间，豪华间340元/间。

上海市黄浦区江西中路450号（略近苏州河）

021-63297889

地铁2号线或10号线南京东路站出，沿着江西中路朝东走15分钟即到。附近有64路公交可达上海火车站。

上海延安路外滩老船长国际青年旅舍

与福州路的老船长青年旅舍属同系列，门口站着摆pose的雕像恰如其分地诠释了旅舍的名义。要上网的各路人马全都集中在一楼，不是捧着各自的电脑，便是在公共区域的电脑台前挥指如飞。仍旧是老式的电梯，仍旧是红色的软地毯，踩在上面立时就有身处船舱的感觉。楼顶的酒吧平日里略

旅舍所在的建筑，已有多年的历史

老船长青年旅舍的分店，距总店不过五分钟路程

显冷清，只有周末时候才大显身手。房间很大很干净，即便是多人房，住得也很舒服。房价300-400元/间。

上海市黄浦区延安东路7号甲（近延安东路）

021-33310000

地铁2号线南京东路站下车，顺河南南路走，到延安东路往东走15分钟即到；或地铁8号线大世界站下车，沿着延安东路朝外滩方向走15分钟也可到。

上海蓝山外滩国际青年旅舍

2010年底，蓝山的外滩店才开业，自此休闲区的露台就没缺过人气。若是怕吵的客人，切记别挑临近休闲区的房间，怕是太过热闹。旅舍离着南京东路实在太近，露台位置恰好能将霓虹灯光十足的南京东路看个分明，夜景相当出色。下面一圈就是大小饭馆和居民人家，和热闹的南京东路略显出了一种不一样的风格。前台妹妹十分可爱，有问必答且热心。床位65元，空间略小，房间在200-340元/间。

上海市黄浦区黄浦区山西南路350号6楼（近北京东路）

021-33661561

地铁2号线南京东路站5号口出，沿天津路向西至山西南路右转向北，过宁波路不久即到。

水舍

这建筑好似破衣烂衫被闲置着，你可以透过那些残缺不全的墙壁或者

大厅的吊灯，富有设计感，左侧藏着的NO.1餐厅中，提供上佳的欧式食物，靠窗的位置需要提前五天预订，只有五个

被人撬掉的钢管痕迹判断分明。白天的水舍并不起眼，设计师特别留下了这座建筑本身的那种都有的痕迹，或者说，他留下了岁月的织痕。说真的，若你不知情，很难想象这里就是大受追捧的精品酒店——水舍。在一楼的大堂，能闻着左侧No.1餐厅里传来的香味，能看见右侧咖啡桌旁的身影。白色的挑高三层吊灯搭配上残破不朽的厂房墙壁，就是一道艺术盛宴。该宴不便宜，口袋需饱满一些才好：房间基本价位在1200元以上。贵是贵，好在这里还能称得上一句独一无二。

黄浦区毛家园路1-3号（中山南路479弄老码头内）

021-60802988

公交910和801路可达

[休闲]

浦江游览

首次来上海游玩的保留曲目，便是上浦江游览船。等夜幕沉下，等江岸两侧的灯光都起来，便是登船一览两岸美景的时刻。老建筑们排着队在一旁秀着优雅的绝代姿容，新大厦们在另一旁是一副顶天立地的模样，透着精神气。汽笛声中，船渐行渐远，饱览风光之余，不免也成了江中的一道风景线。记得多穿衣，江上风大夜易寒。人均128元。

黄浦区外马路80号良良商务楼（近中山东一路）

021-33500870

公交910、801路可达。

和平饭店老年爵士酒吧

萨克斯风的音符，腾挪回转在这间精致的酒吧里，小号也是。随着和平饭店的重新开业，这家一楼的老年爵士酒吧又迎来了新一批的Fans驻场。酒吧的名声早就传扬在外，小年轻们难得知道的，不识货的人怎能凭着一块铜铭牌知道这里经过的岁月，知道这里闯荡过的人物？要想重温旧

这块招牌后面，藏着的就是晚间7点半开演的老年爵士乐队

上海十里洋场的爵士风范，这家才是首选！人均80元。

黄浦区南京东路20号和平饭店1楼（近中山东一路）

021-63216888

地铁二号线南京东路站下车，顺南京东路朝东走，近外滩的左手处便是。

Victor's Deli

和平饭店的一楼，敞亮的玻璃窗里能瞧得见整面的照片墙，写上了满

满当当的老上海味道。蛋糕和巧克力被打扮得很精致，摆放在柜台中，色泽动人。客人多是饭店的住客和附近的上班者，下午茶时间人最多，几乎川流不息。小小的手工饼干味道也是不错，可以捧着热咖啡看着窗外川流不息的旅游团，来来回回的忙碌人生，就当是一时的小小休假。人均50元。

黄浦区南京东路20号和平饭店1楼（近中山东一路）

021-63216888

地铁2号线南京东路站下车，顺南京东路朝东走，近外滩的左手处便是。

早晨八点，客人还不太多。我自门口问了保安，他说这里的面包很好吃，一面笑着跑去给另一个客人开门

Bar Rouge

新人进门的第一刻，必定要被门口的红色闪得眼冒金星，不可自拔；新人进门的第二刻，必定要被走廊尽头的妖艳红唇迷得神魂颠倒，再难忘怀；新人进门的第三刻，必定要被夜风微掠下的外滩盛宴震得七荤八素，需要喝杯酒狠狠地压一压惊。消费不算贵，音乐很赞，偶尔会有意大利之夜。那时的Bar Rouge人潮涌动，简单几步走动也要奋力拼搏一番。人均120元。

黄浦区中山东一路18号外滩18号7楼（近南京东路）

021-63391199

地铁2号线南京东路站下车，顺南京东路朝东走，至中山东一路（外滩）右转即到

以红为名的酒吧，设计也都巧用红色。进门的第一眼，便毫无保留地凝聚在这张照片上

[美食]

Sun with Aqua东京和食

外滩六号的东京和食，只能用“生意好到爆”来形容。这家三得利旗下的日式料理店，日日爆满，夜夜满场。“选用新鲜的食材”，帅帅的主厨一直按照这条标准严格控制Sun with Aqua的原材料。生鱼片新鲜，特别是海胆更为新鲜，香甜可口，入口即化。吧台的位置可以细看大厨的料理做法，训练有素且严谨，分寸拿捏相当准。

前台小姐总坐在小鲨鱼的大大蓝色鱼缸之前，服务殷勤周到；入门则是樱花迎客，典型的日式风格；用粗粗的木条隔开了一间间包房，却不失空间感；踩着一小段小桥流水，踩进宽敞的用餐区域。午市因有套餐，格外吸引客人前来，价位有98–300多元不等，做法仍是讲究。半烤蓝鳍金枪鱼锦绣蔬菜沙拉，SUN特制鳗鱼鳄梨履带卷，料理长特选上等寿司拼盘，配上日本原产的清酒，也可以喊一句一醉方休了！

人均300元左右。

餐厅的室内设计很棒：迎面是樱花流，一路相伴至用餐区域，包房隔出了几个，但隐约还能瞧见些刺身拼盘和牛肉的身影

中山东一路六号（近广东路）

021-63392779

11:30–14:30和18:00–23:00（酒吧营业至深夜1点）

地铁2号线南京东路站下，顺着南京东路走至中山东一路左转，5–8分钟后可至。

花马天堂

吃饭二楼，酒吧三楼。

花马天堂在上海有两家分店，一家在延安东路，一家在高邮路，都是生意火爆的店面。说是云南菜，多少也顺着鬼佬和上海人的口味做了点调整。端上来的菜都配上红红绿绿的蘸酱，一勺入口不是酸便是辣，算得上有点重口味的餐厅。偏生捧场的人不少，多是喜欢这店面的风格，一进店面则像是到了另一个世界，深红的颜色当了主题，灯光必然要昏暗，音乐必须要靡靡，才不枉花马的英文别名——Lost Heaven on the bund！到此必然要尝的菜，是葱椒鸡。三楼则是露天的位置，值得推荐，闲来无事的人可以沙发上坐坐晒晒太阳，懒一懒骨头！

人均150元左右。

黄浦区延安东路17号甲（近四川南路）

021-63300967

11:30-14:00和 17:30-22:30

地铁2号线南京东路站下，顺着河南东路走至延安东路左转，5-8分钟后可至。

上海姥姥

一旁的南麓碧乡已经功成身退，上海姥姥却仍旧坚守阵地，年复一年日复一日地兜售着平民本帮菜。

姥姥做的菜大约都是好吃的，上海姥姥也是一般无二。服务算不得顶呱呱，室内装潢也就将就而已，偏偏菜的滋味好，叫人一直想来。特别是那道红烧肉配茶叶蛋，简直就是每次必点的保留食谱：红烧肉味足，口味偏甜，酱汁的味道能浸透茶叶蛋，唇齿必定知道这种好处。椒盐猪手则是另外一道经典菜色，脆而不腻，香气扑鼻，很是下了工夫。

剩下的葱烤鲫鱼和招牌蒜茸中虾，也各有自己的好处。中午的时候，多是临近上班的食客前来觅食；夜间时分，则多是识货的老客人陆续赶来，要吃上一顿心满意足！

人均80元左右。

黄浦区福州路70号（近四川中路）

021-63216613

10:00-14:00，17:00－22:00

地铁2号线南京东路站下，顺着河南路朝南走，福州路左转，过四川中路即到（左侧路口位置）。

庄氏隆兴小龙虾面馆（外滩店）

即是面馆，主打的自然是面食。店内卖的最快的就是老鸭面和老鸭汤年糕，好多次敲着老板前后脚的工夫就把老鸭面的牌子撤了，只因早早卖光，半点不剩。

面馆又有一个别称，叫“一锅一烧”，与一旁的五芳斋的下面方式有些不同。用长筷子夹了面条，放进小锅里烫上一会，捞起淋汤，淋佐料，搁浇头。端上来的面汤总是又白又鲜美，面条的嚼劲也足，Q得很。只可惜店面小了些，就算上下两层也挡不住午市食客的热情高涨，大门口排队是最正常不过的事情。

进门的招牌上高挂着，一眼就能瞧见这店的前身今世，总是一言难尽！

人均30元。

- 黄浦区四川中路156号（近福州路）
- 021-63231018
- 早午晚皆有，至晚九点收工。
- 地铁二号线南京东路站下，顺着河南路朝南走，福州路左转，四川中路右转即到（对面永和豆浆右侧）。

第四章

4 浦东区域

——新上海风情

如果说20世纪90年代的浦东改革开放，使得全国人民的视线都聚焦在浦东，那么2010年的上海世博会，则把全世界人民的目光都牵来了浦东。曾经的烂泥滩，曾经的渔民聚集区，曾经的小小窝棚，到如今已是过往云烟不必再提。林立的高楼，无数的商户，繁盛的市貌，站在外滩朝西望到的一江风景，一江豪情，是浦东快速发展的明证，是改革开放以来的兴盛。

至于耗重金打造的世博会，已将数座展馆改成展览馆和艺术中心。这些留存下来的建筑，那些建筑师倾尽心血的作品，终究并非昙花一现的钢筋铁骨。有机会延续建筑师的理念，又被融入更多的实用功效，终使得世博会旧址仍成为游客的必游之地。

旅游指南

这一区域的重头戏码是陆家嘴和世博会旧址。前者的摩天高楼和沿江繁盛，后者永远保留的一轴四馆，都是极为吸引游客参观的经典之作。到达都极为方便，两处都挨着地铁。

陆家嘴一带，值得花一天的时间，表达对摩天高楼的瞻仰，登上东方明珠、金茂大厦、环球金融中心的最高处；对海洋生物的好奇之心，跑进海洋水族馆里热闹一番；感受一番赏花赏月赏浦江的灯火夜色，绚烂如几家宫殿并排而立；任滨江大道上的江风吹跑旅途的疲倦，最后跳上过江的渡轮，去和外滩的宫殿们亲近亲近。如此一来，一日方够，中间的午饭晚饭，可在正大广场和环球金融中心的美食集中带一一解决，川菜、本帮菜、云南菜、日餐、韩国菜外加林林总总的改良菜式，一应俱全。

世博会旧址一带，则也至少得有大半日的游览工夫，特别推荐夜景。中国馆和月亮宝船的夜景，在热闹风光的世博会之后，依然能在夜色中绚出一片梦幻之景，宏伟浩大，美轮美奂。这两个展馆细细走来，是一段与杰出建筑师的约会。距离中国馆不远处，是美食城，也可一饱口福。若来这一区域，可与陆家嘴或豫园一带搭配时间游玩。

主要景点 M 中华艺术宫（原世博会中国馆）——红妆艳绝天下

以前逛南京西路的上海美术馆，多少总有点遗憾。里面的展厅规模实在有限，多数都是看了这篇，却没了那篇，有许多时候心心念念的作品往往躺在美术馆的馆藏中等待下一轮展览时见天日，碰上了上海美术馆迁址中华艺术宫的消息，多少振奋了许多艺术爱好者的期望。

中华艺术宫，两年前也叫世博会中国馆。世博会期间，这座红艳艳的建筑和一旁的沙特月亮船一样，门口都甩出老长的队伍，每日排队的等待时间至少五个小时。如今改建后的中华艺术宫，却没有如此多时间上的讲究——预约、拿票、进场，极为高效。

《群仙祝寿图》被英国《画家》杂志称为艺术造诣可与凡·高比肩的“海上画派”杰出代表任伯年的经典之作

中华艺术宫展示面积达6.4万平方米，拥有27个展厅。参观顺序是自上而下：49米层、41米层、33米层和0米层。49米层在12楼，2012年国庆期间的试展为《群仙祝寿图》、多媒体《清明上河图》和“海上生明月——中国近现代美术的起源”。

《群仙祝寿图》位于4号展厅，可谓中华艺术宫的镇馆之宝。西王母庆寿蟠桃会的富丽场面，46个生动的仙人形象，在12幅屏风的画卷中一一呈现。任伯年的工笔重彩在12屏中发挥得淋漓尽致，画面中的远近透视和光色明暗关系也有独特的处理手法。英国《画家》杂志曾给予极其崇高的赞誉，称其艺术造诣可与凡·高比肩。这套作品曾一度流落民间，后被著名书画鉴定家、收藏家钱镜塘发现，一直由上海美术家协会保存至今。

多媒体《清明上河图》则在5号展厅，是2012年国庆期间艺术宫的参观热门，需掏20元钱的门票方可进入。《清明上河图》，中国十大传世名画之一，宽24.8厘米，长528.7厘米，绢本设色。北宋画家张择端存于世间的唯一一幅珍品，借助投影和三维动画技术变成活灵活现的北宋画卷——疏林薄雾中赶驴的脚夫、虹桥上走动的行人、做生意的商贾、看街景的士绅、骑马出行的官宦、街头卖艺的汉子、酒馆里献舞的女子等，卷中的人物全然生生动作起来，好一场繁华市景图。展厅内的灯光其实暗到极致，只余下动态画卷的光线和水池上倒影的余光可引领着道路。人头攒动着，个个都想停下来看仔细了，从日出清晨到灯火通明。

49米层的2、3、6展厅，以及41米层的7、8、9、10展厅都划归给了常年陈列展主题“海上生明月——中国近现代美术的起源”。自中国画到油画，自版画到雕塑，自书法到篆刻，乃至工艺美术，1200余件美术精品已足够完整展示上海以及中国近现代美术史的脉络线索。第一馆展厅的海上墨林，自开篇就献上了任伯年大师的《麻姑献寿》。其跨度自清代跃至20世纪的摩登上海再到建国后，画风由人物花鸟画、山水画至油画、西洋画的变迁，徐悲鸿的马，齐白石的《仕女图》，吴昌硕的墨宝，傅抱石、潘天寿、陆俨少的画卷更是轮番上阵，每一个都有着与上海恋恋不舍的缘分。

在49米层的大厅，不得不提这样一幅巨大的雕塑作品。一组金色的向日葵被列在大厅正中，这是中国美院院长许江的《共生》。“葵，就像是我的一双老鞋。它不是一个符号，或者一个题材，它是我生命的一部分。假如有朝一日我不

北宋的《清明上河图》，被改成电子版本挂上墙头，一个个人物灵动鲜活，在墙面上生活着

再画葵，那也是身不由己。我绝不会设计何时不再画它。”向日葵的花瓣几乎要直达穹顶，有折有弯，似乎是无法略过的展品。

33米层的展厅在8楼，按照上海美术馆执行馆长李磊的说法：“中华艺术宫继承了世博会的文化传统。它是开放的、拥抱世界的，包含了它承载的文化交流功能，同时引进世界上最优秀的美术作品和展览。开馆时有7个国家的美术馆和艺术机构，虽然规模不大，但是规格极高。”七个小展厅有一个共同的名字，叫“来自世界的祝贺”。

阿姆斯特丹荷兰国家博物馆，带来的是镇馆之宝——伦勃朗的油画作品《哈希耶•雅克布思特•范•克莱堡肖像》。这幅作品极致入微地人物面部刻画，甚至将中年妇女眼睛四周的细微皱纹都不放过，效果可媲美相片。名家维米尔创作的《读信的蓝衣少妇》，则更为安静地展出着，颜色并不出挑并不显眼，甚至可以说是单调的蓝色与黄褐色，却又是另一幅珍品。

大英博物馆的《大理石男肖像》和《带翼守护神浮雕》、法国雨果博物馆的《一滴泪换一滴水（巴黎圣母院）》、惠特尼美国艺术博物馆的70年代美国艺术品和新西兰国家博物馆的当代艺术展品都聚集了大批好奇的游客。最为特别的仍算墨西哥新生代艺术家哈维尔•马林的雕塑展。那些夸张的肢体语言，都被定格在一块块雕塑片断中，可能是一缕头发，微张的红唇，有弹性的臀部，或是虔诚地闭上双眼，有张力的情绪能被仔细地放在这个专属的空间阅读出来。

之后是辗转的数道电梯可以到达0米层，也即中华艺术宫的大厅。未及细扫展厅，视线仍会停留在大厅左侧的雕塑《淞沪铁路》上。洋人们西装革履站在前方，后头是“立如堵墙”的清朝观众们。这段雕塑记录了淞沪铁路开通的那段真实历史，这条铁路也见证了上海开埠后的荣辱兴衰。人们似乎最喜欢《淞沪铁路》和同侧的《红军长征的将领们》，围观拍照总是少不了的。

朱屺瞻的名作《山水》

《向日葵》是刘海粟的名作

地址

上海市浦东新区上南路161号（近国展路）

交通

地铁7号线“耀华路站”下，8号线“中华艺术宫站”直达

门票

多媒体《清明上河图》门票20元

开放时间

早上9点至下午4点。周一闭馆（节假日除外）。

作者手记

1. 中华艺术宫的一层，空间设计非常漂亮。大厅的中央是咨询处，连带贩售顶层多媒体《清明上河图》的门票。

2. 展览分布：中华艺术宫“锦绣中华”展在0米层南侧，共2个展厅；“名家艺术陈列专馆”在0米层南侧；“上海历史文脉美术创作工程作品展”在0米层北侧，共2个展厅；“来自世界的祝贺：国际美术珍品展”在33米层，3个展厅；“海上生明月”展：12楼（49米层）、10楼（41米层）、共8个展厅。

3. 一层大厅右侧有咖啡厅可提供休息，余者集中于自10楼的饮食区域——可搭乘12楼至10楼的电梯到达，位于12楼的进出口位置。

4. 展品的下边大都附有一个二维码，游客只要用手机扫描，便能获取该作品的详细信息。

0米层有一楼和二楼之分，也即是0米层和5米层。一共十个展厅，20、21、26展厅主题是《锦绣中华——行进中的新世纪中国美术》，展出作品250多件，是新世纪以来中国美术创作状态与成果的整体反映；22、23、24展厅主题是《名家艺术成列》，该专题陈列林风眠、吴冠中、关良、程十发、贺天健、贺友直、吕蒙、沈柔坚等名家的300余件作品；15、16展厅主题是《上海历史文脉美术创作工程作品展》；25展厅主题是《经典再现》；27展厅主题是《翰逸神飞》。

“上海在中国近现代美术的发展历程中扮演着重要的角色。在这段历史进程中涌现了众多辉映史册的艺术精英，他们的创作实践或人生经历，很多与上海这座城市有着各种千丝万缕的联系。随着岁月流转，这些已然逐渐沉淀为这座城市最为重要的艺术资源和文化财富。”在中华艺术宫本次推出的展览介绍中，如此定义着上海这座城市与中国近现代美术的渊源，也对未来的上海美术发展赋予了更多的期盼。

主要景点 M

上海当代艺术博物馆（原世博会城市未来展馆）
——双年展正当时

担的名声很大——作为中国大陆第一家公立的当代艺术博物馆，上海当代艺术博物馆在2012年10月的假日对公众拉开帷幕。它所在的这幢建筑，主体长128米，宽70米，高50米，建筑面积31088平方米。该建筑建成于1985年，为钢筋混凝土结构，设计寿命50年。在对部分空间进行功能转换的建筑改建后，从单纯的数字结论来看，总面积达到4.1万平方米，拥有12个大小高度不一、适合各种展览的展厅以及装备齐全的图书馆、研究室、报告厅等功能性设施，无疑具有相当高的硬性指标，所以陈列在内的展品又如何呢？

2012（第九届）上海双年展于10月1日开幕，这个当代艺术的盛大展览为了贴切博物馆本身的“南市发电厂”主题，特地将主题立为“重新发电”。作为曾发出上海第一度电的建筑，作为曾被无数游客瞻仰过的世博会城市未来展馆，这座拥有165米高的巨型烟囱的老电厂里似乎正在散发不一样的艺术魅力。

关联结构。每个人都关心保护着另一个人，每个人的个体生命都依赖于另一个人的生命，一个人的温暖得以传递给他人

反正人们的目光总会被进口处的那尊黄澄澄的贯通大厅的艺术品吸引，这是旅法华裔艺术家黄永的《千手观音》，高达18米，钢铁结构，向四面八方伸出的铁手中，放着许许多多千奇百怪的物品，与传统的千手观音形象完全不符——从水壶到扫帚，从球拍到动物标本，甚至算盘等，据说当初工作人员是借助升降梯来安置这些展品的。物质社会和欲望所透射出的影子，都在观音的手中，放着捏着展示着，自三楼的方向看将更为真切直观。

《千手观音》

至于美国艺术家切克·马可姆特里则为本届的双年展带来了作品《图腾汽车》。“这件作品大小如同一辆普通的银色轿车，但重量却是它们的三倍以上。当电脑程序启动、机械臂缓缓拉升，汽车就变成了一棵“会生长的树”，像有生命一样缓缓长大、长高，甚至结出“气囊”一样的“果实”，最终变成一根20米高、象征生命力量的图腾柱，精彩的创意令人称奇。”——展馆开幕后，几乎上海所有的报纸就会提到这幅充满生命力的作品，令许多参观者记忆深刻。

一楼至二楼的电梯上方，悬挂着一幅人像画，初见无甚稀奇，直到走上二楼临近画像处，才发现它有一个类似地铁把手的互动装置。拉下手柄，大屏幕上的8个动画人物会齐齐跌倒，而当松开手柄，动画人物则又会都爬起来。这是德国艺术家TinoSehgal的作品，据说印证的是萨缪尔·贝克特绝望又令人振奋的宣言“再试一次，再失败，失败得更好”，连给作品起的名字也叫做《再次跌倒，跌得更好》。

反正宽敞高大的展厅给予了足够的空间，行走于其间，似乎漫步在多个国家之间。27个国家和地区的98位（组）艺术家似乎将时间和空间直接划开了界

丽贝卡的雕塑，因重见天日的秦俑而生，只是换了样子——所谓最终的饼干模具

地址

上海市黄浦区花园港路200号。

交通

地铁四号线“南浦大桥站”直达，也可搭乘各类到南浦大桥的公交前往。

门票

无

开放时间

早上9点至下午4点。周一闭馆。

作者手记

1.展览每年将筹办专业美术讲座，均为免费项目。

2.展馆目前正在制作数字化博物馆，展馆和展品有望实现数字化，希望日后能使观众们足不出户也能上网浏览展馆内的艺术珍品。

限，从照片到艺术展品，从画作到装置艺术，这里已是成功的跨媒介、跨学科的艺术综合交流平台。

上海当代艺术博物馆筹建办主任李向阳对着媒体这样诠释双年展的主题：“上海双年展的主题是‘重新发电’，但绝不是简单的物理发电，而是要给上海这座城市、给人们的生活注入精神能量和文化的力量。”他希望“参观当代艺术展与其说是欣赏艺术，不如说是感受创意，享受灵感。也就是说，只要有创意，人人都可以是艺术家”。

本届上海双年展“重新发电”的主题将由“溯源”、“复兴”、“造化”和“共和”四个板块诠释。这四个板块分别关注作为社会动员者的艺术，作为历史的重访者与重写者的艺术，作为能量的变压器与转换者的艺术，以及作为社会组织者的对话和交往的艺术，以此形成一条主题链。

而中共上海市委宣传部前负责人有着对博物馆更高的期望——构筑起在硬件设施上足以媲美纽约、伦敦和巴黎的“成熟的博物馆体系和多元的文化格局”。但上海当代艺术博物馆的收藏品却真的要走上从零开始的道路。目前展馆内并无收藏，未来将以创新机制逐步建立自身收藏体系。上海市政府将专门设立两馆收藏专项资金，由两馆学术委员会每年提出收藏计划和工作建议。故而上海当代艺术博物馆目前的重心，仍在引进一系列前所未有的西方当代艺术展，至少在一年之内的计划应当如是。所有的当代艺术家都希望，中国的当代艺术能随着该博物馆的出现，真正成为独立的中国当代艺术。

主要景点 M

月亮船（原世博会沙特馆）
——宝船里的3D大片

提月亮船的名字，还不如提世博会沙特馆的名字。虽然是同一座建筑，但后者的名声长久地在世博期间出现在各类报道上，无论是排队等候时间长达7–8小时的现实，还是430多万游客的参观量，人们都很难忘记这座风靡一时的展馆。

改名月亮船，来自于展馆的建筑设计本身。建筑主体是一个长91米、宽47米的双曲面船形建筑。整个船由柱子支撑起来，共有四层，其中地上三层、地下一层。在设计师王振军的眼中，这艘宝船就仿佛驶过从中国南方到阿拉伯半岛的“海上丝绸之路”，对接了阿拉伯和中国的两大古老文明。宝船的最顶端是颇具沙漠风情的枣椰树装点而成的空中花园。这种耐旱、耐碱、耐热又喜潮湿的植物，正是沙特人最为尊敬的植物，甚至在沙特王国的国徽上都有枣椰树的出现，

代表了农业，代表了沙漠中的绿洲，代表了人民渴求的希望。

枣椰树之间，是传统的贝都音人的帐篷。贝都因人在所有沙特人心中，都是自由而勇敢的象征。当沙特人还没能享受到地下滚滚黑金的福利，当沙特人还要在干旱和饥荒还有战争之间奋力挣扎时，贝都音人作为古老的游牧民族享尽骄傲和尊崇。

但枣椰树是月亮船的最后一站，游客们最先入目的并非这座沙漠风情浓郁的空中花园，而是环状的外环坡道。左侧墙面上的花纹和浮雕，都满溢着中东风情。当坡道回旋至珍宝剧场时，月亮船中最精美的一幕便随着缓缓而行的移动带，彻底地展现开“生命的活力”。

开篇是一段简练精彩的沙特介绍片，漆黑的廊道中，只剩屏幕的光彩，关于沙特的政治和经济，沙特的城市和建筑，沙特的文化和艺术。短片很短，策展人却使用不同的展示方式为游人选择更为直观的体验，如为增加空中俯视感而调整屏幕的播放方向等手法。当视线自长长的沙漠线转向繁华昌盛的沙特首都时，这个民族长久以来生存的艰苦与不易，总能赢得人们的敬意。一个民族的坚持，在如此恶劣的土地环境上，在少量绿洲零星分布的沙漠国度里，隐忍和奋斗是他们热爱一切的表现。他们热爱骆驼，热爱马和剑，热爱荣誉，也热爱自己的语言，如今他们更热爱自己的城市，热爱自己的建筑，热爱所有的绿色。自由、勇敢、忠诚，视荣誉高于一切，对朋友忠诚而慷慨，对客人热情而大方，是沙特人永远独特的品格。

这些，在接下来的3D影院中得到了无与伦比的现场体验。360°全方位环绕、总面积达1600平方米的世界最大IMAX3D影院区所能引入的魔幻世界，便是如此。游人们被彻底地揽在环中，没有视觉死角，所有的一切都环绕于身边。俯瞰城市，俯瞰脚下的城市；跃入深海，最近距离地靠近游动的海鱼；飞越沙漠，就像炙热的阳光正摊晒在身上……如此种种，被震撼的结果便是张口结舌，无言可发。

整整十分钟，沙特的游牧生活和沙漠荒原都呼之欲出了，连带了神秘的蓝色海洋，连带了历史悠久的穆斯林建筑群，沙特首都利雅得的风土人情都在其中，悬在半空的观影体会只有亲历者才能明白巨幕电影的震撼力。

恩格斯曾经指出：“阿拉伯人留传下来十进位制、代数学的发端、现代的数学和炼金术；基督教在中世纪什么也没有留下”；

里伯雷说：“如果阿拉伯人不登上历史舞台，欧洲文艺复兴要推迟几个

从月亮船的最高处，朝内部张望，所见的便是这样一道建筑美景——弧度带出了美

立体3D影院效果，是月亮船的最大卖点。在环形的传送电梯上，被各种视觉效果震撼

世纪”。

塞迪罗特在其《阿拉伯通史》中写道：“整个中世纪，穆斯林在科学、哲学和艺术等领域曾一度独占鳌头，独领风骚，执世界文明之牛耳。他们走到哪里，就把这些学科传到哪里，直至通过他们将这些成果传入欧洲，成为欧洲文艺复兴的真正推动力”。

他们都这么说，那你还在等什么？

地址

上海市浦东新区博成路1221号。

交通

地铁7号线（后滩站）转乘公交83路或世博环线1030路、中国馆班车2号线短驳；地铁8号线（耀华路站或成山路站）转乘公交83路或世博环线1030路接驳。

门票

平日普通票60元，平日优惠票45元；双休日普通票80元，双休日优惠票60元；节假日普通票100元，节假日优惠票75元。优惠票适用残疾人、60周岁以上的老年人、在校学生、儿童、现役军人。

开放时间

9:00–18:00（8:30开始散客售票，17:00停止售票，17:30停止入馆），周一闭馆（法定节假日除外）。

官方网站

http://www.moonboat.cn

作者手记

月亮船有专车可与意大利中心接驳，就在月亮船出口处。

主要景点 M

上海意大利中心（原世博会意大利馆）——浓厚的意式风情

文艺复兴时期的欧洲诸国，意大利拔了头筹。这一段令意大利人骄傲无比的历史，在上海意大利中心的大厅中得到了完美的体现。大卫，西方艺术史上“最值得夸耀的”雕像之一，文艺复兴时期意大利艺术的最高成就之一，完美的身材比例，刚劲有力的肌肉线条，绝佳的体态平衡感，米开朗基罗的手底是意大利中心的开篇。

大卫的身后，是一幅相当吸引眼球的巨大的意大利地图，自三层高的屋顶垂下。即便站在展馆的外围，隔着透明玻璃也不容忽视这幅展品的存在。意大利最易自豪的时尚产业，被分割成一块块布条和一根根拉链，被缝制在这块巨幅地图上，细碎的布料和独运的匠心背后，是意大利时尚艺术的自豪感。天气好的时候，整座大厅都亮堂。太阳光斜斜地自天花板倾斜下来，十分青睐那堵充满欧洲中世纪风格的城墙，细细碎碎的日光与影，迷住了许多刚进门的游客。

上海世博会期间，占地面积6000平方米的意大利馆，成为最受欢迎的展馆之一，在世博期间接待了730万人次的参观者。数年后，成功设计和改建

大卫的雕像是最能体现意大利文艺复兴时期的艺术品

的意大利中心，仍旧延续着两年前意大利馆的无限风情。传统和现代，顺着时光奔走的视觉，展示了在意大利这个国度里手工业、艺术、饮食文化、珠宝曾历经的无限荣光，如达•芬奇设计稿模型，如十八世纪的罗马奎里纳勒宫皇家餐桌，如佛罗伦萨圣母百花大教堂穹顶，当然还有中意两国悠久的文化商贸交流历史。

一号展厅，金色意大利，展示的意大利最值钱的古董货。红色的绒布背景下，黄澄澄的颜色构织出一片价值连城的财富象征，自血腥玛丽的闪闪金圈到赛依依特青年的青铜肤质。金色意大利的展品并不多，穿过走廊，至宽广的大厅，垂坠的水晶灯下是二号展厅：重新发现意大利，生态和可持续的现代性。锅碗瓢盆与环保材料制作的各类饰品，意大利的砖头系列和角落的几幅油画，总让人有意犹未尽的感觉。

同在一楼的三号展厅“法拉利传奇展”，更多的则是吸引热爱红色赛车的游客们。法拉利在中国、绿色环保、法拉利跑车、车型设计及赛道传奇五大部分的主题展览文字，敌不过轰鸣的赛车引擎声，敌不过模拟赛车的小小游戏，敌不过最炫最新的实物跑车。

四号展厅（地球的关爱）、五号展厅（从中国到意大利，威尼斯与东方）、六号展厅（光之半岛）也各有特色，特别是地球的关爱中那麦穗系列的整片吊顶，和威尼斯与东方中那长长垂坠在地的绣龙长袍，都深深地吸引了游客的眼球。

法拉利跑车，意大利的骄傲，意大利的精髓所在

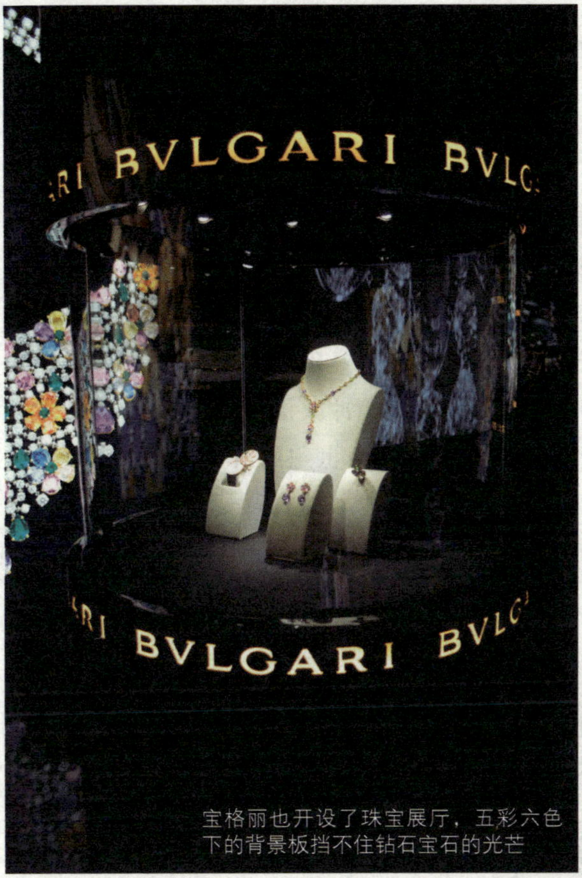

宝格丽也开设了珠宝展厅，五彩六色下的背景板挡不住钻石宝石的光芒

地址

上海市浦东新区世博大道2095号（近唐子泾路）。

交通

7号线（后滩站）转乘公交83路或世博环线1030路，中国馆班车2号线短驳；8号线（耀华路站或成山路站）转乘公交83路或世博环线1030路接驳。

门票

普通票60元，优惠票40元。现场售票处设在“月亮船”西侧和上海意大利中心西南面。优惠票适用于在校学生、老年人等游客。

开放时间

9:00–17:00开放。周一闭馆（节假日除外）。

作者手记

1.卢森堡馆的大马可餐厅已开放，提供上等真材实料的意式美食。

2.在意大利中心的对面，有一家名为“It ‘s”的意大利工艺品商店，里面售卖一些设计独特的小玩意儿，但价格比较贵。

只在一楼的这几座展厅之间转悠的游客，将无可避免地被中庭的欢乐广场所吸引。挂在墙上的法拉利跑车和音乐厅，高悬着的多个木偶人物，落在中庭的复兴人物雕像，全聚在如今固定的空间，让人突然之间有种空间错乱的感觉。

二楼的七号展厅是恒源祥香山美术馆与意大利驻沪领事馆的合作项目，目前展示的是米开朗基罗“昼、夜、晨、暮”四尊雕像；十一号厅则划归给宝格丽展厅，展示其精美绝伦的高级珠宝和手表工艺品。

主要景点 M

浦东陆家嘴

——阅尽世间繁华

城隍庙，耕月人茶馆的五楼露台。夏季午后的光景，少有人上露台，远处的风景也就不怎么为人所知。下面是排列纯粹的老式里弄，矮矮窄窄，挤在一起。这些20世纪顺应潮流的新兴产物——仍翻着赭红的墙色，窗口伸出的几根晾衣竿，几簇阳台的绿色植物，天台上顺风翻飞的几件白色上衣，显示着老城厢仍有活力的一面。若背景不是浦东陆家嘴那幢幢冲天的摩天高楼们，想来必定好些。露台前，兴盛与没落各呈壁垒，分明是两个世纪的对立。

环球金融中心和金茂大厦

群楼中，上海环球金融中心蓝色的身躯直刺苍宇。它的顶端被镂出中空的梯字形状，即便身处一江之隔的茶馆，也极好认。用怎样的语言来形容环球金融中心，这是一件相当值得费神的事情。不妨用设计者威廉·佩德森曾经使用过的语言——“我曾用3个词概括它：安静、简约、高贵。它功能强大，满足了各种需求。内部拥有一流的办公楼、观光台、购物中心、餐厅、酒店等。我们在94-100层设计了观光台，我们想让金融中心接纳每个人，让每个人都能走进去看他们想看的。”

它已是最接近天际的庞然大物，不过不用多久，也许很快，它身旁的上海中心就将正式落成。到那一日，摩天第一

许多人更喜欢东方明珠的夜景，比起白日来璀璨耀眼许多。如果将它比作明珠，绝对还是在黑夜的对比衬托下更有万千仪态

环球金融中心的94层电梯上下，被标注出了黄晕色。搭乘这座电梯，居然瞬间产生了晕眩感，感觉在两个异世界中穿行

楼的美名将继续轮流转，自金茂至环球金融中心是十年，自金融中心至上海中心则预期是六年。在此之前，环球金融中心的观光厅，仍实具卖点。“中国目前第二高楼、世界第三高楼、世界最高的平顶式大楼，楼高492米，地上101层”——这些数据，不能表达亲眼所见的震撼感；而所有参观者的步伐，都将在它湛蓝的身躯前停顿，极力仰天长望的动作下面，是一颗颗向往天际的自由之心。

检票区光影作品中被夸大的太空效果，纯白背光板对等待者的柔声安慰，上升电梯里的快跳楼层数，只是旅程的起点；九十七层的观光天桥，自一开始的照面就被忽略，人们纷涌的目标十分明确，一定是一百层的悬空观光天阁。

它长约55米，距地面高达474米。这样的顶级高度，已然超过加拿大国家电视塔的观景台，超越杜迪拜的迪拜塔观景台，世界最高的观景台的赞誉名至实归。两侧的落地玻璃，太阳热烈时最为光鲜动人，浅浅的落影遮住大厅的一半位置。窗外的景色看得清楚，地面的一切都好似模型，怎么看都像是搭出来的乐高玩具一样。若只凭双脚地站定，一双手置于身后，身体前倾窗下看，一股子源自高空的战栗感从脚底而起，好像小时候生病的打摆子，一个劲儿地颤。脚颤，手颤，身体颤，心儿也颤。只有当双手紧紧地握住栏杆，脚下重力踩地时，这种对于高空的畏惧算是有所消减。

而金茂大厦，和环球金融中心并列的金茂大厦，虽然早让出了上海第一高楼的位置，但它的88层观光厅依旧是许多游客拜访摩天大楼的首选。个中原因不难明白，金茂大厦实在太有名。光是这座建筑，就引领了第一摩天楼的名号足有十二年。它有许多理由足以傲视环球金融中心。在它风光大盛的时刻，金融中心仍旧是个被撤资的大窟窿，刚刚打好的钢铁地基被整整空了五年方才得见天日。

金茂大厦楼高420.5米，塔顶很似改良版的中国古塔塔顶造型，也是灰色的棱角分明，就差没挂上几个随风叮铃的铜铃。大厦第53-87层为世界上最高的超五星级金茂凯悦大酒店，555间客房。第86层为企业家俱乐部，而第87层为空中餐厅，至于第88层便是游客青睐有加的观光厅。

两台每秒运行9.1米的直达电梯，只需45秒就能带着游客做一次88层的时空之旅。观光厅其实不大，与环球金融中心的总体庞大设计并不可比。大量的旅游纪念品商店占足了最中心的佳位，人一多，难免有些嘈杂。可金茂有金茂的好处。

它更贴近外滩，更贴近滚滚的黄浦江水，更贴近对岸的外滩“宫殿群”。朝西一方的景致，并未遭到任何高楼的阻隔。360度的观光大厅，实在是能叫人领略上海中心每个角度的魅力和不俗。对岸老建筑们的流光溢彩和陆家嘴地区的林立高楼夜景，都曾是游客心中最美丽的一道风景，可谓美不胜收。甚至就连远处高架道路上如龙蜿蜒急速而来的灯光，也是每日必看的曲目，只要有耐心，要等整条道路被彻底点燃激情并非难事。高架上纯粹的车流不息，带着一股行动派的老辣。

至于独坐一旁看连台好戏的东方明珠电视塔，则不声不响地于2009年开通了一处位于259米的观光廊。由24组扇形全透明玻璃铺设而成的悬空之地，等由着游客们360°地绕着塔身旋走。没见过那么别致的黄浦江风情，一切都是通透。

这种居高临下的通透，带着对259米高度的惧意，带着对脚下摩天高楼们的赞叹——近处露点形迹的滨江大道和显得极矮的正大广场，同样高耸入云的IFC，略远处的金茂大厦和国际金融中心，一圈兜回来，又是最隔壁的水族馆。矮的则有如小弟傍身，高的则如兄弟并肩，此等毫无遮拦的精致看法，不亚于是对浦江两岸美色的最佳赞誉。至于最高的太空舱，绕着一圈都是游人，信步之间的神态，比起悬空长廊自要好上许多。球体的一圈玻璃围廊上，被游客们站得满满，少有插足之地。

在领略了无尽的高度后，多数游客会直奔滨江大道。它全长500米，由亲水平台、坡地绿化、半地下厢体及景观道路等组成，算是上海大型的江景区域。亲水平台上，还保留70多年历史的船厂码头和巨型铁锚。这里散落了意大利餐厅、德国黑啤、港式甜品等各国元素，麦当劳的甜品店也在最近江面的位置立了个柜台，大大的黄色M，曾引来许多游客的争先合影。它和背后的东方明珠一起，在照片上的模

环球金融中心

地址

上海市浦东新区世纪大道100号，近东泰路。

交通

地铁2号线陆家嘴站下，6号出口。

门票

150元

作者手记

1.观光厅有自己的入口，就在东泰路上，对街就是金茂的钢铁身躯。身处两座摩天楼的夹缝之中，是别有他味的敬仰之情。

2.若逢阴雨或多云，不建议上观光厅。此时的观光厅外围一圈都是云雾，看不到什么景致。

3.九十四层有礼品服务台，精巧的现代模型和老上海的别致玩意儿被放在一个柜台售卖。

金茂大厦

地址

浦东新区世纪大道88号

交通

地铁2号线陆家嘴站

门票

120元

作者手记

观光厅有纪念品展柜，也有拍摄服务，20元/张。厅中还有空中邮局，能够直接将信寄出。

东方明珠电视塔

地址

上海市浦东新区浦东世纪大道1号

交通

地铁2号线陆家嘴站下1号出口，对面即是。

样十分热闹。朝前或朝后，都有一段距离可供行走，都是木条板铺成的路，柔风轻送的时候走走，很是惬意。

随便选一家餐厅，坐着等，耐心等，只为等一场华灯后的流光溢彩。当江面上偶尔驶过的船只，只剩下投射在对岸的一个黑影时，是身处滨江大道最美妙的时刻。眼睛光是看着对岸，单纯看而已，魂魄也似被早早地勾走，飘去了对岸的水晶琉璃，飘去了对岸的绚烂华彩。静坐十分钟，任水面的涛声隐隐，任周围的喧嚣如常，已是十分的尊崇，对古典建筑的尊崇，对云烟旧事的尊崇。此后，任你笑谈风云多少，不虚度这滨江道上的分分钟时光。

门票

第一球：100元；第二个球+陈列馆：135元；三球联票：180元。

作者手记

1.旋转餐厅每隔2个小时能转一圈，白天夜晚用餐时的景色也大不相同。入夜时分更是仗了周围景致的福气，越发好看。推荐菜肴：法式蜗牛、抹茶蛋糕、芝士蛋糕、三文鱼、俄罗斯浓汤等。

2.塔底还有科幻城，适合带小朋友的家长前往。城中有森林之旅、南极之旅、魔幻之旅、藏宝洞、迪尼剧场、欢乐广场、激光影院、动感影院、探险列车等项目。

滨江大道

地址

上海市浦东新区东昌路和浦东南路间临江，近东方明珠。

交通

地铁2号线陆家嘴站下1号出口，上天桥走到正对面的正大广场，于右侧电梯下，顺路朝前直行，过公交车站后不久即到。

作者手记

1.平日里，滨江大道的落霞水色也很漂亮，特别是霞光聚在万国建筑群之上，更显其雍容典雅。

2.每日晚间，近着船锚雕像的地方总有乐手驻场，音质不错，点播歌曲为五十元一首。

主要景点 M

上海海洋水族馆
——与海洋生物的盛大约会

上海海洋水族馆，世界上排名第二的水族馆，也是亚洲第一的水族馆，集合了来自五大洲、四大洋的450多个品种、12000多条珍稀鱼类及濒临绝种的稀有生物。

馆内分中国、南美洲（亚马逊）、澳大利亚、非洲、冷水、极地、海水、大洋深处八大展区。“通过水的世界跨越五大洲”的旅程，自地上三层开始，移至二层，跳至地下二层，再回到地上一层。如此行程看似复杂，却简单有效，是一条纯粹的单行道。

地上三层的海洋生物展示，分为特别展览馆、中国馆、南美洲馆和澳大利亚。特展区的光线仍算敞亮，等步入中国馆的范围，光线一下子暗淡下来。微微

海洋馆通道

的灯光，使得大大鱼池中的中华鲟更为突出，娃娃鱼也依次在自己的势力范围内尽情畅游。最懒的要数夹在中间的扬子鳄，四肢伸展，趴着睡觉度过一日中最美的时光。水声连连，有些温柔的曲子相伴，就这样走过南美洲巨骨舌鱼带来的神秘，走过澳大利亚尖吻鲈、虫纹鳕鲈和射水鱼的特别奉献。

二层的展馆，分为非洲馆、东南亚馆、极地区和海岸区。半人高的巨大鱼缸和一旁蓝色光调的展示柜一起，拼凑起属于不同国家的特质。企鹅馆是水族馆中最冷的位置，小尖翅摇摇摆摆，走着超级八字步萌得可爱至极；维多利亚湖、坦噶尼喀湖和马拉维湖的慈鲷科鱼，是非洲馆的独挑大梁之作；大型东南亚鱼类的白斧头鲨很是威风凛凛；亚马逊热带雨林的观光隧道，渐有置身异域的感觉。至于海岸区大群的海草龙和水母，迷人到了极致。

此后，地下二层最为迷人的自动步行隧道，带着访客们一一看遍深海的璀璨文明和水族馆设计之独特。置身隧道的感觉，不亚于身处深海之中的保护罩，除了脚下平地之外，周围全被鱼儿包围。你抬头可见它，伸手可触它，即便是隔着厚实的一层玻璃，仍是感觉新鲜无比。

地址

上海市浦东新区陆家嘴环路1388号，近东方明珠。

交通

地铁2号线陆家嘴站下1号出口，遇路右转，斜对面即是。

门票

160元

开放时间

9:00-18:00

作者手记

1.一楼大厅有海洋生物的纪念品和小物件出售，可以作为给朋友的小小礼物。

2.水族馆内有喂食表演，详见喂食时间表。

斑海豹 （冷水区）	9:45-9:55	14:15-14:25
企鹅 （极地区）	10:00-10:15	14:30-14:45
开阔的海洋 （深海区）	10:30-10:45	15:00-15:15
群鱼的海洋－银色旋风 （深海区）	10:50-11:00	15:20-15:30
鲨鱼海湾 （深海区）	10:50-11:10	15:20-15:40

资讯站补给

[住宿]

上海大隐国际青年旅舍

浦东的国际青年旅舍不多，挨着海事大学的大隐是一家，已是小有名气。名中的隐字，暗合了青旅的位置，当真有些隐在世俗之感。两层的独立建筑，有一个大院子。阳光房也搭得好好的，就等着客人品茶，唱一曲春光送春暖。早晨有鸟儿初啼，正好唤人起身。当然想静的可以静，想动的可以动，当客人的既可以懒散万分，迟迟才起，也可以院中一坐，独沐春光。

上海大隐国际青年旅舍

书吧、网吧、娱乐室、自助洗衣房等一应俱全，都是青旅的标准设施。床位45-65元/床，标准大床房190元/间，双人标间200元/间。

- 上海市浦东新区浦东大道834弄840号甲
- 021-58312370
- 乘坐地铁2号线，在世纪大道站换乘地铁4号线至浦东大道站。从4号口出来，往右边沿着浦东大道一直走10分钟左右（到达海神诺福特酒店，顶部是一个圆盘形的类似UFO的建筑，再往前走50米，可看到便利店，旁边的巷子右拐走到底）。

宾家国际青年旅舍

四层庭院老建筑，几面都围合在一起，再被浓浓密密的桂花树裹在里头。阵阵秋风一扫而过，香气随风，一缕缕地沁入心脾。庭院中置着白色的户外椅和零散的几把藤椅，有几只猫儿特别喜爱在椅上睡着，晒着午后的阳光，有时空气里会混入一旁桌上的咖啡醇香味。一楼底层有自助厨房，还有自助烧烤区，酒吧有大大的落地窗和一坐下再不愿动弹的软软沙发，夜晚能看得见金融中心的大半夜景。

旅舍中既有多人房（59元/床），也有三人家庭房（216元/间起），双人标间（218元/间含早餐）和复式大床房（207元/间起）也有，宾客可根据自身需要预订。前台很是热心，也极擅长替宾客规划旅游线路，服务很到位。

上海市浦东新区东昌路490弄（东园二村）210号

021-58879801

地铁2号线东昌路站4号口出、直走10分钟即到。

向日葵驿栈

上海逐渐开始流行一种短租公寓的模式：这些公寓分布在上海各大高档生活住宅区，有着创意性的室内设计，有着配备各种电器和调料的厨房等设施，更适合一周以上的长期居住或出差。向日葵驿栈就是出挑者，大部分的公寓都分布在八佰伴和陆家嘴一带，有着上佳的位置和便利的交通。所有酒店式的服务，这里也都一一具备，甚至更加人性化，比如提供上海交通卡，提供雨具，无线网络更是必备。惬意时光和伴房（一室）288元/天，咖啡情结和结伴旅行房（两室）408元/天，似水年华房（三室）618元/天。若需预订，可直接登录www.sunflower520.com获得更多信息，以便选择最佳的房型。

上海市浦东新区崂山路571弄（近张杨路）

021-13524206606

地铁2号线东昌路站下，具体到达方式要视所选公寓而定。

鸿酒店

鸿酒店临着八佰伴，是简约式设计型酒店中的新起之秀。门面很好找，设施也是齐全，商务中心、大堂吧、咖啡吧等都有。酒店共有99间客房，有各类豪华套房、精致房、时尚客房，风格各不相同。几间主题房更为特殊，装修更是费尽心思，以HELLOKITTY房为例，充满童趣，可爱无比，非常适合有梦幻童话心的姑娘们。主题房300-458元/间，大床房458元/间，另有豪华大床房等房型。酒店内除了大堂没有无线Wi-Fi的服务。若是非Wi-Fi不可，可向前台借用转接器。

上海浦东新区潍坊西路88号

021-58828882

地铁2号线东昌路站下，顺着浦东南路往八佰伴方向走，至潍坊西路右转即到。

[休闲]

Red Passion

与游人众多的滨江大道不同，Red Passion既可看绚烂无比的浦江光景，也可欣赏到超赞的Jazz。观景的座位最受青睐，无烟区外的景色安静，吸烟区外的景色则混合着浦西的万国建筑群和东方明珠，和其他观景的位置有些不同，更显跳脱别致。周一到周五有Happy Hour，鸡尾酒喝喝也是惬意。人均140元左右。

浦东新区陆家嘴环路1288号新天哈瓦那大酒店30楼（近东方明珠）

021-38678888

地铁2号线陆家嘴站下1号出口，上天桥走到正对面的正大广场，于右侧电梯下，顺路朝前直行，过公交车站后不久即到。

Reddot，名字取得有巧意，很多人都冲着“一点红”的名字来

许留山（滨江店）

滨江大道的许留山，是最能欣赏浦江风光的甜品店。爱吃甜食的人，到了此地便如掉进米缸的老鼠，可以爽一爽脾胃。几乎都是与芒果有关的甜品，芒果捞野、芒果糯米糍、芒果神冰，端上来的甜品也自诱人，一尝之下，芒果味更为浓郁，值那份价！人均40元左右。

许留山甜品

浦东新区滨江大道1号富都段滨江花园内（浦东南路口）

021-58786198

地铁2号线陆家嘴站下1号出口，上天桥走到正对面的正大广场，于右侧电梯下，顺路朝前直行，过公交车站后不久即到。

Living Room

柏悦酒店的几道自动门后，稳稳地自1楼奔上87楼。临窗的大排窗户前，总嵌满了人。他们都爱那软软的沙发，坐下去就如陷在其中，有种被包容的舒服感觉。窗外最近的是金茂大厦，几丛尖顶都数得分明。天气好的时候，远处陆家嘴的风景大可一览无余。玫瑰花茶，是要提上一提的，加了点蜂蜜，苦中带甜，淡淡的玫瑰花味实在沁人心脾。人均170元左右。

浦东新区世纪大道100号环球金融中心上海柏悦酒店87楼

021-68881234

地铁2号线陆家嘴站下，6号出口。

Aroma

在陆家嘴看景购物累了后，Aroma倒真是一个可以放松休息的好地方。环境是好的，偏欧式风格，桌椅沙发的颜色搭配也很是讲究。下午茶的点心很是讲究摆盘，颜色也鲜艳无比，看着食欲大增，加之大堂的空间感甚好，气氛真的没话说！人均70元左右。

浦东新区世纪大道8号上海国金中心丽思卡尔顿酒店1楼（东泰路世纪大道）

021-20201717

地铁2号线陆家嘴站下1号出口，上天桥走到正对面的正大广场，于左侧电梯下，顺路朝前直行，左侧丽思卡尔顿酒店内即是。

[美食]

望湘园（正大店）

凡在陆家嘴一带，只要一想到来顿辣菜，“望湘园”三个字便自动自发地跳入脑海。它在正大广场里，饭点时候门口总有一条长龙相候。是湘菜，但辣而不腻，鱼头是必点的菜，嫩得恰好入口，吃完可以往里头加面。有劲道的面条在大盘的汤汁中一转一合，捞了起来，送上一口，滋味煞是美妙。麻酱油麦菜上淋下的花生酱超级浓郁，刚上桌就如风卷残云。香辣虾和牛蛙也是不差，不枉是有名的湘菜馆子。馆子朝里的位置，能观部分江景。人均80元左右。

浦东新区陆家嘴西路168号正大广场4楼29号铺（近东方明珠）

021-38722766

地铁2号线陆家嘴站下车，自2号出口出来，上天桥左行可至正大广场。

可口的鱼头

小南国

小南国是本帮菜的连锁店，上海也开了多家，其中要数世贸滨江店最为雅致。餐厅里的装饰走江南风范，有点想把苏州园林搬来的意思，有小桥流水，有深深竹林。菜肴是不错的，摆盘很精致，吃了多次也觉得好，如蟹粉豆腐、清炒虾仁、吉品牛肉等，都很是入味。红烧蹄膀更是一道应尝试的热菜，什么清蒸鲥鱼、外婆红烧肉、醉鱼、菜羹等也是各有长处。餐厅内有江景桌的好位置，只是有最低消费，258元/人。人均170元左右。

浦东新区陆家嘴西路168号正大广场9楼（近东方明珠）

021-4008209777

地铁2号线陆家嘴站下车，自2号出口出来，上天桥左行可至正大广场。

红辣椒（张杨路店）

张扬路的红辣椒，自开店至今一直都要好生照顾等在门口的人群。火爆场面在别家餐馆怕是难寻几次。店内不但提供川菜，也提供火锅，食用区域自是分开。川菜的菜品丰富，看似很辣钵钵鸡比起棒棒鸡，嫩得很，甜得很，滋味实在是好。菜肴循着古法烧制，就吃一个新鲜感也好；火锅中则要推崇红锅，特别适合喜辣的人，食材也新鲜。店内的服务更值得说道，站位及时，招待殷勤，令人吃得舒心坦荡，难怪每到饭店必有人潮涌动！人均80元左右。

浦东新区张杨路828号华都大厦3楼（崂山路口）

021-38711782

地铁2号线世纪大道站下，崂山路路口便是。

耶里夏丽新疆餐厅（东方店）

耶里夏丽，是沪上知名的新疆餐厅。装修是很有特色的，依着新疆的风情特别打造。餐厅中间留着一圈圆台位置，方便客人围着坐，看舞台上的新疆舞表演。异域风情的音乐一响，有些吵杂的声音顿时歇了，几乎人人都将注意力转在表演上，特别是舞娘那软得不能再软的腰段。

菜是典型的新疆菜，有些菜能见得到真功夫，比如拌面。拌面很筋道，嚼劲儿可足，酱汁也淋得讲究；香喷喷的羊肉串，烤出来的香味能见缝插针，自侍者的手中穿着包房的门，入得其中，每桌都必点上一些。大盆鸡作为经典，量足足的，盘大大的，鸡肉嫩嫩的。将汤汁浇在白米饭上，拌上一下，一口一个好。丁丁炒面也不差，咸奶茶也受欢迎。中午有午市套餐，各种档次的消费都有，任君品尝！人均80元左右。

浦东新区东方路918号（近向城路）

021-50201057

地铁6号线浦电路站下，顺东方路朝北走，10分钟即到；地铁4号线浦电路站下，顺浦电路朝西走，遇浦电路右转，10分钟即到。

老山东

要向沪上吃客赠上一份地道的鲁菜，可不是一件易事。一则口味不同，二则原料不同，故而上海数得出名号的鲁菜，当真不多。老山东是其一，自装修到菜肴本身，算是一直贯彻了山东人的豪迈性格。大厅豪华，暖黄色调，包房更是走富贵相。

老醋蜇头，生脆利落，是一道相当开胃的冷盘；泡椒凤爪，最适合那些喜辣又对凤爪情有独钟的人。再来便是山东人最爱的煎饼卷大葱，只是比起山东街上贩卖的那些要迷你一点。粗粮做的饼皮，略有点粗糙，地道的山东口味。九转大肠、炸藕盒、软炸虾仁、胶东炒木耳等，均是鲁地之作，做法与口味均有令人耳目一新之感。人均90元左右。

浦东新区浦东南路379号金穗大厦6楼（近浦东大道）

021-68869778

地铁2号线东昌路站1号口出，顺浦东南路朝前走，近浦东大道即是。

川国演义火锅专卖店

川国演义，自名号可见其内涵。对于一家大众化的连锁餐厅而言，他家以川菜出名，只这火锅也自然不差。未及锅底上桌，红油的香味就在鼻子里头打转。若是菌菇锅底则更加香，即便不蘸那源自蜀地的蒜泥麻油，单单涮好入口，也是十分好吃。鸭血极是新鲜，烫得分寸好时嫩滑无比；肥牛、金针菇和各类肉丸蔬菜，新鲜感更是凡不可举。服务员都是历练已久，知何时添茶，知何时撤菜。人均100元左右。

浦东新区张杨路500号华润时代广场10楼

021-58368829

地铁2号线东昌路站4号口出，顺浦东南路朝前走，过张扬路即到；地铁9号线商城路站4号口出站，也沿浦东南路朝左走，过张扬路即到。

第五章

5 人民广场区域

——上海的最中心

红色双层的观光巴士，人民广场那一站就停在城市规划馆的门口。顺着规划馆的一长溜，是上海市政府大楼，是上海大剧院。它们的背后隐着南京西路的开端，隐着南京东路的尾稍。站直了观望，能看见三星的大幅字体在新世纪大厦的尖顶之下欢快地悬着，能瞅见国际饭店略带深色的外表，好似俄罗斯方块中的立体图案被竖在那头。

隔着一条人民大道，是天圆地方的上海博物馆，是上海市首创的大型音乐旱喷泉，是三千羽和平鸽喜欢待的地方，是延中绿地的丛丛绿意，是远过了高架的大世界，是更偏更热闹的淮海路。

这片区域，是上海最中心的区域，是整座城市的心脏。历史曾经狠狠地震撼过这块土地，它曾蒙受过外敌入侵的屈辱，它曾被卷入无止境的纷争，它也曾被日本侵略军当成操练军队的好地方，它也曾是美国军人觥筹交错之地，它更亲眼目睹了人民公园、人民广场、人民大道的逐步改建成功，昔日的跑马场变成了上海人文化和娱乐的场所。怀点古，忆点旧，最远的年代不过博物馆中的珍奇异宝；聊点新，谈未来，最近的时间不过城市规划馆中的远大展望。

在这里，才能最清晰地感知上海的过去，它的疼，它的痛；在这里，才能更清楚地感受到上海的现在，它的喜悦，它的不断努力，它的继续超越。历史的痕迹，被掰开了揉碎了，散在人民广场的角角落落中。不论是饭店、跑马会，还是老式里弄新式大厦，不管是博物馆还是教堂，总有些来历。挂成铁牌招贴让游人观赏，或是做成百年招牌悬挂店口招揽生意，或是干脆在墙根贴角线处漏点行迹，甚至在汤汁茶水中带点百年的秘方。这些痕迹，已经入了根，进了髓，彻彻底底地与上海再无分开的道理。

旅游指南

人民广场最为出名的两座建筑，应是要去看的：天圆地方的上海博物馆和水晶幻彩的大剧院。前者午后两点为佳，看上三个小时，出门觅食，兜转一圈再回来看大剧院内的奇幻异彩。兜转一圈的时间，可去南京路，可去淮海路，可去福州路，可去新天地，总之这里就是上海最中心的地方，目标可以偏向任何一处市内景点。花十分钟穿过人民公园就可到达上海美术馆，早年跑马总会旧址，也算相当值得一去的景点。

人民广场下藏着平民化的逛街胜地：香港名店街和迪美购物中心。名店街贩售一些知名的休闲品牌，迪美的好处在于新货的快速上位，服装、鞋子、包包、饰品总保持最新鲜的成色。人们只要下了地铁人民广场站，甭管一号二号还是八号线，都能轻松直入地下商场。若是略中档的服饰，一旁的来福士也是不错的选择。

福州路和云南路，是人民广场一带容纳美食最多的街面。餐馆林立，多是开了数年至数十年不等。要看老店，那广东路口的德兴馆和对街的王宝和，味道实在够老道，不容错过。来福士购物广场的楼上楼下，也是美味扎堆。

这一带的住宿，平民化和贵族化俱全，多靠着南京东路或江西路的位置。平民化的青年旅舍和经济型酒店，很爱开在南京东路的地铁口附近；贵族化的酒店则多占据上佳的市口，九江路口的郎廷酒店很有老式上海滩的味道，余者还是以现代化的豪华酒店著称。

主要景点 M

上海博物馆

——看千秋风云如等闲

要领略一座城市的风度气骨，除了用脚丈量最经典的景点外，博物馆往往是个好去处。博物馆里，有这座城市的跌宕起伏，有这座城市的兴衰更替，更有这座城市的风雨沧桑。而要更好地了解上海，我极为推崇位于人民广场南侧的上海博物馆。

一尊青铜钟鼎，可以如此形容博物馆的外形。站在高处，如城市规划馆的五楼，更可觉得这说法极为贴切。它上圆下方，据说蕴含“天圆地方”之古意，使人印象深刻，历史的厚重感，沉甸甸地散在左右。只需一见，再不会忘。大厅宽敞，顶棚圆形的透明玻璃顶采光极好，阳光直直穿透，不留半点犹豫。

馆内的藏品并不仅限于上海，而是整个江浙一带。陈列面积2800平方米，搜罗的珍贵文物足有12万余件，更以青铜器、陶瓷器、书法和绘画领域的藏品尤为珍贵。故而，若是想于一日之内扫荡，自一层至四层的十二座专题陈列室，那脚下未免辛苦。而要看几千年的风云变幻，时光流逝，最佳的感慨，莫过于中国古代青铜馆。它在博物馆的一层，与中国古代雕塑馆两两相对。

青铜馆内光线是暗足的，将所有的光辉都给了深墨绿的器件。四百余件青铜器成日里就在这样典雅的木质展柜里躺着，等

天圆地方的博物馆，揽进众多名家之作。馆前的告示牌上总显示着最新的特展信息

着倾诉几千年的故事——对天地的祈祷，对丰收的期盼，对胜利的渴望。它们的诉说从这里开始，于夏代晚期说起源，于商朝说礼器，在春秋话镶嵌之精丽，再说东周秦汉的百夷之作。顺着布展人准备的朝代，顺着时间的流动，自一个展柜移至另一处，看它们自简单粗糙变成精美绝伦，看它们自杯盏礼器变成浩大编钟，个中滋味只有亲眼见者，方有所感。个中名器，不得不提大克鼎的名字。大克鼎为西周孝王时期的青铜器，1890年（清光绪十六年）陕西扶风县法门镇任村出土。它的不俗，在于28行铭文共290字，记载了周天子对贵族“克”的册命辞。其字体圆润古朴，书写的布局和锻造效果都属西周珍品，乃是上海博物馆的镇馆之宝。

中国古代雕塑馆，气氛则全然不同。佛家的莲花瓣儿成了隔墙，石窟寺中的佛龛作了壁橱，金红黑的三色互搭，偏在佛家的庄严肃穆中混出了些热烈的气氛。佛教与雕塑艺术的结合，自传教的第一日起，早已密不可分。展馆中的120余件展品，虽说上起战国、下至明代，能欣赏到不同时期的创作特色，但最为系列感的仍是佛家的雕塑。佛像的高矮胖瘦，佛像的眉目情态，因雕刻者的心而变。自北魏起，飘逸俊秀；至隋代，优雅洗练；至唐朝，风韵优美；到宋代，清新秀丽——这一切，都可见人心。最是赞美释迦牟尼佛石像（公元550–577年），他的面相丰润，利落的衣裙只是短短几笔，背后疏朗的火焰纹路，是人心；千佛石碑（公元557–581年），北周的一座千佛群像，岁月的风沙将其打磨得已有残缺，只周围的小小千佛，仍不减神圣庄严之色，这也是人心。于此馆游走，就好似在雕刻

橱窗里的光线略暗，静静地拥着里面那个极有年份的物件

者的心中走了一圈，于清雅美丽、于神圣庄严、于温润如玉之间。

二楼的位置，通通让给了中国古代陶瓷馆。时间跨度自此展开，自新石器时代的古朴无色，至春秋的原始青瓷，再至清代的众彩争艳。500余件陶瓷精品，于绿意中一一登场。青釉的润，白釉的透，黑釉的雅，彩釉的艳，自景德镇窑青白釉灯盏、绿釉陶熊灯、三彩鹦鹉、彩色马卵白釉、堆花加彩盆、青花缠枝花卉纹八角烛台等器件中各自绽放。现展的文物中，要数独立成柜的雍正粉彩福寿橄榄瓶，大为珍贵。雍正年间的粉彩技艺为巅峰状态，瓶类的作品更为罕见，这座传世孤品于2004年由张永珍女士拍下，转赠与上海博物馆。4150万港币的拍卖价格，也创造了清代瓷器拍卖史上的第一高价。解说员每每于此说道，周围人的眼中定然星光闪烁，无比澎湃。至于馆中元明清三代最为出彩的瓷器，仍旧是以景德镇窑为主打，几乎个个都标注着类似的前缀。

楼梯转而向上，是三层。楼底大厅的花纹，自高而下，越见雅致。累极的人们坐在楼梯的台阶之上，偶尔抬头仰望，又归于平静，轻声地对话。这一层是中国历代书法馆、历代绘画馆隔空对望，中间还夹着历代玺印馆。玺印馆是国内第一个专题陈列玺印篆刻的艺术馆，共有玺印篆刻500余件，上自西周，下至清末，可谓印章收藏者的极乐天堂。

至于书法馆和绘画馆，可谓盛名远播。即便是不识字画精妙的中国人，也必定对徐文长、董其昌的字，吴昌硕的画，耳熟能详，更不要说是那些成日里

白玉之精，光彩夜照。所谓羊脂白玉的魅力，可在此玉上显出三分

对着一副字画心中临摹的爱好者，更是将其中的好处，表得清楚明白。画馆中的第一位藏品，要数晚唐孙位的传世绝作《高逸图》：竹林七贤中的四人相聚，袒胸腹的山涛、手执如意的王戎、不舍酒杯的刘伶和侧身倚坐的阮籍，笔法古雅简练，洒脱傲然的魏晋士大夫气质自纸上跃起，活似真人再现。可惜此卷甚少出展，只有王蒙的《青卞隐居图》、董其昌的《秋兴八景图册》、梁楷《八高僧故事图卷》等还可稍解馋意。书法馆中，馆藏更多，王羲之《上虞帖》、王献之《鸭头丸帖》、怀素《苦笋帖》、米芾《多景楼诗册》、苏轼《祭黄几道文帖》，都是一代开山祖师的名作。什么行云流水，什么枯润有致，什么下笔秀建，到底是真品近在眼前，怎一个过瘾了得。于诗兴中转悠，从山水中寄情，思维跳脱往返于不同时代的才情文思之间，展柜前的灯亮灯灭，也不过是又一段旅程的起点。

四楼是四馆相围，依次为中国历代钱币馆、中国明清家具馆、古代玉器馆和少数民族工艺馆。钱币馆、明清家具厅与少数民族工艺馆，也是独具风姿，

地址

上海市黄浦区人民大道201号，近武胜路。

到达

地铁一、二、八号线人民广场站下车，朝南走至人民广场的喷泉，对面即是。

门票

无

开放时间

9:00–17:00

下一站

游览：

上海博物馆朝南，过延安路高架是上海音乐厅，过音乐厅一条马路就是淮海路步行街；上海博物馆朝北，左侧对着上海大剧院，右侧是上海市政府和上海城市规划馆，规划馆后藏着人民公园。

美食：

博物馆附近有云南路美食街可觅食，鲜得来和五芳斋等都是上海的老字号。

购物：

人民广场地下购物广场和来福士广场，远点有南京路。

观者赞不绝口，我独爱玉器馆。玉器温润，青玉也好，羊脂玉也好，不论大小，不管材料，看得都叫人心口舒畅。许是年龄稍大，瞧见三羊——清（公元1644—1911年），心口就是一暖。母羊的舐犊情深，一只小羊在前回头欲望，另一只则于旁侧撒娇，形似神似，极为动人。清朝的玉器雕琢，不愧为巅峰之作。兽面蕉叶纹耳杯、九老图笔筒、牺尊、人物山水纹香筒、莲鹭纹炉顶、兽面蕉叶纹耳杯、山水人物山子、嵌宝八角盒这等平日里吃的用的玩的赏的，无一没有留下匠心独运的高超技艺的印痕。

除却这十二个常年不变的展室外，上海博物馆每年都有特别的专题展览奉献。“大英博物馆藏古埃及艺术珍品展”、“墨西哥玛雅文明展”、“新疆丝路考古珍品展”、“西藏文物精华展”、“西方现代艺术精粹：纽约古根海姆博物馆珍藏展”、“晋唐宋元书画国宝展”、“淳化阁帖最善本特展”等，都是曾轰动一时的大展。古代的人文情怀，于此浓墨重彩，为世人所无限敬仰！

主要景点 M

南京东路

——避开“轧闹猛”的时段

作为被热捧许多年的重要景点，南京东路的旅游业一直昌盛无比。每周每日，上午十一时至入夜后的十点光景，用游人如织也无法描绘街面上人潮簇拥的热闹景致。许多初次到访上海的游人，必定因南京路远播的声名而至，要看这“中华第一街”到底不俗在何处，有甚新鲜之处。大部分的游客都是明知明见此地人潮汹涌，但仍是一心一意投身其中，脚下勤快，步履辛苦，遍走5.5公里长的街面，看过每一家店铺，手下采买极多，花钱辛苦，走得辛苦，于人潮之间的拼搏争位也是辛苦。而最终，也因疲累十足不得不归去，全然无辜了一场与南京东路的良缘美景，煞是可惜。而今，我欲为你揭开南京路的层层面纱，被众多游客包裹的面纱，还有它百年前的仪态风流。

天气好的时候，游览车带来的旅行着实不赖。熙熙攘攘的街面两旁，是新老上海的交替，是时光流逝的印证

在真真正正步入南京东路步行街的范畴，我愿你先到外滩，清晨六点光景到，一个小时遍走外滩，再选南京东路为入口。初时一览外滩万国建筑群和对岸高楼的清晨风致，必能酝酿出一些不同于往常的情绪，此时要乘清风有心，拂面惬意至极。国际饭店前的侍者已面带倦容，早晨7点，似乎接班的同事未至，他们仍需打起精神，应付清晨进出的住客。若是我，便要推开旋转铁门，进得其中，让20世纪的壁画深深感染一番。穹顶的壁画颜色有些暗淡，虽经两三年的修复，多年的蒙尘仍然带来无尽的沧桑之感。黄韵的贵族气息，充斥着大厅的等候区域，文艺复兴时期的建筑手法自雕花铁栏，金属门框和极有空间感的挑高层落间透出来。

和平饭店的对门，现在是斯沃琪的地盘。这家力争上游的手表集团，借了和平饭店的旧南楼营造了一幢极为别致的斯沃琪博物馆。里面什么都是新的，大清早自然进不去。还能记得，八年前这里仍旧是和平饭店所属的情景。大而宽阔，极有气势的楼梯，能叫人第一眼就迷上。当然那时的饭店已有破落形象，我记得红色织金地毯上不曾去掉的污渍，我记得三楼被分割出去的办公室，我记得许许多多关于和平饭店南楼的场景，只这些全然都已经不见。新修建完成的大楼内，简直金碧辉煌，令人心醉神迷。这座临水的饭店曾出现无数被后人传阅的桥段，它曾在历史上扮演长达五十年上海最佳酒店的角色，与达官贵人和重大时事结下了不解之缘。彼时的风光，曾在七八十年代被灰布盖得严严实实，如今才算异彩重放。南京东路的起端，便是如此迷人至极的和平饭店，此后的旅程又将是如何得不俗？

还是七点半的光景，南京东路上众多的店铺都仍是铁将军把门。南京东路在这一刻正处于一日中最为难得的安静时刻，安静却有着人气。在整条步行街的区域内，散布着几个早晨晨练的组织，队伍庞大，一看便知驻扎已有些时日。此刻，没了人群如云的遮拦，没了喧闹无比的卖货叫嚷，没了游人们嘈杂如常的对白谈话，没了招揽客商的喋喋音乐声，你眼前所见的街面，才是最为本质的南京东路。

南京东路东起黄埔江畔，西至西藏中路，俗称大马路，原名花园弄，一百五十多年前只是英租界中一条逼窄的小路。1865年，英租界当局为方便运兵，越界筑路，将“花园弄”向西延伸至静安寺，称之为“静安寺路”，是后世著名的南京西路。南京东路的发展契机，源自1908年，南京路全线开通有轨电车，那常常冒出花火的电线尾巴，呲拉呲拉地一路驶过静安寺前的高竿，开奔黄浦江畔。电车一如既往地开，它见到了和平饭店和国际饭店的落成，它见到了四大百货公司的盛况空前，它见过兵慌，也见过马乱，它见过富商的“今朝有酒今朝醉，哪管他年何方匿”，它也见过穷人的“食不果腹，衣不遮体”，直到它寿终正寝进入博物馆。我们正可顺着历史的痕迹，自东朝西慢慢地走。

江西中路南京东路，过了和平饭店，就数此处惠罗公司的大厦外观显眼，能看出是20世纪的建筑。它有五层楼高，英商玛理逊洋行的斯克特建筑师设计，1906年（光绪三十二年）年底竣工。当年的惠罗，底层做商场，有落地大玻璃窗、马赛克地坪；二层以上全部用硬木地板，南部作商场，北部作出租写字楼。当年的惠罗排场极大，可以说是近代外商在上海开办的最大的环球百货公司，经营高档百货。那时的南京路上，四大百货公司的影子都还没有，中国人还是经营着极为传统的纯行业性的买卖，而惠罗的兼容并包和万物皆有，着实给中国人开了眼界。如今它还叫惠罗公司，只盛况大不如前，历经20世纪80年代的那场火灾后，二层至五层的严重焚毁致使整幢大楼的外观不得不进行修复，只有底层的骑楼和廊柱仍是原物，保存至今着实不易，当年和它可一比高下的英商百货福利、泰兴、汇司已经荡然无存。

1917年，归国华侨马应彪于南京东路率先开设百货公司——先施公司，硬生生地领先于筹备更久的永安公司，率先以国人百货的姿态迅速站稳脚跟。后者于1918年加入上海百货业的竞争行列，由郭乐、郭泉亲手创办。八年之后，新新公司加入战局，再十年后，大新公司也再行加入。此后人们但凡提到十里洋场的风光热闹，必定言及这南京路上的四大公司——均是大型的、综合性的百货商厦，是上海百货零售商业的支柱。

浙江中路南京东路，南为老永安的楼（南京东路635号），北是先施百货的楼（南京东路600号）。行至路口，哪怕无半点南京路历史在胸的人，也能自两座老楼的风骨中看出它们的不俗。都是折中主义建筑，都在顶上加了三层巴洛克塔楼，南楼略泛黄些，北楼依旧鲜白。南楼永安是公和洋行的作品，入口处是讲究的爱奥尼式双柱；北楼先施由当年鼎鼎大名的德和洋行设计，久负盛名的魏清记营造厂承建，顶部的三层空心塔楼，中间是塔司干式柱充当顶梁柱，视线继而下滑，至底楼的巴洛克式的连续券洞，圆弧形桥的桥洞感，很有误入20世纪欧洲的感觉，令人很是惊艳。

南京路的老建筑物，最耀眼的两座便是如今的永安百货和对面的上海时装商店

落地窗、勾勒出优雅弧度的阳台、高高的装饰尖顶，老凤祥银饰所在的老楼可谓20世纪二三十年代的外国建筑典型

两家百货均是“搜罗环球百货”的主，打破了南京路原有的南货店、绸缎店、银楼、鞋帽店、食品店、酒菜馆等专业商店商品的局限性，品种多，花色多，且商品质量上优。上海滩的人蜂拥而至——“中西士女临场观礼者逾万人，嘉宾济济，盛极一时”。商场规模不但“华人惊为此前未有之大观，即西人亦叹为观止”，上海人爱轧闹猛的性子也可由此略窥一二。至于720号的新新公司大楼，则是百货业的后起之秀——基泰工程公司设计，馥记营造厂承建，高十层的现代派建筑风格。830号的大新公司大楼，位于西藏中路的转角口，乃是成名最晚的百货商场——鸿达洋行设计，联合建筑公司承建，折中主义建筑风格，重简洁的线脚装饰。四家百货，四个对手，竞争关系纵横复杂，曾一度战事满天，你争我抢。但曾经的辉煌都随着时光匆匆而逝，如今的先施公司已被上海时装公司取代，永安百货业被永安公司取代，上海第一食品商店替代了原来的新新公司，而上海第一百货商店则取代了原来的大新公司，但它们依然是南京路这个商业王国的支柱。可唯有选在清晨时分，才能一览其容颜之本相，不为群聚的人流而遮掩姿容。

然而说到底，南京东路十里的洋场风光并非这四大百货公司能全力支撑的，略略添补上它那时周围所聚的热闹，才能纵观一番。四川中路原邻着跑马场，都是些西服店；九江路是颜料店；山西南路两侧，是香粉工场、化妆品店、绣品店、首饰店和女鞋店；钟表和银楼，在南京路；钱庄集中于宁波路和天津路一带，银行在外滩；福州路一带是文具笔墨店、书坊和笺扇庄集中所

在上海，购物的欲望常常被橱窗中的美艳激发，如这个美人，自信而美丽，展现着楚楚动人的仪态

地址

上海市黄浦区南京东路（自西藏中路至中山东一路外滩）。

交通

地铁二号线十号线南京东路站出站即是。

门票

无

作者手记

逛完南京东路约两个小时，左顾右盼之间，或坐或停。永安百货的二楼阳台处，自2006年起总有乐者演奏萨克斯风，招揽客人。于英伦风情的建筑物间，能碰上此等乐声，也算有缘。

下一站

南京东路朝西是上海美术馆，古老的国际饭店也在一旁；西藏路上转南，可以到上海博物馆，上海城市规划馆和上海大剧院，以及人民公园。南京东路朝东可至外滩。

在；望平街以北多聚着帽子店；福建中路聚着服饰店和桂圆店。也就是说，自南京东路左穿右行兜上一圈，日常之物不论吃喝玩乐，均有去处。这条路的人丁兴旺就在所难免，结结实实地热闹了许久。

说到这里，却不得不提大新老楼旁的泰康食品商店，这个名字曾在二十年前响彻上海滩。上海的阿姨们对泰康食品店采购员的眼光极其信任，心甘情愿于一排长龙中耐心等待，只为买到时鲜货。在她们的记忆里，这里仍然卖着上海市能买到的最为正宗的腊肉、腊腿、各类干货等。外层的炒货柜台，带着盐渍渍的香味，侵入鼻尖，越往里走，属于风干腊肉或咸肉的香味则越来越重，有一股十分熟悉的味道。这里的生意仍如数十年前那般好，场面仍是一如既往的火爆。

南京东路上的老字号，究竟不止这么些，比如民国24年开设的吴良材眼镜商店，如创于清道光28年（1848年）的老凤祥银楼，隔了多年仍然绽放异彩。

主要景点 M

上海音乐厅

——流动的音符

上海音乐厅是中国人自己设计、建造的第一座戏院（旧名南京大戏院）。那时善于推陈出新的大世界还未登场，卡尔登戏院和奥迪安戏院还在上海滩笑傲风云，劲头一时无二，大光明还没建成，1930年建成的南京大戏院，结结实实地风光了一把。

它在白日不起眼，入夜就变化模样。灯亮起来，一层层朝下，越发猛烈，至近台阶的位置更可用璀璨形容。这座纯欧洲古典风格的建筑，似正接受朝拜的皇家宫殿，肃穆之意油然而生，背后的几幢高楼不过只是背景乐调。近延安东路的门是北门，所有售票口上写着大厅演奏的剧目，观众皆由此处步入。两层楼高的宣传海报，与此上方招展飞舞。

这座典型的欧洲中世纪巴洛克式建筑高贵典雅，见证着上海的变化与发展

整座建筑是钢筋混凝土框架结构，建筑面积约3800平方米。音乐厅出自建筑师范文照的手，是近代仿西方古典建筑中的佳作。论其外在，已算相当内敛，色调淡雅，并无奢华之感，只有正门口的壁柱泄露了秘密。两根半圆形古典爱奥尼克壁柱，两根爱奥尼克四分之一圆壁柱，拼了一座三开间的壁龛和三扇圆拱形窗。西欧的神化味道，是窗门上浮雕的神情，是刀刻之下的身段。

台阶上的六扇木框玻璃大门已是早早打开，自此之后，可以说是一段惊艳之旅。只是一步，也只需一步。巴黎的恢弘，巴黎的古老，自大气的中央旋梯轻快地弹跃而出。16根合抱的赭色圆柱，统统都是大理石装饰的古典味道，廊道顶端的璀璨星色，自蔚蓝的布景中透出。

观众厅共有观众席1273座（包括站位），暖黄色的贵族式奢华，是整座音乐厅的语言。很快，钢琴声将换种方式表达对音乐厅的爱恋——自黑白混合的柱头上下跳跃，从古希腊独有的花纹中轻舞，在柔软无比的地毯上踢踏几下，再回到音乐家的手中继续淋漓地歌唱着，歌颂着音乐的美好。

交响乐、室内乐、独奏、重奏、声乐、中国民族音乐，以及爵士乐，只要是高品质的古典音乐，都是音乐厅努力带给上海听众的高水准表演。对于上海的市民和音乐爱好者而言，早已养成了听音乐会必去音乐厅的习惯。

地 址

上海市黄浦区延安东路523号，近西藏中路。

交 通

地铁八号线大世界站出，过西藏路即是。

开 放 时 间

09:00—17:30

作 者 手 记

1.周一至周五的中午12:00-13:00是专属的10元音乐会下午茶。“音乐午茶”音乐会邀请艺术院校的专业学生、青年艺术家等进行现场演出，每场围绕一个特色主题。上海音乐厅意在鼓励更多的市民，感知和享受音乐的魅力。许多老克勒更是带着孩子日日造访。

2.平日音乐厅的后门（南门），临着金陵路。几乎下午的三四点光景，都有一大群少年练习滑板技法，腾挪转移，有失败多次的垂头丧气，也有动作成功时挂不住的喜悦，唯有感叹一句青春真好！

主要景点 M

上海大剧院

——音符串织的水晶宫殿

入夜，华灯初上。一旁的市政厅早就隐没，再远些的城市规划馆也只是萤火之光，对面的上海博物馆更是藏在一片暗绿色中，整个人民大道上，最具光彩的便是眼前的这座上海大剧院。半透明的玻璃，分毫不差地把剧院内的千灯辉煌一一展现。四方形的平台上，只有它最纯净，只有它最通透。璀璨的星夜之下，它外翘的屋顶，像正连接住无尽苍宇。

当人们迈进大剧院的大堂，周围被白色的基调包裹住，带着高雅，带着圣洁，一如它就该用的颜色。“大堂悬挂着由6片排箫灯架组合而成的大型水晶吊灯，地面是琴键装的水晶白大理石，高耸的白色巨型大理石柱，外加两边的台阶，让人感受到宽敞明亮的空间，仿佛已经置身于艺术的殿堂。”——这是报刊杂志常用的一段话，但却不足以说明，大堂给人的伟岸感。只是短短的道路，自门口至大厅，总共也不过二三十步，却无法用语言来形容人的渺小，真真似置身音乐殿堂。

正牌的1800座大剧场，不会有大厅里的拘束，仿佛这里本就该是这样——三层的挑高看台，润红如玉色的椅子，你都无需知道这大厅内部的华丽。它的华丽只献给开场和结尾，而当音乐一响，当人物一现，奢华的大厅暗淡得只是一座摆设。越剧《红楼梦》、红极一时的音乐剧《悲惨世界》、《猫》、《剧院魅影》、《妈妈咪呀》，歌剧《图兰朵》，话剧《暗恋桃花源》，纽约交响乐团的交响乐，当舞台的上空只剩下飞翔的乐符，当舞台上只剩下至情至性的表演者，当耳中的眼中的都是对纯粹艺术的赞美与歌颂，那么只需一次，只需一次坐在大厅的椅上，你再难忘记与音乐的共鸣，你也再难忘记心中对美丽的渴求，对美好的向往。

地址

上海市黄浦区人民大道100号，近黄陂南路。

交通

地铁一、二、八号线人民广场站下3号出口。

门票

40元

开放时间

星期一至星期六09:00-11:00

作者手记

1.如果有机会去楼上的观望星空音乐厅餐厅，阳台上可欣赏夜景，大幅的城市夜景相当华丽。

2.登陆上海大剧院官方网站www.shgtheatre.com可查询最新剧目和票务详情。

宣传板上标注着何时何地，这座音乐圣殿将在夜晚绽放光彩

延伸景点 E

城市规划馆

——看到上海的未来

如果置身陌生的城市，追逐盛名在外的景点，往往是人们心中的不二首选。若将这些景点比作一颗颗灿烂无比的珍珠宝物，那么城市规划馆就是串起珍珠的宝链。这里播放的是上海一幕幕的篇章，与昨日有关，有今日相连，更有对明日的展望。

城市规划馆，就在人民广场。规划馆的外貌小巧，意喻白玉兰花的屋顶十分好认。白色的透明玻璃常常将阳光放入或干脆反射回去，玩得不亦乐乎。其主题是“城市•人•环境•发展”，展馆共有六层。

一楼的浦东陆家嘴金融中心模型可以看。它按一定比例放大，360°之间任由你看一个仔细分明。一二层之间的夹层，却是极有意思的部分。嵌入墙面的外白渡桥，那个年代的发黄照片，被彻底放大。

年岁已久的黑白照片中，外滩、豫园、南京东路这些曾经在历史上浓墨重彩的地方，一一被带回了那段青葱却莫测的岁月；徐家汇天主教堂的模型，和许多著名人士的故居，也都一一被摆了出来。关于宗教文化的发展和对立，也是那个旧上海不可分割的命题之一；关于豫园的那段视频，旧上海的点点风韵都自清朝的官吏小帽、贩夫走卒的叫卖情形中散开。一张张老照片被抽了出来，若按顺序，就是一场经典的前生今世的无声演绎。更有一本大开本的图书，图文并茂地列出上海最为知名的保护性建筑，这些建筑均有一定来历和历史背景，不然怎被某位名人青睐有加地住过许多年份。

二层是临时展厅，常常更换展览项目。三层四层，是最为令人惊讶到赞美的地方。大厅的正中位置，是上海这座城市的规划模型，占地达600多平方米。它克隆的可是我国最大的经济、金融、贸易中心，上海内环线里六层楼以上的建筑都被一一囊括其间，一大片密密麻麻、各式各样的建筑矗立在浦江两岸，黄浦、卢浦、杨浦三座大桥横跨蜿蜒流淌的浦江，在棚顶色泽变幻的灯光中，引来无数相机的咔嚓声。这座模型几乎不能算是模型，它将今天的上海，述说得清清楚楚，分明无比。

四层的周围，是关于上海的海陆空规划。要看明白上海的产业，关于港口、航空、信息技术、环保、房地产，才算真正了解了上海这座庞大无比的摩天都市。

上海市中心，便如这座浩大的模型一般。如外滩那般不同寻常的建筑群，一眼就能在模型中找到

地址

上海市黄浦区人民大道100号（来福士购物广场对面）。

交通

地铁一、二、八号线人民广场站下3号出口。

门票

30元

开放时间

9:00－17:00（周一～周四）9:00－18:00（周五～周日），闭馆前一小时停止入馆。

作者手记

1.城市规划馆的楼下是上海风情街，20世纪30年代的上海风情，绿皮火车头外加香喷喷的各类小吃。

2.城市规划馆与浦东金贸大厦有联票，120元一张，规划馆门口的售票点有售。

延伸景点 E

当代艺术馆

——致力推广当代艺术

人民公园里大号的建筑，除了芭芭露莎这座投资不菲的宫殿式酒吧外，就只剩下MOCA SHANGHAI，也即上海当代艺术馆。这是上海第一家非营利的私人当代艺术馆，自地皮的租赁乃至室内改造的钱，均出自大商人龚明光先生。

龚明光说："这座馆开办在人民公园里，是想强调它终究将是一座人民的艺术馆，它的理想是'全民艺术'。" 以高昂的价格租赁十年为限，他要建一个当代艺术的宝库。

这座三层建筑，本是水泥房和玻璃房的组合体，一座专育花草的温室，租赁期间并不能拆。2000多万的装修资金砸下，特别聘请的设计师操刀，殚精竭虑方有如今的一座玻璃宫殿。外墙排列着斜斜的蒙古黑花岗岩，不锈钢窗框也一样斜斜地排列着，混在旧日的水泥房间；突出的几个几何玻璃状，被新设计融入旧日玻璃房的体表。艺术和建筑相融的特质，恰恰符合龚明光的梦想。当代艺术馆也成为中国玻璃建筑的一个标志性建筑。

但建筑本身对于当代艺术馆而言，也不过是个载体。策展人真正看中的，却是该布什么主题的展览，该展现怎样的理念和观念，乃至将当代艺术延伸至市民的日常生活，加深人们对美的欣赏，对设计的欣赏，才是MOCA SHANGHAI最为看重的策展内涵。

展馆的场地并不大，一楼二楼是面积1800平米的展厅，至于三楼，则是一家颇有特色的餐厅MOCA on the Park，亦有室外区域可以隔着玻璃房打量人民公园内的绿意无限。在上海滩的艺术家、画家等一票人眼中，这座当代艺术馆已是上海乃至中国当代艺术馆的领军者。故而除去纯艺术的展览外，常有许多品牌展和设计展也都投身于此，以求达到最佳的宣传效果。比如很有历史底蕴的香奈儿和近期的梵克雅宝回顾展，也都是当代艺术馆的座上贵宾。

仅以梵克雅宝展览为例，若有人曾亲身至此，将不得不赞叹其布局之用心，在世界顶级设计师 Patrick Jouin和 Sanjit Manku的手下，硬是将这座玻璃宫殿化身成神秘国度中的绿色花园。无论白日或夜晚，玻璃窗户再也不能透露展馆中的任何消息，一切都藏在黑色的幕布之下。这场大戏，自圆润的水滴型陈列装置开始，自投射在绿幕布上的叶影丛丛开始，但不曾至光彩夺目的诸多珍宝而终结。这只是开始，一场对奢华珠宝的美之传承，伴着摩纳哥王妃格蕾丝•凯莉于

1976 年在女儿卡洛琳公主婚礼上佩戴过的头冠，伴着代表高级珠宝制作巅峰技艺的隐秘式镶嵌™Pastilles胸针，伴着可多元化佩戴的早期Zip™项链，以及灵感源自东方文化的红宝石菊花胸针和龙纹百宝匣等，可谓艳绝天下。

承办如此顶级的艺术盛宴，恰是当代艺术馆所擅长的那样，致力推广中国及全世界的当代艺术,并矢志提升中国文化在国际舞台上的地位和影响力。而以人为本的策展思想，一直是一条贯穿前后的线索，无论是艺术馆的策展，或是设计展览，乃至座谈会、讲座、创意沙龙、电影学堂、专题研讨、儿童工作坊等，也都一一遵循此理。

人民公园里大部分的五彩色调其实来源于现代艺术馆挂出的宣传画，除了艺术馆本身玻璃外墙上的画面外，还有些会散在公园里各条小道

地址

上海市黄浦区南京西路231号人民公园7号门，近黄陂南路。

交通

地铁一、二、八号线人民广场站下4号出口。

门票

视展览而定。

开放时间

视展览而定，正常情况下为周一至周日上午10:00至晚上21:30

日场：10:00—18:00

夜场：18:00—21:30。

作者手记

1.上海当代艺术馆主页http://www.mocashanghai.org，去之前不妨先行查阅举行的展览详情与票价时间等信息。

2.MOCA Shop的内容涵盖精美礼品至日常生活品，均是用心设计的产品，可供选购。

延伸景点E 福州路

——属于书的街道

买书购书，若论书籍之丰盛，书目之繁多，整个上海滩上就要数福州路的上海书城，可谓独领风骚。在我的心中，能在书城里逛上一下午，是极惬意的事情。整七层的楼面，只有归置清爽的书架和看书挑书的人。站累时的平民版本是席地而坐，高级版本则是去二楼咖啡厅的沙发雅座。前者只是墨香缕缕，后者则被咖啡的淳厚盖住，三千烦恼丝顿时也只变一千。

书店倩影

不止是上海书城，斜对面的外文书店和古籍书店，专业藏书也颇丰盛。前者流行的是各类外文书，英俄德日法及各类小语种的最新流行书籍，近着山西南路；后者是书法字画乃至碑拓的宝地，近着福建南路。自北海路口的上海书城出来，朝东的方向正好能将这两家专业级书店串进一条线，再将略东面的笔墨纸砚店和西洋绘画框都串进来——福州路上最具文化气息的一段，便止步于河南中路。可不同于百年历史在南京东路上刻下的深深印记，人们常记得十里洋场的红火热闹，常记得街面上行市的别致，却极易忘却一街之隔的福州路。

上海开埠前，福州路不过是通向黄浦江的四条土路之一，泥泞的程度曾叫蓝绿洋眼睛嗷嗷大叫，分外思乡。19世纪50年代初，终筑泥沙石子马路；清咸丰六年（1856年）向西延伸至今湖北路，是拜第二跑马场所赐；清同治三年（1864年）再延长，终至如今的西藏北路，俗称四马路。

正是于这一年，福州路第一次成为上海区域文化的源头——一批由国人创办的中华、大东、世界、传薪、开明等大型书局相继开业；1897年，商务印书馆的开业，为中国近代出版业的雄起打开了篇章；《申报》、《新闻报》、《时报》三大报馆，更是领着中国的报业一路冲锋。蘸墨的笔杆子，黑框粗边眼镜，质朴的长袍人物便是于旧日福州路的一摊混水中愣是扛出了中国文化的大旗——如胡愈之、沈雁冰、田汉、金仲华等一批左翼作家，更是与福州路上的各大书局结下了不解之缘。他们日日走过福州路上的外商洋行，日日走过两旁林立热闹无比的戏院茶肆，再日日走过拍卖行和烟号的大门，怒中华民族之不争，将这段辛酸一一付诸纸端。此后，高楼林立不说，舞台的推陈出新，中西菜馆如老正兴、会宾楼、王宝和的盛行，甚至身着旗袍的卖笑女子，再加诸多书店的书香气息和各大报馆渴求的真理，街面上正如火与水的共处，光明与黑暗既对立又共存。只是时过境迁，如今人们只有提到上海的文化，提到上海的书店，记忆才似被唤醒，恍然知晓福州路一般。

过河南中路的福州路则被近代的殖民建筑囊括其中，仍属于外滩历史文化风貌区。比如汇丰银行大楼、旗昌洋行大楼、汉弥尔登大楼、都城饭店等，均是那个时代的产物，只需一一辨识保护建筑铭牌，可知它们不甚光彩的前生，适合喜好老建筑之人的口味。

地址

上海市黄浦区福州路（自西藏中路至河南中路）。

交通

地铁二、七号线人民广场站，至福州路左转即到。

门票

无

作者手记

1.杏花楼（粤菜）、老正兴（苏州菜）、老半斋（淮扬菜）是上海近代有名的老馆子，至今仍在运营，各有特色，不妨一试。

2.附部分书店名录：

河南中路221号：中国科技图书公司
福州路290号：杨振华笔庄
福州路305号：汇丰纸行
福州路318号：百腾大厦
福州路355号：上海文化商厦
福州路390号：上海外文图书公司
福州路401号：上海社科书店
福州路402号：上海美术用品商店
福州路424号：上海古籍书店
福州路424号：上海图书公司
福州路465号：上海书城
福州路579号：大众书局（福州路店）

延伸景点 E

人民公园
——原先的上海跑马厅

人民公园的原址，新中国成立前曾是上海跑码厅，球赛、游泳、跑马看马，是纯粹英国殖民者的娱乐场所。新中国成立后跑马厅收归国有，改建成人民广场和人民公园。人民公园的行头与其他公园相比，未必有如何特别之处，荷花池算是一景。

到了时节，满堂粉嫩的花瓣儿随风摇曳，墨绿的细杆子自水中抽出来，合着一大片撑开了经脉的荷叶儿。花蕊儿是半点白半点鹅蛋黄，那娇滴滴的风姿可是一星半点都藏不住。在上海，就有夏季赏荷的说法，荷花一开，暑热也来了。只这也挡不住各位摄影爱好者，自南京西路人民公园的七号门，人群是一波接着一波，都是朝这园内的塘栽荷花而来。

顺荷花池过曲桥，朝南走，是西山。所谓西山，还真没什么高度，不过是几块石头垒成的小假山，现代艺术馆的三层玻璃小房就在附近。于近水的小亭附近，周末的下午最热闹。有一位大师专门在此操琴。琴架摆上，置上琴，老范儿的长衫袖子里伸出一双巧手，手腕轻翻，就是一道平沙落雁。琴架前头没什么座位，被琴音吸引来的人群，只有石礅子可选。

自西山到荷花池，其实是一个勾打连环，朝北是一块大大的草坪。公园5号门就跟这草坪相连。自大草坪朝北，是孩子们最欢实的地方。小小的游乐园里，倒也齐全，什么旋转木马，什么海盗船之类的。也有正在热恋的情侣，也跑来凑热闹，熊熊的爱火有时能穿越时空，将不知何时被遗忘的童趣带回来些时段，海盗船上空的尖叫声有时也很大很响亮。

游乐园朝东走，是西藏南路的两扇门，三号门和一号门，都正对着来福士广场。两扇门的西南位置，廊道被老树群的大伞盖罩着，余下的部分给一片大草坪留了位置。老人们喜爱此处的小廊道，两旁的长条板凳上坐着散步休息的游人，落子无悔的弈棋者，哄孩子睡觉的母亲，躲在树阴下看书的少年，各偷一段休闲日子。

在巧手的轻抚慢挑下，琴音灵动，流转于岩边湖畔

地址

上海市黄浦区南京西路75号人民公园内，近黄陂北路。

交通

地铁一、二、八号线人民广场站下，来福士对面即到。

门票

无

开放时间

6:00—18:00

作者手记

1.公园旁边就是上海美术馆，南京西路上一排的老建筑等着观赏。南京西路的公园出口，还能等春秋公司的环城大巴线，三十元一位，将上海中心城区的情调一览无余。

2.美术馆对面是大光明电影院，那也是个老牌赫赫的主。看上一场电影，也算表达对昔日远东第一剧场的怀旧之意。

延伸景点 E 天蟾逸夫舞台
——最老范儿的戏剧舞台

福州路和云南路的路口，身为上海屈指可数的老牌戏院，天蟾逸夫舞台很好找。两扇朝里开的门面儿，看得出旧意，两旁空白的墙面上招贴着大幅的海报，是近期上演的剧目《牡丹亭》。

这是一天中阳光最好的时段，那烫金像在前后左右的路面上开了花，灿灿的晃眼得紧。只这阳光再如何猛烈，只有门脸儿沾了些好处，却也不曾关照天蟾的内堂。最早的天蟾在今九江路湖北路口，得名1916年。在那之前的剧院，还有新新舞台、醒舞台、竞舞台、迎仙新新舞台等名字。当年的创办人顾竹轩，定要压倒另一座有名的剧场——丹桂第一台，取的名字就意在“蟾蜍折食月中桂枝”。此后，手眼通天的老板们，请来了各大知名的角儿登台，周信芳一度就是台柱子。1930年，天蟾搬到现址，许多南北名伶巨匠如梅兰芳、周信芳、盖叫天的赫赫声名就是从这个舞台打响，响遍全中国。梨园素有“不进天蟾不成名”之说，便由此而来。

节目预告

现在一楼的厅堂，也很有些过去老茶馆的味道，场子小小，坐在最后一排都能看清台上的演出。二楼是包厢，以前是有钱人常包的清静地，象征着身份排场，一个座位价格不菲，如今也属VIP座位，价格与楼下相比是几倍朝上翻。舞台的两侧，装着显示屏，角儿们在台上声如鹂转，显示屏上也是唱词连连。说到底还是给不懂行的人看的，真正懂行的票友，心中小二胡一拉，曲词也就是张嘴就来。台上的角儿唱，他们也跟着唱，唱得是人间真情，唱得是人情老辣，唱得是满腹辛酸，唱得是心肠起伏。

四郎探母的西皮慢板：杨延辉坐宫院自思自叹，想起了当年事好不惨然！我好比笼中鸟有翅难展，我好比虎离山受了孤单，我好比南来雁失群飞散，我好比浅水龙被困在沙滩。

杜丽娘的步步娇：袅晴丝吹来闲庭院，摇漾春如线。停半晌整花钿，没揣菱花偷人半面，迤逗的彩云偏。我步香闺怎便把全身现。

《牡丹亭》的皂罗袍：原来姹紫嫣红开遍，似这般都付断井颓垣。良辰美景奈何天，赏心乐事谁家院！朝飞暮倦，云霞翠轩；雨丝风片，烟波画船。锦屏人忒看的这韶光贱。

《窦娥冤》的端正好：没来由犯王法，不提防遭刑宪，叫声屈动地惊天！顷刻间游魂先赴森罗殿，怎不将天地也生埋怨。

天蟾的老范儿，也只有这些资深的票友心里才明白。八九十年间，天蟾兴盛过，也遭过难，好好坏坏的也经历了不少。索性它还在，仍在原处，仍是一副老样子，只为中国的戏曲而活。前些年，“天蟾90年90戏”壬辰孟夏演出季的盛况，简直是空前，那90台大戏，无论是京剧、昆剧、越剧，还是沪剧，结结实实地给票友们解了把馋。海派戏曲的发展与传承，就是这样代代相传，经久不衰。

地址

上海市黄浦区福州路701号，近云南中路。

交通

地铁一、二、八号线人民广场站来福士出口，对面即是。

门票

票价视当日剧目而定。

开放时间

9:00–21:00

作者手记

可登陆www.tianchan.com了解天蟾剧院的上演剧目及演出时间。

延伸景点 E

云南南路
——老字号美食街

上海的美食街众多，如吴江路、黄河路、云南路、乍浦路等，均是名号鼎鼎的街面。可任其中哪条路的美食历史也比不上云南南路。九十岁的年纪，足以让它笑傲一时风云。

它的历史，可以自1920的租界年代说起。周仲胜的水饺摊，让他成为云南路的摆摊第一人，也让他因此在历史上留下名姓。继而是一个烘山芋摊，走街串巷的挑担人，提篮小吃卖者渐渐地拥了来。两侧的茶馆、饭店生意照样的好，要知道租界里头来往的人物，兜里的银钱自然是晃荡得出响声的，至于茶馆、饭店的老板也都是有后台、有金条的主儿。那时的小摊贩，不过是个小小的点缀，哪家茶楼的客官闻着香味了，馋了，方才下楼，小摊前站定，掏点铜板买个小吃，打发腹中的馋虫。而那些1932年淞沪战争爆发后跑进租界的大批难民，才是饮食摊真正的买主儿。

自此循环，至管理所挂牌的商号从最初1909年的6家，激增至1938年的104户。此后不管早中晚乃至夜宵，这条路上均有供应，自一条街外的大世界，时不时还窜来一票卸妆的知名演员捧场，要就着疲惫喝一口热汤，吃一口热菜，方能解得了乏。如我们曾爷爷奶奶辈的上海人家，大概还对如下的店名有些个记忆：金陵酒家、老胜和、三和楼、老正兴、真老正兴、同和园、丁香园、友好、国泰、小乐意、百乐门、西新、如意、富贵春、顺兴荣馆和鸿兴楼牛肉馆、福建面店、刘豫康绍酒店等。

历史的兴衰，放之于餐饮市面，也是一样的函数曲线。好在终有一些老字号仍旧是活了过来，不曾在滚滚的历史车轮中倒下。小绍兴的白斩鸡、鲜得来的排骨年糕、小金陵的盐水鸭、成昌园子店的园子、燕云楼的老北京烤鸭、德大的猪排、五芳斋的粽子，外加新起的新疆故乡烤肉店的烤羊肉串、月圆火锅和新梅居的热气羊肉铜炉火锅，这一组名词码过，于吃货的心中不亚于一排口水似蹈海覆天，非要直奔而出。

鸡皮又薄又脆，肉质嫩滑，酱油蘸料鲜咸适度，叫人吃得心花怒放。

四片年糕，炸过的排骨淋上鲜美无比的辣酱油，肉的实在和年糕的甜腻，再用一碗双档汤，吃个清淡解腻。

北有“全聚德”，南有“燕云楼”。做的同样是烤鸭

地址

上海市黄浦区云南南路，近延安东路。

交通

地铁八号线大世界站下，顺金陵东路朝东至云南南路左转即到。

门票

无

作者手记

1.路上的盛鑫港式茶餐厅不错，推荐浓郁香味的蜂蜜厚多士，菜色都很入味。兴隆楼潮粤酒楼，做的一手好潮粤菜，午市晚市的点心相当出彩，特别是午市自助，相当划算。

2.渔翁炭烤鱼滋味也是不错，特别是消夜，香辣口味的烤鲶值得回味许久，二楼窗边位置极佳。

南京盐水鸭，肉质鲜美，肥而不腻，一口咬下是欲罢不能。

很香很糯的芝麻园子，一口咬下，满嘴的猪油香混着黑芝麻，嚼劲十足。

色泽诱人的烤鸭，皮脆肉香，蘸酱是家传手艺，用嚼劲十足的面皮一裹，送入口中，那吃得一个心满意足。

雕花桌椅中，德大色拉，罗宋汤，炸猪排，芝士菌菇鸡饭，葡国鸡，肉酱意面，腓力牛排，咖啡，南瓜汤，咸猪手轮番上阵，要将老店的滋味，再给你回忆上一遍！

最受欢迎的蛋黄肉粽，滴油的咸蛋黄与肥瘦相间的肉，硬被塞入粽叶中，此后你中有我，我中有你，绝对美味。

围着店门口的烤羊肉串摊位打转的人群，一旁的垃圾桶里都是羊肉串竹签拗出的各类造型，那噼啪作响的炭火旺着，火星子到处乱飞着。

现切羊肉料理台，亲手切配的热气羊肉，只等铜炉锅里的火苗一旺，便要奋不顾身地融入汤中，秀出一锅鲜美嫩意十足的好料！

资讯站补给

[住宿]

新易途国际青年旅舍

真就是隐在深巷中，即便露出半个面目，也要隐在邻家大院的身后。若不是高挂国际青年旅舍的蓝色招牌，是很容易找错的。门前是镇宅狮子，老式三进宅院的派头还留着，要穿过右手的暗廊道后，柳暗花才明。中庭是小院，两层高的咖啡厅，流连水将涟漪晃上了玻璃窗，勾起一丝丝的懒意。

进门一条甬道很可爱，像时光隧道

咖啡厅的右侧是三层高的楼，划分开了一间间客房，倒也干净。自三楼还能探得一些隔壁红酒馆中的风雅。旅舍几乎不愁客人，周末假日非得提前预订才行。和咖啡厅的几位住客聊了半会，都说能在上海寸土寸金的地方找到这片庭院，掌柜所费的心思必定不小。也有常客看上了咖啡厅二层的露天座位，常带上一群朋友前来喝茶清谈一晚。新易途不是很好找，隐在一排老屋宅中，邻着一家红酒餐厅。门外左边不远处是水产市场，有金鱼和花鸟宠物出售。房间有些小，但整洁，被套都需自己更换。旅舍床位价格65元/床，大床间190元/间，双人间280元/间。

上海市黄浦区江阴路55号（近黄陂南路）

021-63277766

地铁一、二、八号线从9-11号口出站，沿着南京西路朝西走，黄陂南路左转，江阴路右转到底，左边即是。江阴路在JW万豪酒店建筑后。

苏州河畔国际青年旅舍

介绍苏州河畔青旅所在建筑的第一句话，多半是“曾是赫赫有名的杜月笙仓库”。它原先被土豆网看中，当了总部，而后改弦易辙成了青旅，才多了几丝风月之感。旅舍的装修花了很多心思，力求不坠老建筑的名声。为此，联合国教科文组织还特地颁发过“亚太地区文物遗产保护奖”，这可是中国区域内的独一个殊荣。

离着外滩有些远，却近苏州河。虽然周边总有演出，总有展览，苏州河畔仍旧是安静的。苏州河上的桥都挺有意思的，比如新闸桥和浙江路桥，邻着旅舍。北面的四行仓库十分出名。Soho Bar挺招人喜欢的，总聚满了谈天说地的人。床位55-65元/床，普通双人间238元/间，大床房298元/间，三人标间398元/间。

上海市黄浦区南苏州路1307号（近成都北路）

021-58888817

地铁一号线新闸路1号口出来，沿着南苏州河朝西走五分钟即到。

外滩花园酒店

站在宽敞澈亮的房间，隔着久有历史感的窗户，或是干脆站在能看见私家绿地和喷泉的阳台上，有时会听到隔壁教堂的钟声。声音清脆，与外滩每日不断的钟声互有千秋。酒店本身就是保护建筑，但不怎么起眼，只在进门口挂了一块上海外滩花园酒店的牌子。有些客人被酒店内部的老式调调迷住，嘴里虽然念叨着这里没有电梯、这里的服务员不怎么主动，但却成了常客，仿若脚下自有主意。酒店的服务生说：“像这等宽敞的老上海格调酒店真的不多，况且我们的地段真的好！”因私家绿地的关系，婚宴的排期总是忙不过来。房间装修略显旧，很贴切老上海的感觉。价格780—1500元/间不等。

上海市黄浦区汉口路200号（河南中路路口）

021-63298800

地铁二号线南京东路站下，沿河南中路至汉口路左转即到。

[休闲]

芭芭露莎

微红色的建筑物，留下倒影和清澈的水面缠绵

一楼的临湖位置总是满员：许多人就爱看着湖面上鲜嫩的荷花，坐一下午；不然就是夜间劈情操的兄弟姐妹。但当真懂行的人，会直奔三楼的露台位置，在沙发上抽上一会儿水果味道的水烟。最妖艳的部分是二楼的酒吧，逢至周末一定人声鼎沸，人满为患。还是推荐周二或者周三的时候，人数不是那么丰满的时候才能体会出芭芭露莎的好处。人均150元。

黄浦区南京西路231号人民公园内人工湖
021-63180220
地铁一、二、八号线人民广场站下4号出口。

Kathleen's 5

简称K5，走的是一份浪漫的感觉。餐厅藏在美术馆的五楼，进门前有一段略长的路途。无论室内或是室外，一律是透明玻璃的设计，白色的桌布总预备得好好的，无论是否是来客人的时间；露台朝外能尽览南京路的繁华盛茂，夜景也是极具格调，必然一见倾心，再见难忘。正中位置的吧台，总能调出一些让人意想不到的佳品！人均200元。

黄浦区南京西路325号上海美术馆5楼（近黄陂北路）
021-63272221
地铁一、二、八号线人民广场站下4号出口。

流年咖啡

与一旁生意好到爆的星巴克相比，流年咖啡绝对就是隐士级别的人物。无论是散客或是包场的客人，都

半墙的绿色爬藤，光阴在这里断了篇章

爱上这里静悠淡雅的味道。店不大，上下两层，往外延伸出了几张桌子，算是配合满墙的爬山虎，应应景。店内的布置朝复古风发展，沙发桌椅台灯的搭配都花了不少心思。蛋糕好吃，饮料不错，晒晒太阳聊聊天的好地方。人均70元。

黄浦区南京西路205号（近上海美术馆）

021-33665846

地铁一、二、八号线人民广场站下4号出口。

[美食]

采蝶轩

名字实在拗口，东西却很好吃。这家的位置极好，有时用餐都要与附近办公的人们抢位置，晚上才好一点。装修十分摩登，红黑色的墙纸上，蝴蝶成双成对，很应景，最大包房的纯绿底色，据说可以让人食欲大开。既然是采蝶轩棋下的年轻牌子，价格也是相当亲民，比起新天地的ZEN要好上许多，关键是东西好吃。值得一夸的是猪脚甜醋姜，大补！味道又正，每每端上餐桌不到一时半会全被分光，甚至汤汁都可浇在饭上，还要边吃边挑大拇指。大虾色拉也是必点菜，一杯参茶提前上，提神开胃！

店中服务也不错，服务生的人品更是要夸上一夸。笔者亲身经历，朋友一个LV鳄鱼皮夹连同三千元现金丢在店中，三天之后居然被找回！店中忙时不接受预订，无论午市或晚市，要捧场的话，早早去哟！

人均100元左右。

西藏中路268号来福士广场4楼（近福州路）

021-63404333

地铁一、二、八号线人民广场站下可到来福士。

鲜得来

排骨年糕是上海的传统小吃，知名的也就是两家：小常州和鲜得来。这家鲜得来本开在大世界里面，而后才搬到云南路这里。和其他老字号一样，鲜得来照样一度折腾，才走到如今。五十多年的老字号，到底不是白给的。虽然排骨年糕中的排骨近年来尺寸略减，但庆幸的是味道还在。

点单的时候，你若问排骨年糕

要搭配什么，那里的阿姨总会问你：要么单档，要么双档？你若是有些犹豫，她必定加上一句：或者鸡鸭血汤？等及那金黄的脆大排上了桌面，鲜辣酱油还在自顾自地游走着占地盘，只等你挟起它来，咬上一口。若是太过心急，总得被热油的余温亲上一口，呼呼直叫；米白色的两块年糕条，只是垫底的份，它们不是宁波版的年糕，更为软糯些，更为粘牙些；单档双档或者鸡鸭血汤上浮着一小圈的油，几颗葱花。这几样东西，虽然简单，却寄托了许多上海人的思念之情。有些老字号，卖的不单是一份菜，一道点心，而是一件往事，几段过往！

人均20元左右。

黄浦区云南南路46号（近宁海东路）

021-63261284

地铁八号线大世界站下，沿金陵东路朝东走，云南南路左转，5分钟即到（左边）。

家有好面（云南中路店）

有个别名，叫做沪味传面馆。地方其实挺难找的，拐角位置。家有好面那么多家店面，别看都是家家排队，桌桌爆满，但还是云南中路的总店最得吃货的心。店堂四周是小小故事，面的手艺如何传至现在，也算一个噱头。画着京剧脸谱的菜单上已经罗列了名列三甲的面类，还写上了单

这里有每日超过两个小时的排队火爆场面，队伍的长尾扫到旁侧的烤肉店

月销售量，不得不感慨商家的头脑。

鸭腿面和黄鱼面，是重中之重。特别要说黄鱼面，要熬一个早上才有这么鲜浓的汤头，片出的黄鱼块都是大份大份地跳出来，荠菜提味。至于鸭腿面，去掉了老鸭面常有的腥味，比之上海人家的面要清淡不少，肉也嫩些，也鲜，很宜事后回味。冷菜萝卜值得说说，配上热面是又脆又糯，不一般的感觉。这里翻台虽快，但也是要等位的，往往一等就是二十分钟。等倒也不苦，苦的是坐着干等的时候，别人家的面冒着香气自面前走过，投奔他处。这种等法，其实也算煎熬。

人均30元左右。

黄浦区云南中路43号（近北海路）

021-63229622

地铁一、二、八号线人民广场站下，沿西藏中路朝南走，北海路左转后，遇云南中路右转即到。

平成屋日式料理店

日式料理屋一贯的风格，倒也显不出平成屋有多特别：木桌木椅，总留出了吧台的位置；清酒白酒等日式酒类，能瞧见的地方都堆满了，外加无数的酒招牌，全都贴满了墙壁；榻榻米肯定是要有一排的，二楼左边位置；右侧就留给膝盖不便做大幅度伸展的客人，规规矩矩地坐着吃饭。

料理店的经理是日本人，长得很帅，一口流利的中国话很能骗骗人。在这家吃饭有点小技巧：若是中午，点份面也就算了，不过是果腹之物，千万别指望楼上楼下客满的时候能有如何高端的服务。要等晚上，特别是八点之后。一瓶冰镇过的梅酒，一份必点的色拉虾仁，一份满满花生酱的棒棒鸡，昏黄的灯光应景，三五至交好友，放松一下不成问题。

平成屋有许多老客人都是日本人，吃饭的时候常常会有日语的声音飘在一旁，加上风格真的很居酒屋，几杯下去，偶尔也会怀疑到底置身何处。

人均80元左右。

黄浦区广西北路245号1楼2楼（近汉口路）

021-63522139

地铁一、二、八号线人民广场站14号口向前第2个十字路口右转即到。

老半斋

此处要提老半斋，大概有一半的人摇头，一半的人点头。摇头的人，会摇着食指说：“NO!NO!NO!”；点头的人，晓得你是个老饕，是个行家，见你识货，于是心上欢喜。

老半斋其实是一家“毁誉参半”的店面，百年老店总有些自个儿的陋习，这还是一家国营店。比如店内的装潢十来年都没变过，比如里头的服务员有心事的时候都比较外露，故而对于很在乎环境和服务的人而言，老半斋不是一个好的选择。

存活百余年的老半斋为什么出名？只因一碗刀鱼汁面。上海的老饕，没有不知道老半斋的刀鱼汁面，就像是电影界的人没有人不知道张艺谋，道理一样简单。这就是他们每年的一个盼头，盼星星盼月亮，盼来又一年的三月春暖时。清明前的刀鱼，价格好比最恰时的龙井，多一点时间就差了一大截价钱。

此时，吃货都赶早场。刀鱼汁面的大招牌一挂出来，大清早的面馆子就兴旺起来。无论近的远的都来了，想了一年的刀鱼汁面才有机会被端上台面。一日中只有五十位有这个机会！千万别误会，这面，可是光面，别指望能吃着刀鱼。刀鱼肉必定酥软地进了汤，入了味，浓稠地裹着面，香味袭着人，半点不含糊。须得等等，看吃客吸进一些香气，添一份满足；看吃客挂起几丝面条，转上一圈缠将起来，往口中送。须得等等，不能着急，入口后的第一口面也不过添了又一份满足，一口接一口，不停筷，间或喝上几口汤。吃到尽处，面没了，汤也是要光的，甚至筷子上的汤也是要被舔得一干二净。老饕们会相视一笑，有点武侠片中哥俩好的意思：懂经！

人均20元左右。

黄浦区福州路600号（近浙江中路）

021-63222809

06:00-14:00和17:00-20:30

地铁一、二、八号线人民广场站14号出口出站，沿着福州路朝外滩方向（东面）走，5分钟即到（左）。

德兴馆（广东路总店）

“百年老店创建于一八七八年光绪年间”。无论分总店，德兴馆的招牌下，总有这么一块长条金字招牌帮衬着。德兴馆原本不大，都是贩夫走卒特别喜爱的馆子，价廉物美，很适合食量大的汉子们。馆子到了近代，越发有了名气，青帮老大杜月笙据说就很爱捧德兴馆的场。没事就一身中式长袍，杀奔德兴馆而来，必是又一场殷勤接待——好酒好菜要上好，话

德兴面馆的金色招牌，是被青花裹着的荣光

要说漂亮，就连酱油和冰糖放多后看起来的那种油汪汪和红喷喷，也是别桌不能比的。

如今的德兴馆，偶尔能瞧见祖孙三代前来怀旧，还是点以前的那几样菜：草头圈子最为有名，焖蹄面也要来一份，时行的薄皮小笼汤汁足足，肉香、油香、葱香混在一起。香味入鼻，鲜汁入喉，自胃中过了一道，引得手不停筷，盘子早早地见了底。抹一抹嘴角边上的油星儿，舌头再打个转，圈个地儿，于小腹上摸了摸，终是判定食饱，才愿起身。

人均30元左右。

黄浦区广东路471号（近福建路）

021-63522535

6:00-14:00和17:00-20:30

地铁二号线南京东路站下，顺着河南南路走至广东路后右转，5分钟即到，就在路口位置。

Pho Asia（来福士店）

Pho Asia来福士店，是最新的一家分店，也是规模最大的一家。越南热，吃的东西总是比较清口些，其口味揉进了中国、泰国、马来西亚、法国等国的饮食特色，已经自成一家。若问越南餐厅的菜正不正，生牛肉河粉就是验货的标准之一。Alonso是Pho Asia的老板，他不止开了那几家分店，还有别的火锅店。但是谈起生牛肉河粉的时候，他总忍不住要再说一遍：就是因为吃不到地道的生牛肉Pho，才有了开Pho Asia的念头。

店开了时间不长，就已经客似云来。不但生牛肉河粉大受喜爱，越南春卷、薏米柠檬水也上单率高，海南鸡饭也可尝试一下，味道还算地道。

人均80元左右。

黄浦区西藏中路268号来福士广场5楼（近福州路）

021-62891016

地铁一、二、八号线人民广场站下可到来福士。

第六章

6 淮海路区域

——新霞飞路

“内行人逛淮海路，外行人逛南京路。”这是流传在上海的一句俏皮话。多数上海人想找个地方逛街或约会，多数会舍下南京路和外滩，跑去很有“小资”氛围的淮海路。这条马路长长，东起上海老街、城隍庙，西至徐家汇。浓厚的“小资”情结，是百年前就有的。梧桐树和咖啡馆，地道的西餐厅和漂亮的大别墅，豪华的购物中心和写字楼，很是符合上海人的需求。

淮海中路的繁华是遮不住的，旧时霞飞路的光彩，被集中在首尾两端——黄陂南路和陕西南路的地铁附近。大部分著名的百货商店，著名的品牌店都喜欢这儿，新款上市、超级五折、特别店庆，这种字眼会在春夏秋冬四个季节轮流点中人们的购物死穴，那时花钱的感觉可叫一个欢畅淋漓。

但对上海的女人们而言，只是这样却远远不够。好吧，专柜小姐们千篇一律的说辞，专柜货架上都没啥差别的款式，这叫追逐新鲜、追逐潮流、追逐时尚的女人们如何不心生厌倦？就像钟爱之前庞大集中的襄阳路市场那样，女人们的目光集中在了新乐路、长乐路和陕西南路的金三角地带，沿街小店的生意真是一日好上一日。这繁华背后，还藏着许多旧日情怀，等你一一发现。

旅游指南

自淮海路为中心朝左右伸出去三条街道，这些小街小面都有逛头。自淮海东路至淮海中路的上海图书馆，可以说过三个路口就有不一样的风貌出现。百货商店夹着办公楼，公园混着红墙老屋，天桥和着斑驳老墙，小小书店嵌在老梧桐树下，独享惬意。单单一个新天地里，就可以逛上一半日，老宅看看，新式餐厅尝尝，品牌店里跟随下新的时尚潮流。

美食也有，进贤路的一排，新天地的扎堆美味，百盛楼里的小吃也是弯弯绕绕，再不济走远点，还有长寿路的小龙虾可吃，也是不枉闹市区的名声。

关于住宿，倒是建议住在云南路上的老陕客栈，闲钱略足的话，距新天地附近两条街的位置也有经济型酒店可选。若是愿意大把“洒金”的客人，新天地里的两档奢侈酒店，真就是最为上乘的休憩之所。

主要景点 M

新天地

——石库门的风情

自20世纪末开始，有许多人试图挖掘老上海的情调，老人、老故事、老街、老建筑等全都榜上有名。这其中，要数罗康瑞的眼光和手法极为独到，硬是在淮海路这块寸土寸金的地方吃下了一块太平桥，才有了今天的新天地。

太平桥是什么地方？隶属卢湾区，藏在淮海路以南两条街位置。大概再上溯两百年前，它该是座桥，可罗康瑞发现它的时候，那可是当年卢湾区内最具规模、品种最齐的小吃一条街。那里早市最为热闹：豆腐花、粢饭、粢饭糕、酒酿饼、老虎脚爪、海棠糕、葱油饼、油墩子、生煎包、油豆腐细粉汤、咖喱牛肉汤、各式浇头面、大小馄饨、蜂糕、羌饼，整整齐齐地等着客人带回家，炉火舌头吞吐得欢快，笼屉的蒸汽也冒得热闹。

顺昌路和自忠路的人们都喜欢跑到这一片来吃早饭，拿个搪瓷缸打两份豆浆，塑料袋里装上大饼油条就是一顿令人欢愉的早饭。把窗户关紧，把西瓜网进

真正潮流的人，是那些换一套衣服就轻易将容貌转换的人

兜，扔到井里，推个自行车，匆匆地出了门，跟街坊打招呼，一路打出门，还能遇上相熟的。人们在这里住得太久，彼此之间都熟悉了，家长里短的大小事，总是想遮也遮不住，可暖心暖肺的小事，却也是更多。他们都在这老屋里长大，变得年少，变得老成，他们一直住在石库门里。

太平桥的石库门，年岁超过一个世纪。以条石作门框，门扇为实心厚木，上有铜环一幅，颇有古风，就是石库门。其布局仿了江南的普通民宅：进门后为一天井，天井后面为客厅（上海人叫“客堂”），之后又是后天井，后天井后为灶间和后门。天井和客堂的两侧分别为左右厢房，二楼的布局基本与底层相近，唯灶间的上面为“亭子间”，再上面是晒台。太平桥的石库门，和别家又有些不同，独立成幢，各具风格。

这样成群结队的老石库门，真的不好找。罗先生喜欢这里，喜欢这老屋宅隐隐透出的年份，喜欢它们的沉稳，喜欢它们的温润。这些老屋沾了一个世纪的人气，热热闹闹的柴米油盐酱醋茶，一个个都成了精，犯了懒。要将一个世纪的精气神都提炼出来，是一件不太容易做的事情。要和略有毁损的砖墙打交道，以旧修旧的概念决定了这片屋宅金贵着，不能动大手术，要一个一个小手术慢慢地修补。对那些后人搭出的违章建筑，全都一一拆除；下水道的系统要重新装，空调设施要重新搭。其实，除却昔日的青砖步行道、清水砖墙、乌漆大门和悠长弄堂，这里真的已是新天地！它全身心地透着一股小资的气息。摩登和时尚被装进石库门的老瓶里，酿出的小资感又怀旧又时兴，若是张爱玲在世，必定仍是爱的。

新天地的构造布局其实简单，若是贴比地图，好似一个“日”字。起笔是马当路，一横一折是太仓路至黄陂南路，中间一横是兴业路，最后的封笔是自忠路，也即自忠路将新天地按南北方位分为南北二里。若是不记得路名，也极容易分辨，北里都是些老石库门建筑；南里，则是老石库门建筑和新式楼宇的组合体，老墙只在最初的左侧露个脸面，余下都是新楼的市面。顺着正中人流量最多的人行大道可以贯穿新天地的南里和北里。大道的旁边，各生出几条小弄堂通向外围。

大多数人拜访新天地的起点，都在马当路和太仓路交叉的星巴克。那儿门口露天座上大批的客人借着初次见面，先预示了一把新天地的热闹。一把把绿色遮阳大伞，全部都舒展开羽翼，伞下的客人相谈甚欢。与同层的建筑相比，星巴克两层小楼的墙砖更显沧桑些，颜色淡得几近灰白。

北里的老石库门建筑规整，几乎都是面对面地相守着。建筑的老墙都有着深色的墙砖和红色的勾勒线。微红或蔷红色，或者横线状，或者弯了个身，附在老墙之上，像点睛之笔。老墙不能说话，即便跨越近乎一个世纪，仍只是默默。所有的故事，都是慢慢自墙缝里飘出来的，再渐渐地消散于风中。两侧是拉开了架势的各家餐饮馆，吃饭的喝酒的聊天的聚会的各色人等齐备。优哉的下午茶，沁人心脾的冰咖啡，室外一点烟丝的抚慰，刷刷摇曳的几层绿色树叶，都只是新天地的小小片段。透明思考

星巴克的咖啡座，每个周末都会坐满人，有时来晚了，都难以寻觅上一处有阳光的好座位

TMSK的琉璃风情，要数夜间最美；老弟坊的菲律宾乐队，也在啤酒和热闹之间带来东南亚的风情；香啡缤的露天座位总是满的，能看足行人的姿态。

有人会专程前往拜会屋里厢。“屋里厢”是地道的上海话，意思是“家”。这是一座石库门的展示馆，切切实实地再现了石库门的构造和生活模式。展馆的建筑本身位于太仓路181弄新天地广场北里25号楼，是一幢建于20世纪20年代的石库门老房子，其中展示了七间房间，分别是客堂间、书房、老人房、主人房、女儿房、儿子房、灶披间。许多上海人曾持有的生活方式和曾住过的生活空间，被一小段小段故事串了起来，更适合曾经的住客前来怀旧。

南里也是好去处。新天地时尚的大楼，算是里面最新的楼宇，落地玻璃内的展厅和品牌店都高挂着大大的招牌，左侧仍保留的几幢石库门建筑，也都被餐馆塑造出了时尚感，遮阳伞下是一排夜晚极为捧场的客人们。藏在新天地时尚二楼的鼎泰丰，自开张第一日起，便客似云来；顶层的电影院，也依着楼外的大幅广告播着上档影片；Godiva的巧克力香浓味，自二楼飘了下来，诱人得很。

电影院的宣传片热力四射中

举着小旗的导游，带着人们南北二里互窜着，串起了北里入口的小小喷泉，宝莱纳对面的对酒雕像，那间独一无二茶馆的阳台，露天咖啡座上的人们，串起了大大小小的时尚商铺，串起了入夜后玻璃房内散出的点点星辉。与这些半道的旅行者不同，居住在上海的人们，已将新天地视为休闲的最佳场所，喝个咖啡，吃顿饭，聊聊天，看个电影，听场演唱会，去酒吧坐坐，不过是平日里常做的事情。至于新天地曾让无数人着迷过的老石库风情，已经被化进了一种纯然感受，叫人但凡想着小资，便想到了新天地。

交通

地铁一号线黄陂南路站下，顺黄陂南路或马当路朝南走，过两个岔口便是。

美食

TMSK透明思考

长盛不衰的餐厅，设计极为独特。琉璃艺术家杨惠姗、张毅提出了“透明思考”新概念，力求使琉璃的特质和艺术手法能完整地渗透到生活空间里，为消费者营造一种新鲜的元素和激情。中国传统饮食文化与经典艺术氛围，在TMSK被完美地结合在一起。琉璃在灯光折射下显现的楚楚动人，则更叫人意外这种组合所营造的美艳多变的特性。人均130元左右。

地址：新天地广场北里11号楼2单元

电话：021-63262227

夜上海

这家餐厅吃的是一份老上海石库门的情调，菜式亦中亦西，本帮菜最拿手。环境很好，适合带小资的朋友去，价格偏贵，人均200元左右。

推荐菜式：小笼包，虾球，松子鸡米，狮子头，生煎包，木瓜雪媚娘，鱼翅，蟹粉盖

地址：卢湾区黄陂南路338号

电话：021-63112323

Urban Soup Kitchen（别名：城市浓汤）

很小的店面，蜗居在新天地的外围，周边是一圈服装店和设计店。透明的玻璃门和红砖墙，是特意打造的欧洲范儿。杂菌牛肉汤是这里的招牌，香气四溢；芝士蛋糕口味不错。开店数年间，这里已经聚集了一批忠实的食客，外卖生意也很好。人均50元左右。

地址：卢湾区马当路280号

电话：021-33311861

新吉士酒楼（新天地店）

店内的口味以本帮菜为主，装盘很精致，味道也很棒，最精彩的是木帮红烧肉和蜜汁火方。餐厅里位置不多，算有些老情调的饭馆。来来回回的老外很多，多在这里受了一番上海本帮菜的美食教育课。人均150元左右。

地址：卢湾区太仓路181弄新天地北里9号楼

电话：021-63364746

新元素Element Fresh（新天地店）

新元素是流行于上海滩的西式间餐厅，很受沪上众人的爱好。餐厅内的环境简约不失大气，周末时聚满了吃Brunch的人们，很是热闹。巧克力的味道浓郁，招牌的考伯色拉，非常美味，墨西哥鸡肉饼能让人吃得万分满足。人均110元左右。

地址：卢湾区太仓路181弄新天地北里广场

电话：021-63260950

上海小南国（新天地店）

上海小南国也走精致本帮菜的路线，环境都循小桥流水的苏州园林风格，等客人行至“竹林深处”，才有一份品菜的雅兴。人均160元左右。

地址：卢湾区兴业路123弄新天地南里商场2楼

电话：4008209777

作者手记

1.欣赏新天地，不建议随着导游走，人多易杂，难以领略新天地的味道。一到三人，最是合适。新天地的静雅，是慢慢走才能看得到的。老石库的年轮，也是要轻轻摸摸才能感知。

2.逢新年倒计时，新天地的活动最为火爆，狂欢无极限。

3.新天地还保留了一处石库门博物馆，要看过它才能对石库门的真实形象有所了解。通过分布在各展示点的多媒体、效果音响、馆内投影机，你可以听到一个娓娓道来的20世纪二三十年代上海中产阶级人家的石库门生活。无论走进哪间房间，逼真形象仿佛还原历史，让人犹如亲身经历这间房的主人当年的生活，算能解一回老弄堂的情结。

下一站

淮海路购物一条街

主要景点 M

淮海路
——藏着优雅的霞飞路

“一出玻璃门，马上像是天下大乱，人心惶惶。汽车把鼻子贴着地慢慢地一部一部开过来，车缝里另有许多人与轮子神出鬼没，惊天动地呐喊着，简直等于生死存亡的战斗，惨厉到滑稽的程度。在那挣扎的洪流之上，有路中央警亭上的两盏红绿灯，天色灰白，一朵红花一朵绿花寥落地开在天边。”

站在妇女用品商店前的天桥边，望着淮海路上来去的车龙，张爱玲笔下的这段文字，似能说会道，自个儿跳下纸页，于面前的长阵比画比画。我眼前的街面，却不同：汽车一辆接一辆，各持熊胆豹心，定要比个高下。汽缸的咆哮声，因红灯的闪烁而炙热了起来。远处的红绿灯各自闪烁，长长的一路挂出去，高楼绿树间也定要露个脸面。

妇女用品商店这幢楼，怕是重庆路淮海路上一辈子的标志性建筑

北万新的包子更有嚼劲，荤荤不限

“阿拉那个时候，一条羊绒围巾要卖1500块。”这是我的小姨，曾在淮海路上的妇女用品商店里当过售货员。每每需要佐证淮海路是最好的购物场所时，她便用染了蔻丹的指甲，在我面前晃啊晃，顺便燃起根烟，回忆一两个小时的往事。她对淮海路的自豪感，真可用顾盼生辉来形容。她说的是20世纪90年代，当淮海中路的美美百货还没兴起时，妇女用品商店里卖的的确都是最好最贵的货品。

这段记忆存在于每一位老上海人心中，甚至对那个时候曾来上海购物的人而言，要给家里人一堆交代，那礼物必定要选自淮海路。除非他是无人可问的异乡人，那必定投奔南京路的怀抱。自1900年成型至今，淮海路早已是上海的骄傲，上海的标志。没人不知道淮海路，也没人不羡慕淮海路两侧的住客们。而那些曾在这条著名街道上住过的人，一个也逃不开淮海路的魅惑之术。你住一年，住半年，住一个月，哪怕才住半个月，也都逃不开这赤澄澄的霞飞。

回到20世纪二三十年代，霞飞路其实属于白俄人。罗宋话满大街都是，高高的帽子，绿色的眼睛，散漫的走，快步的跑，热烈的拥抱，醉酒的胡闹。上

光明村餐厅，门口总有排队买月饼等小点心的人

海人素来是看不起白俄人的，又是流亡，又是没钱，但从不拒绝去白俄人的餐馆，让大厨精烹细作，美美地享用上一餐。渐渐地，中国人跑到这边开店，开百货铺子，挑白俄人喜欢的进货。仅仅1926－1928年间，就有一百多家俄侨商店在霞飞路上开张。这些店铺带来了白俄贵族的腔调和布置，一举一动都有章法，其环境之雅致，堪称上海之最。例如文艺复兴咖啡馆曾是俄侨聚会的沙龙，充满了大批热爱祖国力图报效国家的热血白俄，特卡琴科兄弟咖啡餐厅，更是将花园中用餐的做派做到了上海租界之首。

在那个年代，标榜高贵的英国人没能影响中国人的生活方式，号称优雅的法国人也没有，唯有流亡在外的白俄人做到了。他们教书，教诗歌，教音乐，教唱歌，教跳舞，贵族的优雅不曾伴随流亡的生活而逝去，却在思念和回忆中越发清晰可见。这种离了故土的优雅，生了根地在餐馆的布置上出现，在御寒的大衣上出现，在举手投足的每一个动作上出现。而霞飞路上的白俄人，每一个人，都有一段无法忘记的霞飞路生活。

俄国的作家彼得罗夫文写了一些片断，短而清晰——罗马人曾骄傲地说："条条大路通罗马。"旅沪俄侨可以说："条条道路通霞飞路。"若干年后，回到俄国，偶尔在街上相遇，狂风暴雨般地拥抱之后，向自己的熟人介绍："几年前，我和他一起在上海吹喇叭。"他从霞飞路来，我也从霞飞路来。"确确实实的，是老乡！"——他们的足迹在霞飞路上交汇后，又随着解放军的到来，继而交汇在自己的国土，喝着最烈的白酒，嬉笑着关于霞飞路上的一切。

与白俄人心目中的霞飞路不同，时间滚动的齿轮也将碾过一系列的记忆碎片。淮海路上的树木是重栽过的，当年曾被老住户们骂过一通，如今张开臂膀也可搭在一起。但不如复兴路上的枝繁叶茂。

如果老上海的作家们还活着，"霞飞路"三个字，应是列入怀旧清单中。现在淮海路不如他们思念的那般，海派情调有些淡了，港味、东南亚味、日本味，自一路的SHOPPING MALL里面冒出来，分明都是金银开的道。巨大的广告牌，被聚光灯整整打量了一晚上，白白的十分晃眼。茂名路淮海中路附近，黄陂南路淮海东路附近，就是两处盛大的百货店购物宴，夜夜上场，夜夜缠绵。若只顾着引得钞票不断飞奔走的那张购物清单，淮海路也只是一条购物街道，仅此而已。可若要挖一下许多年前的“霞飞路优雅气质”，书中照片中，只字片语里，街角藏着的几栋建筑，淮海路上行人的风姿，也还是一点一点透出来的。

“傍晚的霞飞路上。小姐们天蓝色的丝质旗袍，罩着短小的白绒线马甲；绅士们浅灰色的西装，烫得笔挺；这称得上多么适宜的对照，对于九月的季节。会享福的上海人眼里，霞飞路是上海这块乐土上最惹人喜爱的一条马路。”——钱国城眼中的旧日霞飞路夜景，带着海派的文雅。

奢侈品牌突如其来地占据了一小排街道,此后霓虹无数，光彩照人

现在的小姐先生们，大概不怎么流行穿旗袍和马甲了，倒是附近办公大楼里每到饭点涌出的人群，还都是风姿绰约或西装笔挺的，炎夏寒冬，都是不变。最新驻扎的几例奢侈品牌店，试图用巨型的橱窗和灯光，阐述关于优雅品味的重要性。尽管这些店铺装修也都奢华，但全都开在淮海路后，却也不见得惊起多

大的风涛。人们若要采买，也会来逛，但似乎奢侈品店的金光闪闪，并不曾将淮海路如何改变。近思南路的H&M也是，附近开着最流行的快销店铺，也不见得影响了淮海路的气质。它还是该怎么样就怎么样，一切按部就班，气度雍容。行走于上的人们，也自惬意着，该做什么就做什么。淮海路上的老建筑，也镇不住这些常来常往的人。可对于新手而言，初次见面的淮海路，还是有些看头的。

自重庆北路的妇女用品商店，一直到茂名南路，这一段总有些历史缘故。切莫放过近思南路的那些钟表店，为陈列橱窗中的钟表着迷的那一刻，就相当容易忽略店铺背后的建筑，那些欧式的栏杆。这些建筑背后往往还藏着许多占据花园洋房的大公司集团和挤在里弄里生活的原住民。豪门巨富和万国旗杆之间，中间也可能只隔了一座墙。

再往后，该退至常熟路一带的老房建筑，直至淮海中路高安路附近。当年置身法租界范围，还是捞了点好处的。两侧的花园洋房，更是独门独院，精明的商家早就盘下了低楼好生经营，豪气冲天的商家则全楼接收，厉害得紧。可无论是高潮低潮，有好店铺或无好店铺，淮海路本身似乎都是不介意的。就像走在淮海路上的大部分人，也只投了一眼好奇于豪气冲天的各家富贵店铺，仍是该买菜的买菜，该回家的回家，该如何生活便如何生活。

地址

上海市卢湾区淮海路。

交通

地铁一号线黄陂南路站下车即是。

作者手记

1.淮海路长长一段，逛街主要以黄陂南路和陕西南路附近的百货店为主，各自并又辐射出一系列购物小店，如前者的新天地，和后者的陕西南路长乐路等。

2.要看淮海路的老建筑，大部分自重庆北路的妇女用品商店开始，一直延续下去。建筑的位置零散，附近的小弄堂可以兜兜，南昌路上的小店也是不少。

下一站

游览：

复兴公园，陕西南路长乐路等购物小街，宋美龄故居和孙中山纪念馆。

购物：

淮海路，长乐路，新乐路，陕西南路，巨鹿路。

主要景点 M 复兴公园

——上海最老的公园之一

曾朴说“法国公园是我的卢森堡公园，霞飞路是我的香榭丽舍大街，我一直愿意住在这里就是因为她们赐予我古怪美好的异域感。”他说的法国公园，是复兴公园的第一个名字。

特意挑着早晨去，特意选的南昌路。七点的光景，说早不早，说晚不晚。青青草叶的嫩香四处散溢，窜入鼻尖却不肯逗留许久，总一丝丝地来招惹，欲罢又不能。

公园其实不大，脚下缓缓，不过数十分钟。最中央的彩色喷泉沉床园，最衬法国公园的旧称，如果能忽略玫瑰园旁铸铁花架的圆拱门，如果能忽略鬈发法国

走上走下，双臂走一个来回，那转轴的声音回荡在草坪上空，久久不歇

男孩雕塑，或者走道边挽着花篮的法国少女雕塑。只能说，专属于路易十六王朝的建筑风格，不曾挪过位置。

该说说设计师郁锡麒，挪了点法国里昂市金头公园的味道来，水泥、砖头和草坪的搭配，才是一个公园真正的起点。然后栽花、种草、植树一点点，渐渐地修出点了洋味。20世纪初的法国人曾在公园里无限招摇，也和公家花园一样限人进入。公园里还曾有过动物园的存在，原属市立动物园的几百只飞禽走兽因淞沪战争的爆发，而被归至法国花园的旗下。于那之前，年幼的毛岸英三兄弟应该还在公园内快乐地蹦跶过。

梧桐树总是漂亮的，况且复兴公园内的树木长势都颇好，根根参天，一旁依附的苗木也都费心修剪圆整。树下是老人爱站的位置，下棋的，写书法的，唱歌的，跳舞的，扭秧歌的，打太极拳的，都在树下各有章法：

写书法的最安静，只需一桶水、一杆长笔和一块无人打搅的地盘，只凭手腕翻飞，便有一篇好文章透着温润的水色现于地面。

下棋的人们，两人争战，围观者众。围棋或象棋，棋盘不过小小一块，却牵动人心，各有悲欢。一声惊呼，尚被堵在嗓子眼，又随棋路转了情绪。

跳舞的人们，热闹非常，不仅音乐热闹，人也热闹。初学者的犹豫担心和暗藏的愉悦，都自举手投足间显露出。初生的日光落下来了些，柔和了渐老的岁月。

每日都如此，热闹直至八点三刻方慢慢消去。随后的公园，又逐渐趋于平静，似在怀念，又如追忆。

地址

上海市卢湾区皋兰路2号甲，近思南路。

交通

公交02线、17路、24路、36路、42路、911路、920路、932路、933路等可到。

门票

无

开放时间

4月1日至6月30日05:00-18:00；7月1日至9月30日05:00-19:00；10月1日至3月31日06:00-18:00。

作者手记

1.多年之后的复兴公园，夜的生活仍是绚烂。上海滩永远不缺前赴后继的酒吧经营者，如今是Muse3当道，此起彼伏的模样，好似无极限的正弦函数。

2.自雁荡路大门出，至淮海路，左侧的小弄堂里藏着的便是老克勒粥店，很受欢迎。

3.复兴公园里的钱柜KTV生意大好，傍晚至深夜2点都热闹非常。

主要景点 M

东湖路
——藏着一堆老故事

当襄阳路市场还在淮海中路上绽放时，东湖路只是个点缀，没什么吸引人前去的缘故。这些年来，许是入驻的商家精致许多的关系，连带整条路也抖擞起精神。时至傍晚，来来去去的都能撒些银子，更以老外居多。两侧的商家们，餐馆、咖啡馆、理发店、按摩店都一律往高档次上窜，地方都打扮得精致，各有特色。改良版的湖南菜龙门阵茶屋，精心烹制食料新鲜的新元素，别有洞天的西班牙菜El Willy，都被一大帮客人喜欢上了，真真客似云来。

梧桐叶子是没那么密集了，几场轮回下来，新树还未成气候，远不如富民路上的茂密。这使得雨水和阳光对这条路的洗刷，变得十分容易。下午两三点，很少有行人驻足街上，赶上几步，推开Wagas的门，点杯咖啡，看书和玩手机，一个下午很快就能过去。在他们的快步挪移中，大概不会把眼光移到东湖路56弄的

从五层楼高的位置朝下望，是东湖宾馆的别墅群。那几座别墅瞧不见真身，一如其中的住客，全都被一旁的绿树叶子埋没了

门牌号上。这只是个小巷子，没有一点令人心动或进去看看的印象。

恒源祥绒线店的创办人——沈莱舟，曾住在这里。左右邻居都是有些名气，有些家底——源自上海报业、出版社、商界、艺术界的人物。20世纪40年代，正是上海经济不景气的时候，也正是沈家恒源祥最为鼎盛的时刻。他花了十几根金条买了这里的一幢房子。一楼是特意置办成舞厅的，两间打通的厨房一直响着锅碗瓢盆的美妙音乐，一家十几口人的生活称得上是乐和。

盖叫天，已故的著名京剧表演艺术家，就曾带着孩子和保姆住在22号。人民政府拨下住所，盖老在这里练功，健身，吊嗓，夏日不停，冬日不绝，一付老牌人的风骨。

没人再记得56弄里的风云人物，只有东湖路7号仍有名气。这是近期被热烈吹捧过的杜月笙曾经的公馆。1921年建造，法国设计师设计，据说是杜月笙的门人发财后的孝敬品。只是杜月笙一日都未曾住过就卖了出去，奔赴逃亡之路。卷毛高鼻梁的白俄人，曾在那之后换了个身份住进公馆，叫“苏联驻华文化代表处”。如今的建筑属于东湖宾馆，到底被密匝匝的绿叶和围栏困住，见不得真容颜。最后，也只是稍微驻足停留下，能悟一点老时光就悟一点罢了。

地址

上海市静安区东湖路。

交通

地铁一号线陕西南路出站或由十号线陕西南路出站，行至淮海路，朝西沿着淮海路走，过襄阳南路的右边第一条马路即是。

门票

无

作者手记

1.东湖路56弄的门口，是一家不错的酒吧Monkey Lounge。里面的装修独到，非常有味道。

2.淮海中路1028号嘉华坊5楼的新元素，露天阳台位置可将淮海路口东湖宾馆的格局看得一清二楚，意境独有。

主要景点 M 长乐路

——男人也爱的购物街

对上海的男人们而言，能够于长乐路的两侧店铺之间，至少翻出十几家男装潮衫来，不可谓不幸福。完整的长乐路，是长且窄。整条路上的梧桐树都能遮天蔽日，只允许日光掉些个金丝线当个零头而已。旧时叫蒲石路，一路弯弯绕绕，横跨静安、徐汇和卢湾三个大区。

这儿说的长乐路，只是其中的一段，也是长乐路的精华所在——成都南路至

地址

上海市黄浦区长乐路。

交通

地铁1号线常熟路下（富民路–陕西南路段），或者陕西南路下（陕西南路–茂名南路段，茂名南路–瑞金路段，瑞金路–成都路段）；公交26路、40路、49路也可达。

作者手记

1.UNO是长乐路上的一家小铺。一堆看似平凡的货物中，却常常藏着一些相当别致的货品，定价不高。

2.ShirtFlag，长乐路上的另一家设计小铺，风格极为特别。他家的T恤，风格集中为：毛爷爷、红五星、拿着红宝书的红卫兵是常见的图案。

3.Fly，长乐路704号。上海最早的专业滑板店，专业人士无人不知。

瑞金一路段。路两侧的商铺，打得是不撞衫的招牌。无论是外贸店，还是精品店，店里的东西总叫你有那么一股子独一无二的范儿。有些是设计师亲自设计的，打了个样板，总共也就是几件可卖，多了还没有；有些衣裳是买手的杰作，专程自国外一批批扫荡来的时鲜货色，也是卖光拉倒永无补货一说的主。

街面上的铺子，有新开的，有常年蹲点的。对于上海的潮流设计师们而言，长乐路是一段抹不去的记忆，让人又爱又恨。它曾有一个被称为“上海的里原宿”的盼头，只是未遂。

它其实低调，店铺楼上的老房子则把家长里短的世俗味道加了重墨。阳台上晒出的花格子棉被，还停留在20世纪90年代初，那花纹花色和楼下精致的闪闪晚宴礼服，是一搭；抽着烟，双手撑着阳台面的老人家，白色圆领老头衫外加大裆短裤一条，那父辈们曾经的形象和楼下摆得端正的修身格纹西服一比，也是一搭。至于自楼里推出的一辆辆复古型自行车，或者哪家嚷出的一声猫狗叫，树下聊天的老妇人手中的圆形大蒲扇，和店铺里时而窜出的爵士乐打击乐，外加小门一推而出的银铃声，看似不搭，却又实在是搭得妙。

自这起，朝西是瑞金路—茂名南路、茂名南路—陕西南路以及陕西南路—富民路段，三段各有特色。瑞金路—茂名南路段，是泡茶餐厅的好路段，所谓新旺茶餐厅、避风塘等一系列茶餐厅生意爆好，连连满座；茂名南路—陕西南路段，时尚小店可不多，多数都是旗袍中装和全套西服的定做小店，龙凤旗袍上的精致滚边和盘龙扣子，常常馋得佳人量身订做一套；陕西南路—富民路段，显是更为安逸的地方，适合清早傍晚的散步，还有卖价不菲的公仔和模型的小店一家接一家。

如今店铺的创意越来越多，但如此这般的门面仍是少见得很

主要景点 M

巨鹿路
——各种情怀的聚焦处

搬离不过半年，巨鹿路上的点滴生活，都很易浮现眼前。特别是对比如今的住所，觅食、逛街都得费些时间的情况，更是对出门转弯即可溜达的老街区，心生无数想念。

“小资”的咖啡情调

“我想知道你是否能欢乐着我的欢乐，是否能狂舞一曲，让快乐溢满你的指尖和脚趾，而不是告诫我们：要小心翼翼、要现实、要牢记做人的局限……”这是一份菜单上的清新小语，正和店主人所承诺的那样，在这里，你是自由的。这是一丝文学的浪漫，带着属于咖啡屋的闲散，来自于玛赫咖啡店，巨鹿路677号。

没有顶端的光源，你来了，给你一张小桌，一盏小灯，你可以带自家的书，

上海很火的一家买手店，专攻男士服饰配饰，很走英伦范儿

你可以在满墙的书架上找找，最终铺着书、开着电脑或和朋友轻声谈心。吧台的小女孩对着咖啡机使劲，几声咖啡豆的磨响后，香醇的味道四溢，绕过人们的鼻尖，快乐地奔向书架上的陈列物，热烈地拥抱上一阵。

除了玛赫，渡口书店的咖啡也不错。可以买杯咖啡，端到小院子里或干脆选在进门的四方台面上坐下，顺便从书架上摸本书下来，看看最新流行的语腔语调。只是书和咖啡的种类都更为小清新些。

“吃货”的强烈满足

浓浓的芝士香味自侍者手上的托盘提前飘了来，我们看见他左窜右挡，举着高高的托盘，试图穿越厚厚的人群。对双层芝士比萨的强烈热爱，对美味的超级赞颂，来源于Velvet Lounge，巨鹿路913号2楼。

把台面上的酒杯清空，为我们最爱的芝士比萨留出空位。圆形已被切成块，互相之间还有粘连，此时不用刀叉，只应用手。拿起一片，馅料厚实地要从另一侧掉下来，牵连出的稠丝，叫人食欲大增。入口时来自芝士的香浓，正如记忆中，一模一样。三四个朋友，可以很快解决掉一盘，轻松无比，满足的轻微呜咽声被店里的音乐彻底盖住，只有自己听得见。如此的记忆雷同过数次。

如果不吃比萨，我们通常会选择去巨鹿路富民路口的阿毛饭店，地道的家常口味，红烧肉，清炒虾仁，糖醋小排，这几样就可以满足我思念母亲的情绪。同一个路口，还有几家餐馆可选，新式改良湖南菜、每晚爆满的古意，人均五百、用料极其讲究的辉哥火锅、创意日本料理、环境好似迷幻式工厂的新都里无二，对于食客而言，选择众多也是一种折磨。

难舍的洋房情怀

不得不提巨鹿路889号，每次自42路公交下来，一眼就能看见出挑的红色双坡屋顶。怎么也不能忘记入门的那片绿色草坪，于九幢洋房的正中间意气风发。原属空军招待所的九幢洋房，保养得还是极好。当年林彪在此住过，其子林立果也曾在此办公。在上海市区，再难找到如这样有故事底蕴的老洋房区域可以改建成高档餐饮街区。每一个餐馆都占了一幢洋房的位置。席家花园自不必说，最爱20世纪二三十年代的西洋调调，满舟中华料理、宴公馆、新加坡泰国村鱼翅、壹号酒窖会所等都各自盘踞一方。不是兜里的银子坚决地在跳，并不十分推荐去这些价格高昂的餐馆吃饭，大笔的银子耗费在洋楼的情调。可这不妨碍在里面走走，看看修复后的洋楼风格，绿色的木构架都在，有棚室的老虎窗也看得分明。鹿苑的花园洋房，这些年所受的待遇，明显好过对面的几所洋房。

地址

上海市卢湾区巨鹿路。

到达

地铁二、七号线静安寺站出站，沿富民路直走可到。

作者手记

1.傍晚的巨鹿路，很是安静。独有的路灯圆罩和梧桐老树根的构织，适合清清静静的散步。

2.巨鹿路852弄里的8幢洋楼也有讲究。充满英国乡村风味，黄色糙面水泥沙墙面，旧意纵生，高高的烟囱和水杉树一起能入画半日，有清雅脱俗的魅力。

作家协会的所在，则和鹿苑大不一样，为假四层庭院建筑。半个世纪之前，它有另外一个名字，叫爱神花园，是屋主刘吉生送给爱妻刘陈定贞的四十岁生日礼物。这幢建筑无论总体还是细节，都在不厌其烦地展现着欧洲十八世纪巴洛克风格的精髓与风貌，从罗马柱到门楣的装饰，处处无可挑剔。特别是天花板上的缠枝纹与卷草纹浮雕顶饰，以及硕大的水晶枝形吊灯，于繁复缠绵中不失端庄仪态。意大利文艺复兴的气息，在洋楼中洋溢着，庭院中的普绪赫雕像正是整所宅院的精华所在，有种醉人的魔力。因是作协，寻常人难得进入，也难得有机会被主厅无比美丽的天花板震撼一把。匈牙利建筑师邬达克是这所古典式洋楼的设计师，同一时期，他还设计了上海宏恩医院（今华东医院）、国际饭店、沐恩堂、大光明大戏院等建筑，均现存于世。

巨鹿上的老洋房还有很多，如820弄的景华新村等，自头至尾都是20世纪二三十年代留下的种种痕迹。即便是已为住宅、酒店、餐厅，仍有一份独特的怀旧情意。

别致的潮流小店群

巨鹿路除了吃喝，除了散步欣赏老洋房外，还可穿插进购物的元素。路上的小店，多是小小的门面，铺的都是设计感强、更为时尚、更潮的货品。推荐：

巨鹿路366号，LE366。三个设计师联手打造的小店，很受许多服装编辑的欢迎。出售的大部分货品，都属容易搭配的美衣，礼服款较为华丽、偏中国风。

巨鹿路427号，ANOTHER03。几乎专售平底鞋，高跟鞋于此似乎断了踪迹。设计师尚彬，鞋款以简约舒适为主，色彩感却能引爆感官效果。硕大的玻璃墙完美展示了店里所有的美鞋，相当引人注目。

巨鹿路777号，Aegis。两排大玻璃把店内独有的法式乡村味道透出来，细节方面相当考究。抱怨男装选择太少的型男们都很爱这里——上海第一家拥有52个国际品牌的男装店！Ray&Rone，Opening Ceremony，Baron Wells，Timo Weiland，Warriors of Radness，Our Legacy，Norse Projects，Creep，还有一部分买手特意选择欧洲和日本的品牌，够你选了！

即便是隐在树荫间的某个阳台，你也识得出来自欧洲的某个细节

延伸景点 E

上海音乐学院
——蔡元培创办的音乐学院

“1927年11月27日，国立音乐院在上海成立。这是中国现代第一所专业音乐院校。创办时蔡元培任院长，萧友梅任教务主任，不久改由萧友梅任代理院长。1929年9月改名为国立音乐专科学校。”

无论创立之时的沸沸扬扬，或是曾辗转数个政权之手，蔡元培先生一手创办的音乐学院终是保留下来。战祸纷争、人祸迭出，这些事端，它都一一接住，一一放下，只朝着自己的目标走下去。

蔡先生是一直在校园里的，他化身一座铜像，静静地站在入门的草坪之后。来来往往的学生们，每日都能看见他。他们背着包，溜着自行车，乐器或在肩上或在背上，行云流水之间就走一个过场。驻足看铜像的人少，免不了视线被旁边的黄白先生铜像分去一点，再被背景部分的淡黄色爬藤植物分去一点。自淮海路一路随行的车水马龙，自进门的一刻起，就越减越少，至铜像这里完全灭迹。慢慢浮现的是一种上海市区中难以寻到的清雅之感。

自大草坪的清香至小楼的老虎窗，自宿舍楼前站着说话的三两个学生，到雕饰精美的露台和栏杆，还有屋顶烟囱的石子线条，红色的黏土墙面平瓦，阅尽世事的木窗，将音乐人的气质和古旧的民国味道混在一处。来去的人若是上了些年纪，就与音乐老师教授搭上点边界，多是和善的。瞧你看着，多半也是会冲你微笑下，打个招呼，从从容容地留个背影。但仍是年轻人更多，青春的气息半点都弹压不住，叽叽喳喳或是沉静，打打闹闹或是温润，也不过是领悟音乐的一两个心绪而已。

大幅的海报，常常被支在贺绿汀音乐厅的底层空地，招贴着最近的音乐节目或盛事。上音的人都知道音乐厅的事迹——在当年，那可是几代音乐人梦想的音乐厅，专业交响乐、室内乐、声乐、器乐者的天堂。这楼已有段历史，前身是犹太人俱乐部，直至1958年音乐教育家贺绿汀将上海音乐学院自漕河泾迁回，方才成为一代音乐圣地。

与音乐厅相连的浅黄色小楼，则是学院中另一个有典故的老建筑。德国文艺复兴风格，未从这桩洋楼中退去半点。浅黄色又斑驳着，看起来又精神又古老。

地址

上海市徐汇区汾阳路20号，近淮海路。

交通

地铁一号线陕西南路站下，顺淮海路朝西走，至汾阳路左转后3分钟可到。

作者手记

1.汾阳路上老建筑有很多，79号的海上小白宫，83号10号楼的原犹太医院，150号的白公馆，一一走来都是几段老故事。

2.音乐学院的门口，常有售卖正版CD的小摊贩，识货的人总能淘到些好东西，涵盖范围自古典到民谣均有。

老树和建筑

延伸景点 E

陕西南路

——鞋店的聚居点

在陕西南路上逛街是一种享受，这一点没人会否认。在这条路上逛街，你会爱死两旁的梧桐树叶，特别是夏天。这里的浓密树荫，简直可以用遮天蔽日来形容。巴掌大的叶子，一叶叶搭起来，有时稠密，有时稀疏。夏季热死人的阳光，只能穿透这些稀疏的阻隔，才有在地面画上点影子的资格。闪闪烁烁的金色斑点，如某些翅膀背部的炫色一样，有时像梦幻版本。

这条路上散布着大大小小的鞋店，也有服装店、配饰店的存在。一间间很小的门面，用心刷过漆。橱窗大多清亮，明黄的裙摆摇摇，黑白小帽俏皮，九寸高跟的迷人线条，舒适客人的软筋平底，各自登台亮相。版本最多的，仍是鞋，蛇皮鞋、牛皮鞋、漆皮鞋、猪皮鞋、牛皮鞋，高的、矮的、宽的、窄的、胖的、瘦的，各色纷呈，不知何时就能戳中一点女人们购物的痒穴。

时尚小店的装修一日比一日精致，但趴在二楼的电线仍就是常年趴着，自数十年前到如今还是

所以在陕西南路上逛街是令人愉快的。在和新乐路的交界处，爵士乐往往定点凑趣，自行车的后架上摆满了刻录的音乐光碟，最爱其中的爵士系列，13张成套出售。逛累的时候，柔柔的音乐响起，可以是春天灵动的新鲜，是夏季微雨的思念，是秋天浪漫的爱情，也可以是冬日温暖的午后。两侧的房屋偶有尖顶自梧桐叶中显点身形，不多不少，却能让你明白它们被岁月洗刷后仍然保留的优雅气度。

逛陕西南路最好的伴当，是一个看到美鞋会情不自禁发出尖叫赞美之情的人。这一角色男女皆可，只要熟知典故、有品位即可。他们一边看着橱窗中货架上令人感动无比的最新鞋款，一边给你上足教育课。这款鞋是某品牌最新款的外贸单哎，这双鞋的颜色好正哦，某某牌今年的流行款就是这样的耶！他们熟知价格，三百块一双的原单货，牛皮底号内衬，这么好的价格你还不拿下？！

于是流连在每一个门面里，照了很多镜子，脚下有了不同的感受。高跟的自信，平底的柔软舒适，系带的女人味，坡跟的小淘气，一一在脚下走个来回。女人们的叽叽喳喳，热烈探讨，这双好那双也好，这双不好那双不衬，做决定掏钱的犹豫，几双鞋都想通通拿下的贪心，多种心情交织，又痛又爱。这种爽到极致的逛街状态，相信每个在陕西南路买过鞋的女人都能大大体谅。

地址

上海市卢湾区陕西南路，近淮海路。

交通

地铁一号线、十号线陕西南路站下车，百盛购物广场的左侧即是。

营业时间

10:00 – 22:00

作者手记

1.若沿陕西南路朝南延伸，至复兴路绍兴路一段，路旁颇多20世纪30年代的建筑，比如白尔登公寓（张爱玲在上海的第二个故居），比如很有味道的卢湾图书馆（只要看那层乳白色的洋房建筑即可），比如步高里（老式石库门的里弄住宅，巴金曾住过）。

2.陕西南路的长乐村（近长乐路）是相当有历史的公寓，格调又是不同，静安区把它评为最佳弄堂。

延伸景点E 汉源书屋

——三两闲适看书

渐渐地喜欢看书，就喜欢往各种书堆里钻。上海市知名的书店也都去过，最爱的那间，真的就是尔东强的汉源。大大小小的出版社，绕着汉源，整条绍兴路都有点学院派的书香和严谨。那绿意不绝的梧桐树下，真的藏龙卧虎！

尔东强，是中国最知名的摄影师之一。他的足迹，遍布中国各省和世界各地，为这个多变的时代拍摄了大量的视觉文献。二十年前著名诗人王寅曾在一篇文章里这样描写尔冬强：“一个熟知飞机时刻表的隐士。乘坐飞机旅行在他就像坐公共汽车那样随便，他常常是周末搭乘航班飞往某一个城市，采访、拍照，然后在周一或周二飞回上海。尔冬强，他的名字除了意味着频繁的、无止境的旅行，同时也还意味着一双保存、发现历史的眼睛的存在。”而汉源，就是这双眼睛的主人开设的书屋。

地址

上海市卢湾区绍兴路27号。

交通

地铁1号线陕西南路站出站，打车起步费可到。

开放时间

10：00-24：00（周一休息）

作者手记

咖啡屋时有独特的展览，可能是画展，可能是艺术展，可能是瓷器展，视觉角度都独一无二。

汉源真心不大，就跟不长的绍兴路是一个调调。它们都不爱张扬，安安静静就是唯一形容的字眼，恰到好处的字眼。书卷气是必然的，大幅书架上的那些陈列书品，可不是单纯的摆设而已。高大的梧桐树下，这实在是一个下午避开俗事的好去处。

推开门，铃铛会响，书屋的人就会笑着看着你。这种自在和亲近感，自进门起开始都不曾断过，就好似回到最自在的家一样，没有一处叫人不舒服。就像电影一样，不但自己的动作慢了下来，别人的动作也是，慢慢地找书，慢慢地翻书，慢慢地喝一杯。松软的沙发极其诱人，椅上的柔软垫子，也十分受欢迎。

专为读者们准备的阅读厅是狭长的，伴着咖啡的香味。书，大多都可以静心读。书屋的选书，标准严格，大多都可以静心凝神地读就好。看书有时只图个氛围，图个宁静清爽，图个聚精会神。纸质书的墨香味，清凉了眼神，清朗了思绪。

穿过阅读厅的世界，时间似乎凝固了，凝固在短短的几个小时之内，凝固在整个书屋的风情之间。老式电风扇、老式电话机、老式留声机、老式钢琴、老式眼镜、老式茶具、老式台灯、老式钟表，屋主尔东强，似乎想把老式的上海留下，留在这方寸之间，让人久久不忘。

这些都是尔先生半生的珍藏品，还有储藏柜的那些古董陶瓷也都如此，甚至于各式的匾额、牌位、香炉、花瓶，也都静静地待在咖啡屋里。说是书屋，倒不如文化博物馆更为贴切。这些古典物件的叠加，让时间都开始产生魔力，既远又近，说不出的一种奇妙感觉。

走到底，是一个小小池塘。彼此努力压低声音，只不想惊扰鱼儿的短暂美梦。脚步声到了这里，都无比温柔。浮生半日，不过如此！

延伸景点 E

马勒别墅

——缩小版的城堡

上海人总对老洋房留着很多眷顾的，特别是许多人家共拥着同一个洋房时。炒青菜的香味、熬粥的清香、难得的羊肉腥膻味、当时还便宜的蟹黄香，轮番在每家主妇的手中上阵，香味窜来窜去，油烟也窜来窜去，许多洋楼的内部，便是如此被埋住了。有些甚至连外部都是。只有被绿藤植物青睐的洋楼外墙，才能幸免于难。但，仍是不一样了，这些曾被赋予一层英国腔调、美国腔调、欧洲腔调的洋楼，似乎再难看出到底屋主究竟思念的是哪方土地。我满怀希望，曾晃荡在上海的大街小巷上，想找点什么不同的出来。然后，我遇见了马勒别墅，它一直在那里，热闹的十字路口。

公主心中的城堡，上海法租界唯一的一座城堡，单是站在天桥看它的全景，就难以抑制一探究竟的心思

地址

上海市静安区陕西南路30号马勒别墅，近延安中路。

交通

地铁二号线南京西路站下，茂名南路左转至延安路，再右转至延安路上天桥可见。

门票

无

作者手记

1.别墅里的下午茶很是推荐，大厅的落地窗前，阳光相当捧场。

2.只是前往一访或是拍照也可，经营者很友善。自别墅出去可以顺着陕西路朝南走，那里有一大票的鞋店可逛。

初次的见面，恍如梦境。夕阳缓缓地坠着，附近还没开灯。天刚暗了些，亮蓝色慢慢朝深蓝转着，给红晕留了点布画的地方。余晖还暖，给我面前的哥特式尖顶群刷上了一层暖黄色。有时觉得柠檬黄可能更衬一些，但我只见过暖黄的瞬间。很快，建筑里的灯光亮了，当然背景还没完全转暗，看起来仍旧是微黄色。在远远的天桥上，还透着灯光辨识出轮廓，线条的走向，甚至仿造船舱的别致圆窗，北欧的风情，开始弥散。

里头有106间大大小小的房子，据说每一个房间都不同，二楼的四个房间最好。别墅的主人是马勒，一个当年来上海捞世界的穷小子，事业在他转投航运业之后出现转机，对于这一决定的正确性，他从未怀疑。你看地板上的海草图案、海带图案，木雕的船队出海图案，通道上的圆窗，这座建筑已同他的航海梦连在一起，即便他已离开多年。

马勒别墅有个很美的故事，所有来这里的人都会被一个美丽少女的梦幻景象所吸引。她是马勒的女儿，她看着北欧的童话故事，惦记着童话里的白雪公主、灰姑娘，做着美丽的童话梦。终有一日，她把梦里的城堡画了出来，呈在父亲的面前。她梦见了大大的绿绒草坪，梦见了木栅栏旁盛开的无数鲜花，梦见阁楼里的小精灵。很难令人想象马勒别墅的出现，竟是源自一个父亲给女儿的祝福，一场童话梦的实现。

华盖建筑事务所的人后来上门，细细考量着在上海滩竖立一座北欧童话城堡的可能性。自设计、施工到完工，用了十年的时间。它是一个混血儿——有挪威式的尖塔，哥特式的尖顶，中国式的琉璃瓦和佛龛，甚至门口还坐着两头石狮。据说，站在里面，就像身处迷宫。六栋建筑之间有繁复的桥街，如置身船舱一般。

应该多谢共青团上海团市委，他们在1949年看上了马勒别墅，到此办公。若不是被这样一个机构占据，别墅会不会也有一场由整化零的遭遇？如今，这里是上海衡山集团旗下经营的精品酒店，只开放28间客房。这里弥漫着往昔情怀，却又有童趣盎然的传说，故而价格虽高昂，却颇有人爱。

延伸景点 E

孙中山故居
——原莫里哀路29号

香山路思南路口，深灰色的两层法式花园洋房，不怎么起眼。这是孙中山故居，先生生前的最后居住地。

故居楼前，是一片正方形的草坪，优优雅雅，四面栽种着兆头极好的冬青、玉兰、香樟和松柏。故居的屋内，楼下是客厅和餐厅，楼上是书房、卧室和室内阳台，外头则是一个小花园。这些都是宋庆龄于1956年亲手布置而成，绝大部分用的都是他们夫妇使用过的原物。屋子里充斥着宋庆龄对孙先生的思念之情，每一张照片，每一件信物，每一件家具，都是无比强烈的思念，对已逝的追忆：

那张东京结婚的合影照。宋庆龄不顾父母反对，跟随先生去了日本结婚。1915年，他们拍下了第一张结婚纪念照。而后的每一年，他们都要稳妥打扮，去相片馆拍下一张结婚纪念日的照片。每一张照片，都代表着孙先生对宋庆龄女士的敬爱之情。

那块用五色木块拼成的大镜框，嵌的是中山先生就任临时大总统时拍摄的照片；五种颜色代表着当时的五色国旗，意喻汉、满、蒙、回、藏五个民族的共和；镜框四周刻的图案，每一个都由18颗星组成，表示在辛亥革命时全国先后有18个省响应；相片周围那些彩色丝带绕成的钟形，则意喻着中山先生的理想，

先生独坐高台，中山装笔挺，眼望前方，仍是忧国思虑的表情

地址
上海市卢湾区香山路7号，近思南路。

交通
地铁一号线陕西南路下车，沿淮海路朝东走，思南路右转后第三个路口。

门票
20元

作者手记
1.馆内不允拍照，要求严格；若是人多，则20位游客一批，限人数参观。
2.若凭宋庆龄故居的票买票，门票10元。

是要用革命的钟声唤醒迷途的中国民众。先生对中国的热爱，他对共和的渴望，都由宋庆龄在新中国成立之后，一一投射在故居，在这座他们生活过多年的屋宅中。

那张中山先生亲手绘制的地图，是中山先生对上海这座城市发展的计划和展望。在他的心里，上海是未来中国的骄傲。他定是边绘制，边描绘着自己的展望，开多少铁路，造几个深水港，他的妻子就是最好最忠诚的听众。这样心神相同的感情，那种相濡以沫的一点一滴，存活在这座建筑的每一个角落。

故居的一旁，是孙中山文物馆，也是由另一幢欧式洋房改建而成。展览面积七百多平方米，共展出文物、手迹、资料三百余件，其中多为首次展出的珍贵史料。馆内完整展现了孙先生的一生，他为近代中国的民族独立、民族自由奉献的一生，为振兴中华殚精竭力的一生。

延伸景点 E

宋庆龄故居

——终年翠绿樟树的相伴

长长的围墙，圈起了一圈绿，叶子们都养得肥嘟嘟的，趴在墙头，伸头探脑。门口站着抱枪的士兵，站姿笔直，他身旁的门廊上挂着五个字：宋庆龄故居。

进门后是大大的院落，右侧是宋庆龄文物馆，建于1979年。馆内陈列着孙中山、宋庆龄的手稿、信函、照片、生活用品等珍贵文物，讲述宋庆龄的一生，她那跌宕起伏的一生。右侧馆前是宋庆龄女士的白玉雕像，常常一半遮在林荫里，一半沐浴在温柔的阳光下。她面庞娇娆，柔和，透着中国古典女性的特质——温柔而坚韧。人们常在雕像下站立，想要仔细看一看这位传奇女性，究竟是如何一肩扛起那跟随她大半生的责任。

院落深处，右侧第二座建筑，是宋庆龄女士生活过、工作过的地方。白色

由此半掩的铁门进入，是故居。门后的鸽子笼里，时不时飞出一只肥肥的身影，支楞着翅膀朝上走

的欧式建筑，实为两层楼高，周围被百年的樟树环绕着，一切都沿袭着宋女士生活时的旧貌。两扇铁门还是以前的铁门，打开了一扇，能见着车库里的两辆黑色轿车，都是宋庆龄生前的座驾。门口还有鸽子笼，里头有许多鸽子。它们不惊游人，颇为自得地窜进钻出，表达着对院内那棵百年老樟树的喜爱之情。

正是在这座故居，正是1949年8月，宋庆龄欣然接受中国共产党的邀请，北上出席中国人民政治协商会议，参与制定建国大政方针，当选为中央人民政府副主席。建国之后她常常在寓所会晤和宴请来访的各国贵宾，积极促进中外交流，维护国际正义。也正是在这里，她创立了新中国妇幼文化福利事业，拟定了对外宣传刊物。她关心孩子，她关心中国的孩子。在二楼的走廊里，至今还保留着一张宋庆龄接受“加强国际和平斯大林奖金”的照片，当时宋庆龄把十万卢布的奖金捐献给国家，创办了国际和平妇幼保健院。

解说员慢慢地口述着历史，他念过一个又一个家喻户晓的党政领导人的名字：毛泽东——墙上是1961年两人会面的留影，苏加诺——餐厅陈列的铜剑和挂

地址

上海市徐汇区淮海中路1843号，近武康路口。

交通

44、48、72、113、126、138、506、旅游7号线可到。

门票

20元

开放时间

9:00–16:30。

作者手记

1.馆内不允拍照，要求严格。

2.若凭孙中山故居的票买票，门票10元。

盘是这位印度尼西亚总统所赠，马亨德拉——来自这位尼泊尔国王的珍贵金银器摆件，还有金日成——赠送了著名的春香传刺绣。一楼是正式的，传统的，就连餐桌也都是为了迎接宾客到来而布置，可这些，都不是宋庆龄真正的生活。她的生活，在二楼。

她的卧室在二楼，简单质朴的二楼。她对先生的思念在二楼，在每日早起晚睡前看的那张相片上。她工作在二楼，卧室的东侧位置，写字台上放着她生前使用过的笔、墨、砚台和文件、信笺，她吃饭也在这里，一张桌子，两个凳子。一个是宋女士的位置，一个是她保姆李燕娥的位置。这一对主仆，自李燕娥十八岁开始，直至1981年2月。李妈先走，宋庆龄破例将李妈安葬在上海万国公墓，她父母的身旁。同年，宋庆龄也在北京逝世。

延伸景点E 进贤路
——本帮菜一条街

对于进贤路而言，一天之中的大部分时间，都是普通的。这里的气氛与一旁嘈杂的陕西南路不同，不足百米的长度，常常十足的安静。阳光眷顾的时候，街面上充斥着有趣的光影效果。

如果不是几家善做本帮菜的餐厅，进贤路上的生活都是如此固定——人们早晨推着自行车，从破落的老式里弄出来，一个一个奔波而去。剩下的多是些老太太，典型的沪上味道，提着菜篮子，惦记着家里该做的晚饭，一小步一小步地迈着回家的路。然后，上班下班回家，烧菜烧饭。人们习惯于在自家楼下的小烟纸店中零买一包香烟，一包火柴，当然还有其他的零散生活用品。

进贤路的本质，就是如此，洋溢着几十年如一日的生活气息，直到本帮菜馆们的出现。这些菜馆的外表都极其普通，普通的台面，普通的一次性台布，普通的菜单，不知情人士打门前走过，大概连踏足一试的想法都没有。只有真正在上海混过的吃客，才知道这条街对思念浓油赤酱的人而言，意味着什么。

春餐厅，兰心餐厅，茂隆餐厅，外加海津滋，每一家都是屡上时尚节目和杂志的人气餐厅。若恰是吃饭时间，餐馆的门口都溜出一排板凳，坐满了“馋虫”！这几家餐厅都凭着地道的本帮菜红极一时，其中以兰心餐厅的历史更为悠久。兰心的红烧肉，是不容错过的——当肥瘦相间的肋条浇上浓稠的酱汁，口腹之欲瞬时得到大大满足；老道的食客一定也不忘浇酱汁到米饭上，胃口大开，吃上两碗白饭，再正常不过。

白日里如此不起眼的小门背后，是茂隆餐厅的几张台子，老上海人都知道的餐厅，本帮菜美味的代表

至于茂隆，口味偏甜一些，老板娘的大牌脾气更是众人皆知。白切门腔、白切肚尖、酱鸭和银丝芥菜是首当其冲的冷菜系列，红烧肉配酱蛋、红烧鳝丝、毛蟹年糕则在热菜系列上榜上有名。这些都是多少年上海饭桌上的家常菜。

进贤路的本帮菜出名后，也带动了一批精品服装店和咖啡馆的聚集。比如近陕西南路的Citizen CAF&BAR一样，很适合在腹中馋虫好一顿燃烧后，点杯咖啡坐坐，听听令人放松的爵士乐。这幢进贤路上的老房子，仍保留着古派的欧式小楼风格。

另一个值得提的小店，是沪上LOMO一族无人不晓的LOMO天堂——lomography（进贤路126号）。这家店专售Lomo相机以及周边产品，限量版更是一款接着一款。楼上有小展厅，常常依主题变换着，即便常逛者也不会厌倦。

地址

上海市卢湾区进贤路。

交通

地铁一号线陕西南路站，沿陕西路往长乐路方向走，过了长乐路右边第一条小马路就是。

作者手记

1.本帮菜馆，多半家庭作坊式，内在环境只能说一般，且只收现金。

2.若真有心去本帮菜馆吃饭，最好提前一个半小时于正常人的吃饭时间，则能避免排队。不然，等候在门口的小蓝板凳上，就成了进贤路风景线的一员。

资讯补给站

[住宿]

客栈的一角，布局用心

老陕客栈

老陕其实很容易错过，一不当心就容易走了过去，还得折回来对门牌号。还是一楼的饺子馆更为显眼，上客房的电梯就在馆子内，常能见着一帮背包客自餐厅中穿了过去等电梯。客栈自二楼开始，至四楼，红色的地毯绕着楼梯口一圈，有点老外特喜欢的古旧感觉。在这里，基本都是老外们的天下，红鼻子绿眼睛的世界，顺耳听过去，英语、法语、德语，甚至连乌克兰语都能在楼梯上下打个照面。五楼是凤凰酒吧，满是聊天的客人们，周四至周六晚上最是热闹。也有许多熟客带着朋友前来饮酒，啤酒实在便宜，小声点说，青岛只要十块钱！房间的光线有时候不太足，多人间每床60元（需要上网订），单人房价格160-268元不等。当然，客栈外就是整一条的云南路美食街，想吃什么有什么！附近延安东路公交站有来去外滩和浦东方向的公交，淮海路有前往徐家汇的公交。

上海市黄浦云南南路15号（近延安东路）

021-63731496

地铁八号线大世界站下，沿金陵东路往东至云南南路左转步行20米即到。

首席公馆

要想体会旧上海帮派老大杜月笙的场面，口袋里得有银子。当年他的办公楼，已被改造成现在独占一隅的首席公馆，房间要价真的不菲。若无两千元的预算，也可折中去他家喝喝下午茶，不过是少了一觉梦入枭雄窟的味道。黑色镂花大门是开场白，喷水池是定心丸，欧式家具是小小家底，老电梯总吱吱呀呀，转而走在楼梯上，也留下了极为清晰的足音。

旧日的大户人家风范，于这些深色的格调中显出来。该穿旗袍，该穿长褂，在沙发上喝茶或干脆半倚着身躺倒，想象着多年前这里曾走过的人，曾演过的事。房间虽贵，胜在大气，也精致。身处室中，哪管他风云变幻，还是日月倒转，这种与世隔绝的安静感，或许正是老式点的屋宅才有，安你的心，静你的神。五楼的露台视野很好，适合下午坐坐。房间价格自800元起不等。

徐汇区新乐路82号（近襄阳北路）

021-54039888

地铁一号线陕西南路站下，顺陕西南路朝北走，新乐路左转5分钟即到（襄阳北路和新乐路的十字路口处）。

五层高楼，入门便可见识老派上海的大户人家

[休闲]

Ricky

白天看Ricky是暗淡无光的，周边锻炼的老头老太们的声音和朝气能将Ricky的招牌遮到完全不起眼。夜中则不同，Ricky的招牌七色轮转，妖艳十足。Ricky算得上是上海滩存活时间较长的酒吧，迪斯科音乐的聚合体。音乐很赞，有特别节日时人山人海，拥挤万分！人均100元左右。

卢湾区皋兰路2号甲复兴公园内（近思南路）

开口的小红人是Ricky的标志性雕塑，通常旁边或蹲或站着几个打电话的人，外加情侣一对对

021-62209898

公交2、17、24、36、42、911、920、932、933路可到。

HOF巧克力BAR

黑色门框，很低调；大大的落地橱窗摆设，高调得叫人一见倾心。上海不止一家HOF BAR，不过思南路的这家并非仅仅以甜点为主，巧克力调酒也是主推产品。店内灯光设计花了心思，恰到好处地衬托着桌上的蛋

厨房里的鲜花和巧克力陈列，是走过路过难以忽略的诱惑

糕或调酒，既可大声说笑，也可低语悄言。客人非常多，倒不适合谈些贴己话，用来朋友聚会倒是相当合适。座位不多，提前预订可免届时双腿苦难。人均80元左右。

卢湾区思南路30-1号（近淮海中路）
021-60932058
公交2、17、24、36、42、911、920、932、933路可到。

古董花园

外观很雅。本身就是老房子改建，只需一眼就能看得出古；透过楼下的玻璃门，可以看见里面的古色古香，心思妥帖；二楼临街阳台，总被人占据着，偏生你还能在对街看到他们欢意畅谈，大是享受。名字没有起错，一是古董，一是花园。看古董，就在店中，明码标着价，有些已然是被客人订下的；看花园，在一楼，绕进屋后的天井，被青色的常春藤缠绕了多年的红砖墙，摆设超级有趣味。千万别挑最热闹的日子前去，不然，占位的对手不是一般得多！人均70-80元。

卢湾区思南路44号甲（近香山路）
021-53821055
公交2、17、24、36、42、911、920、932、933路可到。

Godiva Café

咖啡店就在Godiva专卖店的楼

Godiva的香浓巧克力味，一楼只是淡淡的味道，拐弯上二层的瞬间便被浓郁的香雾包住

上。说是咖啡店，倒不如说是巧克力店，变着法地呈现巧克力的魅力：很受欢迎的巧克力火锅，超级精致的配料吸引眼球；热热的巧克力，口感浓厚爽滑；巧克力类的调酒各有说法，每一款背后都有一个小故事。上海天气不是还算舒爽的时候，店外的露天座位一定无空位！人均80-120元。

卢湾区自忠路338号新天地南里5号106号Godiva2楼（近马当路）
021-53820715
地铁一号线黄陂南路站下，顺黄陂南路或马当路朝南走，过两个岔口便是。

Brown Sugar

前身是支持原创音乐的ARK，后来转为金属简约式风格的“红糖”。一楼的调酒台旁总围绕着站着欣赏音乐的人，靠舞台的桌子几乎没有虚席；二楼以卡台为主，略为远离乐队的激情四射，可以稍微聊聊天。星期天的Salsa现场乐队，总吸引了不少人专程来看，台前的空地被辟出，热烈的舞姿和熟练的引带便是Salsa舞者贡献出的一片美洲热辣！人均80-120元。

卢湾区太仓路181弄新天地北里15号楼（近马当路）
021-53828998
地铁一号线黄陂南路站下，顺黄陂南路或马当路朝南走，过两个岔口便是。

宝莱纳

室内热热闹闹，总要伴着乐队将嗓子提上去聊天；室外清静些，三五成群聊聊前程、往事。主推的就是这里的啤酒，德国各式味道都给聚在了这里，犹爱黑啤，味道正。搭配上著名的咸猪手，两个小时足以放松啃，放松喝。傍晚以后生意犹好，需定位！人均120元左右。

卢湾区太仓路 181 弄新天地北里 19-20 号（近马当路）
021-63203935
地铁一号线黄陂南路站下，顺黄陂南路或马当路朝南走，过两个岔口便是。

韬奋西文书局

可能对于生活在上海的老外们而言，特别是爱书一族，韬奋西文书局，Gardern Books是他们无法忘却的记忆之一。

这家书局的位置极好，开在十分幽静的长乐路上，正好避开了前段热闹的人群。书局由上海外文书店和中国韬奋基金会共同打造，力求提供最新鲜热辣的西文图书。它非常清静，阅读区内橙红色调的桌椅和墙面又显得温馨、舒适。

窗口上秀着新到的书籍，不是寻常书店能有的货

大面积的玻璃窗就是它的招牌，里头陈列的各类西文图书才是人们热爱至极的原因。你能在这儿找到所有新鲜上市的畅销书，几乎所有。不管是摄影摄像或是语言文字，或引起激烈争论的图片，都是最值得记忆的方式。

一楼是咖啡厅和冰淇淋店，人们喜欢边看书边啃个冰淇淋或喝杯咖啡。市场催生需求，这道理永远不变。大段的英文小说，正适合在这样的情调下阅读，能记得深，能记得恰到好处。不仅是英文，这里所有的书籍都自国外出版社直接进货，德语、西班牙语、法语等多个语种的原版读物，都是榜上有名。

二楼，置着许多儿童类的外文读物，价格不菲。这些书籍配合上专门的儿童区，十分便于管理和照顾。更有许多的国际先驱论坛和亚洲华尔街日报等最新的新闻报纸。

上海市卢湾区长乐路325号，近陕西南路
021-54048729
地铁一号线陕西南路站下，顺陕西南路朝北走，十分钟后行至长乐路左转即是。

[美食]

查餐厅

最最适合热爱TVB的朋友前往，好歹能在上海找到这么一处完整呈现港腔港调的茶餐厅。首先就是没有空调，老式的电风扇在脑袋上转悠着。忍到极致，一口原味冰奶茶下口，顿时怒气全消，好比大伏天遇上了雷暴雨，通体舒坦。奶茶中的冰块也是奶茶冻的，故而放上片刻，其香仍在，其味仍醇，口感之地道到底是瞒不了人的。饭点的时候总是人满为患，自进门做出的点单台能甩出一条长尾，拼桌还是小事，最怕就是挤在门外不得入门，只能眼瞅着招牌上的几个大字，恨恨地解馋。玫瑰豉油鸡，也不错，都是多年打下的招牌了！菜价有些稍贵，该要心疼钱包了。人均70元左右。

卢湾区思南路30-4号（淮海中路南昌路间）

021-60932062

11:00-次日1:20

地铁一号线陕西南路站下车，顺淮海路朝东走，思南路右转，整个路程大概要走上10多分钟。

Shanghai Tang Cafe

虽然名号是咖啡，但它实际上是一家创意本帮菜的餐厅。个人以为菜色的确不错，不过还是偏贵，倒是非常适合下午茶时间来喝杯咖啡或是饮料。店内的设计用色大胆，产生鲜明的对比，但也不忘同源品牌一样注入生动的中国元素。丝绸和刺绣，漆木和瓷器，于这两层楼中上下应和。在这样的环境下，休息或是用餐都已成

只一个门面，隐在树荫下；三层小窗帘档，把Shanghai Tang的名字分了三行，印刻在泛了白灰的墙面上

为一种身心皆愉悦的享受。人均150元左右。

卢湾区黄陂南路333号2–3楼
021–63773333
17:30–22:30
地铁一号线黄陂南路下，沿黄陂南路朝北走，2分钟即到。

鹿港小镇

台湾料理小店，在上海已是赫赫有名。几扇大开面的落地玻璃窗，好叫你将店中的火热气氛看得分明。未及晚上七点，店内已然满座，偶有几个空位也是人家早早地订下的。三杯鸡、菠萝虾油条还有卤肉饭，是主餐必点。熟客们都不忘在酒足饭饱之余，点上一份花生冰沙，继续谈天说地。晚饭过后则是夜宵的高峰时间段，虽不及晚餐的热闹，倒也至少坐满了四分之三的大厅，多是附近夜蒲或K歌的人们到此果腹。人均90元左右。

卢湾区太仓路68号（近嵩山路）
021–63865701
17:30–22:30
地铁一号线黄陂南路站下车，顺淮海路朝东走，嵩山路右转后遇太仓路左转后，1分钟即到。

兰亭餐厅

饭点时间，顺着嵩山路走。不需看门牌号，只要见着门前小板凳最多，等候人数最多的店，恭喜你！找到兰亭！

兰亭真心不大，满打满算六张桌子，还是掐准了地方才置办的位置。店内点菜的伙计和客人，就在小小过道之中上演着“腾挪大法”。别指望它的精致，实话说，半分都没有！四方小桌，铺着老台布，上头裹着一层利于打理的一次性台布，就连墙面还是最近一段时间重新粉刷的结果。老食客们多年来就在这样的环境中咂着舌头，等着鸡骨酱的上场，等着油爆虾的点缀，等着草头圈子的清香扑鼻，推着酒盅，说着醉话。

客人们在兰亭是不易醉的，不是喝不醉，而是老板翻台翻得勤快。若是他瞧着你吃饱喝足，必定直白地请君买单，好给下一拨客人腾位置。这个规矩沿袭了许多年，故而熟客都晓得规矩，实在嘴馋，也到店中打包上一些，拿回家去推杯换盏！人均50元左右。

卢湾区嵩山路107号（近太仓路）
021–53069650
11:00–21:30
地铁一号线黄陂南路站下，顺淮海中路朝东走，嵩山路右转后2分钟即到（对面）。

揽香川菜馆

川菜在某一年突然盛行大江南北，走在川菜馆聚居的地方，葱花爆出的香味，辣子熬出的香味，人就像是在

揽香的名声四年前响了起来，从无限度还是一座空商场守到如今

一层层的辣油上飘着。这是传统的川菜馆子，大吃大喝就是个中真意，觥筹交错才显得出交情，吃得出热闹。上海人吃多了浓油赤酱，也渐渐喜欢起了辣辣的滋味。可有些川菜馆太“川”了，一辣便入喉，再想多吃也难。

于是，揽香出场。往大气了说，是“揽月踏歌行，就夜觅川香”；往“小资”情调说，是“望月思肴半杯少，入门揽尽一庭香”。朦胧的牡丹花，在墙面上默默地绽放着，于满室的简约低调中入了一点华丽的影子。店里的菜色多，沸腾鲶鱼、川江片片鱼、宫爆虾球、馋嘴牛蛙都是榜单上的热点菜肴。落地窗前的位置最好，能看得见夜幕下繁华的淮海路。需提早订位！人均80元左右。

卢湾区淮海中路138号无限度广场4楼（近普安路）

021-63756771

11:00-22:00

地铁一号线黄陂南路站，顺淮海中路朝东走，5分钟即到（左边）；地铁8号线大世界站，顺金陵东路朝西走，普安路左转即到。

PIER 39

装修风格是美式简餐的一贯调调，看起来都很舒服。深色的餐桌收拾得整齐，看起来已是雅致。下午有阳光跨过对面的老房子，大片地扑在近乎落地的大窗上，能照亮满当当的一室。螺蛳壳里做道场，上海人最是擅长，Pier 39的主人家也不例外。虽然也是美国回来，“做人家”的本事如刻在骨中，不会忘记。

小小的店面，位置是精心划分的，原先也就只能坐下七八张的桌子，高低还有起伏。因太受欢迎的缘故，店家又从业主手中吃下了另外一小块位置，算是添了六张桌子，能缓解一部分等位人的心情。

菜量还是能叫人满意的，意面做的也很入味，自制调料，别无他处可寻。真要想看看这家什么食物最出彩，只要看看进门右手边上的满墙彩报剪贴画，一目了然！

主打的菜品，其实已经有很多报纸和杂志的美食篇报道过。蛤蜊浓

下午三时是阳光最好的时候，它们自对面三层小楼的顶端而来，温暖了整个沙发座

汤，无论如何也要搞一份，浓郁的汤汁浸进被掏空的面包碗中，下料足足，面包可以拆解蘸汤，附赠的苏打饼干也如是。如果是两位女生的话，再来一份绝对新鲜的色拉，一份提拉米苏即可。人均90元左右。

卢湾区进贤路172号（近茂名南路）

021-62581939

11:00-22:00

地铁一号线陕西南路站下，沿茂名南路朝北走，进贤路左转，走2分钟即到。

第七章

7 静安区域

——黄金城区

华山路731号，金嗓子周璇住过。她曾离开喜过悲过的那幢小楼，终又回转；华山路303弄16号，大教育家蔡元培住过，他只求学术自由，他只愿中国的教育重燃希望；南京西路1400号，大豪郭乐曾住过，他创立了上海永安百货、永安银行、大华印染厂；新闸路沁园村9号，名动天下的阮玲玉住过，一代红星，爱旗袍如命，怜花惜草。

这些人物都曾住过静安。乘过一颠一摇的黄包车，跳上一场百乐门的舞会，去永安百货买一条最时兴的旗袍或西服，是属于他们的生活；红布桌上的小白咖啡杯，擦拭亮亮的银色小勺，是南京西路沿街咖啡屋的经典摆设。

这些属于20世纪的记忆，其实并未留下多少。被拆迁的公房，换上了高级写字楼和顶级商场的台面；家里邻里的热闹和纷争，被大面积的宣传广告揭去了一旁。好在还有面对面的老弄堂还留着，最为日常的市井偏偏和高高在上的富贵气息比拼起来，而身着老衫的爷爷奶奶辈，也和光鲜亮丽一口好英文的型男优女对比起来。各过着各的生活，看似互有冲击，却有意外的融合，单单一条南京西路，便可领略足不一样的风情。

旅游指南

甭管是上哪座寺庙，静安寺或是玉佛禅寺，早晨的第一波功课可以是上柱清香，念几遍阿弥陀佛。寺庙里背手走一走，沾点佛气，便可朝着南京西路杀将下去。右侧的静安公园朝气十足，左侧常德公寓清冷独立；奢华至极的横龙广场和中信泰富，偏偏对着老有历史的静安别墅，可逛可坐，可花钱可闲谈，咖啡热茶小吃都可伺候周到；也可跑去怀恩堂下，看竹篱笆围住的神秘红墙。至于大田路天主堂，则是个心血来潮的零散活，若不是真对老建筑的胃口或对教堂的虔诚，游客极少造访。

自华山路拐个弯，便是蔡元培故居，瞻仰教育家前辈之余还可领略巨鹿路的美食天堂，茶余饭后，可闲走至新乐路长乐路的购物街上，也可干脆坐在东湖楼的某座高楼露台，伸伸懒腰，入夜可至淮海路的光鲜市面。

这一区域的交通着实方便，二号线在南京西路上开了三段口子，任是哪一段的到达都很方便。住宿也是，高档的酒店沿着南京西路是排满的，波特曼和锦江，外加华山路上的那几家老牌酒店都是生意兴隆得很；经济型酒店就要走远一些，胶州路和百乐门的建筑后，都藏着一些照顾客人相当妥帖的住宿点。

主要景点 M

静安寺

——闹市佛安居

若是将静安寺比作一位老者，那这位老人家的确高寿，虽然也搬过家、动过几次手术，倒也还是活到了一千七百六十多岁的年纪。自苏州河畔的那座小小庙宇开始，静安寺的一生便注定了颇为飘摇。或者应该这样说，在迁址之后的明末清初，他才开始飘摇。

元代在上海设县，这座小渔村终于有了大放异彩的机会，而明代的静安寺也迎来了相当不错的年景。明太祖洪武二年（公元1369年）有“寺僧募铜六千斤铸

静安宝寺

成大钟，有诗人王逢之铭文”。这口大钟至今还存在寺内。那时的静安寺规模宏大，更有赤乌碑、虾子潭、涌泉、绿云洞等旧时八景相绕身边，也引得无数名家前来一观。而后这一切都几乎在太平天国的战祸中毁于一旦，比如山门，比如大殿，这些都化作了转入尘世的瓦砾碎屑。

清光绪年间，住持僧鹤峰在缙绅李朝觐、浙江钜贾胡雪岩等资助下，再次重修了静安寺。静安寺终究还是复活了，规模略小些，简朴了许多。

又一次的浩劫来临，是文革时期。这个年代对于佛寺而言，遭遇似乎都是惊人的一致。和尚们都被赶出了寺庙，工人们占据了古寺，偶然一次失误导致的火苗整整烧掉了数代人的心血。之后的重整重修，到底还是让静安寺再次贴着金漆地出现在了民众眼前，依旧香火鼎盛。

周边是极度繁华的街市、喧闹的车水马龙、奢华的购物商场、各类时尚店铺，被卷裹在其中的静安寺到底能否安慰信徒的诉说？它又是否真的能在这闹市中安居下来，定心凝神地只看只听却不语？

佛门，即是清净地。

只知道，单就是那四十六根立柱就足以把所有的喧嚣都隔绝在寺外。它们无拼接地将整座大雄宝殿撑起，每一根立柱，都是整根的缅甸进口柚木，都是百年的老树身。两手环抱，也不过环住了一半大小。殿内莲花宝座上，15吨白银打制的释迦牟尼佛端然坐着，神情过于淡然。但这便是佛！这便是他的“不悲过去，非贪未来，心系当下，由此安详”！

进门左边的牟尼殿和右手边的观音殿中，驻足的人总要多些，总要久些。可能与菩萨们的神态有关。牟尼殿中供奉的是一尊来自缅甸的白玉牟尼佛。缅甸本就是佛教圣国，这白玉更是色泽净白，晶莹剔透，温润动人，也的确常常被选作雕刻殊胜佛像的原料。这座牟尼佛当然是用整块缅甸白玉雕刻而成，足有11吨。因了玉质的温润，连带着菩萨的面容也很温和，心怀慈悲，愿普度众生。

观音殿中，则供奉着极为特别的一尊观音菩萨像。这座雕像是由一整段千年香樟雕刻而成，直径2米多，高6米多，足足有5吨多。这块古木，是大和尚惠明发现的。因在闽中发现，故而也求了闽中的名师精心雕刻。菩萨法相庄严，一脸慈祥地看着莲座下祈福求愿的人们。香樟木收的千年光华，散着香味，绕在殿中，仿若菩萨有灵，愿赐福安康一般！前来上香的也好，求愿的也罢，至多至少也都能明白这个道理：心中有佛，则处处是佛！

地址

上海市静安区南京西路1686号，华山路与南京西路交界处。

交通

地铁二、七号线静安寺站出站即是。

门票

30元，另初一、十五免票。

开放时间

7:30–17:00

作者手记

1.寺内的信徒总是来来去去的，以早课时间最为热闹，正所谓“晨钟暮鼓听梵音”。居士们和和尚们的吟诵，都是搭着调的，混着此起彼伏的钟、鼓、磬、钹声。此等景致，除非清晨，不然看不到。

2.门口常有看手相的人，察言观色相当厉害，几句便中人的心思。但其实他们都是混口饭吃的人物。

窗棱也有佛性，方圆共济，香烛的颜色透了出来，瞧见了渐渐地心下沉稳了许多

主要景点 M

南京西路
——人生如戏，路如人生

人生如戏，总有跌宕。看着南京西路陕西路口的Zara，我只能这么想。街口上，恰是红灯阻了去路，各色车辆停成一排。大热天的，光是站在一旁，就能即刻高烧起来。下意识地躲进凉风口，正是Zara店门大开的位置，有些怀念父亲口中的平安电影院。

20世纪的60年代，父亲还住在陕西北路延安路的路口，年纪轻轻很喜欢朝电影院跑。淮海路的国泰至南京西路的平安，倒着走也晓得路。父亲是这样说的，等到离开上海多年后，记忆中仍有平安电影院的影子，他曾说过放映的片子，门口站立的黄牛，区区几毛钱的电影票，这些细节似乎从不曾离他远去，尽管时日已逝，生活也是跌宕起伏。

相信如我父亲年岁的长者，说起南京西路来，都本自己的经可念。我也相信，若敲开南京西路两侧老里弄的大门，也总能敲出几个懂经的老克勒，聊聊曾住在这里的一切，聊聊他们父辈口述的一些记忆。比如，近着西藏南路口的国际

宋庆龄所题的“少年儿童书店”六个白色大字就悬挂在大楼拐角面上，十分的醒目。这里曾是上海成立最早规模最大的少儿书店

饭店。

“我们那时候去国际饭店吃一顿，是相当有派头的事情”。某位老人这样回忆。他的表情带着一点畅想，一点得意，一张嘴，吐了一层白色烟圈圈。挟着烟的手，已经有点抖划，镜片后的眼睛睁得大大，似要分辨我是否相信。

小巷画廊

更早时的国际饭店，或刚开张的时候，那可以说是万分得意。那时南京西路还叫静安寺路，一溜朝东走都没什么高大的楼面，两三层的沿街小商铺算最多了。国际饭店一出，气派至极，除了外滩12号汇丰全球总部以外，所有外滩及就近的大楼都不可比。长达半个世纪的远东第一高楼，是国人心目中的一段荣耀——这是第一座由中国银行家筹款投资，并由中国人的营造公司建造的酒店！宋美龄，在酒店的房间里给美国第一夫人拨去了中美历史上第一个越洋电话；梅兰芳，在酒店里第一次见到卓别林；贝聿铭，因年少见到国际饭店的拔地而起，从此才走上20世纪亚洲最伟大的建筑师之路。更有许多名人轶事，发生于此，大堂中，房间里。现在饭店的生意还好，走起了老上海腔调，只是不如从前那般受人追捧。

朝西走，老式的建筑总是好认的。墙面是不一样的，外形是不一样的，气质更是不一样的。临着国际饭店，还有大光明电影院，早年叫大光明剧院。它的历史也是辉煌无比，占了无数个亚洲电影院的第一次——第一个使用空调系统，第一个立体声电影院，第一次播放首部有声电影，甚至于它是当时好莱坞在全球指定的8家顶级首映电影院之一，也是亚洲唯一。八十余年来，中国电影的兴衰流转，也正是它的一生所现。新装修后的大光明电影院，还是吸引了许多观影者，特别在上海电影艺术节的期间，更是来者众多，只是地位已不如前。

站在大光明电影院的门口，对街的钟楼不容忽视，那是上海美术馆。旧日跑马场的英式楼宇已经被爬山虎占据了四分之一江山，馆内常有画展、照片展或其他行为艺术展览。于钟楼的电梯至四楼，再爬至五楼，旋转的梁柱和陈列

老字号前的队伍

凯司令的蛋糕，从张爱玲的笔下再度复活。多年来的经验使得老上海人很认凯司令的牌子，它的生意每天都很好

的跑马场旧照，黑白之间带回一些过去的痕迹。

整条南京西路，便是因旧日跑马场的兴起而兴起。先是小摊们，再是两层店铺们，继而一路朝静安寺的方向一路延伸，与静安寺的庙会集市连了起来。光绪三十四年，有轨电车开始叮叮当当地自静安寺一路驶向外滩。“中华民国六年，静安寺路商店逾百家，渐成商市”，石子路变水泥路，荒野无人处变繁华街市，如今再也没人会把静安寺的位置称之为“城外7里处”；中华民国十年，静安寺路朝西扩至今延安西路；八一三事变，侵华日军进攻上海，大批商贾和难民为避战祸，纷纷涌入租界范围。那时的南京西路好生热闹，特别是夜间，真可谓霓虹不绝。

跳过成都北路的那段，除了555广场的大堂壁画实在美丽动人，可以驻足一观外，直走至石门一路是个不错的主意。大批带有Art.Deco风格的公寓便自此起，集中于南京西路的两侧，过陕西北路方停。这些建筑多是20世纪二三十年代的手笔，比如石门一路街口的德义大楼，比如梅龙镇酒家所在的小小弄堂，比如花园别墅，静安别墅等，都是如此的风格。这种公寓很受洋人们的欢迎，也有大批中国富商或出得起金条的知识分子，愿意租用。凯司令咖啡馆、绿屋夫人时装沙龙、西伯利亚皮货店，这些20世纪二三十年代最为知名的店铺就开在南京西路上，自石门一路至陕西路的这段。

绿屋夫人时装沙龙，是当时数一数二的成衣店，都是贵妇阔太去的地方，于张爱玲的笔下略有带过。现址的德义大楼，也属Art.Deco风格的公寓，原做过上海儿童书店，后又改为如今的超市和面包馆。

临着德义的，是南京美发店，寻常游人并不知晓，就开在818广场的附近位置。不大的门面，名声却响，镇住上海滩的美女们足有七十余年。1933年开创至今，宋美龄、阮玲玉、蝴蝶、王光美都曾登门，料理头发。如今许多关于上海滩的旧日招贴画中，许多发式是源于南京美发店的经典发式。眼前总有个画面，是昔年住在附近的张爱玲及其姑姑，自公寓中拎个小包出来，推门进去，被殷勤地接进去，接过外衣，问声：张小姐，您能来真是蓬荜生辉！今天想看看什么发型？

继续朝西，能见到幸存的凯司令咖啡馆。凌阿毛虽然不在了，栗子蛋糕总还是要做的。柜台里的栗子蛋糕总是销得最快的一类，二楼才是张爱玲笔下略显清冷的咖啡馆，通常只是熟客造访，并不如麦当劳那般菜市场的吵闹。

梅龙镇酒家，南京西路1081弄。即便不为了本帮菜肴的过瘾而去，这幢红墙英式建筑，却不能不看上一眼。楼上是72家房客，晾衣竿自多个窗口台阶上升出来，有些挂着“万国旗”，有些则空落落的。影壁上是梅龙镇酒家的招牌，自20世纪20年代迁入南京西路后，百年老牌总是避过了战祸，避过了人祸，好端端地继续经营着。这弄堂口，本该是西伯利亚皮货店的位置，最上等皮草的供货之所，20世纪许多女人为之疯狂的店面，而如今一出来，被两边的高档品牌钟表店腻住。

之后朝西的位置都是物欲者的天堂，梅龙镇广场、中信泰富、恒隆广场、九光百货，哪一座不是拆了建筑造的新楼？也没什么太老的历史可讲，太久的故事可翻，只适合进去逛逛，给自己的衣橱做些添置。不过言及夜晚，自然还是这些时尚高楼的灯光更为耀眼，特别是占据第一次橱窗佳位的奢侈品店，陈列和灯光设计，如何吸引更多的顾客，永远都是值得研究的命题。

地址

上海市静安区南京西路。

交通

地铁二号线三站出口均可到，人民广场站、南京西路站和静安寺站。

作者手记

1.南京西路上的店铺，多在上午十点半后开启，奢侈品店多为十一点。

2.梅龙镇广场和吴江路小吃一条街，有大量的美食可供选择。

3.整条南京西路，纯步行需时一个钟头。

下一站

游览：

静安别墅，常德公寓，蔡元培故居等。

购物：

九光百货和南京西路。

主要景点 M

静安别墅
——西式里弄里玩小清新

静安别墅位于南京路茂名路路口。一出门，是代表着高端奢侈的恒隆广场、中信泰富、梅龙镇广场，也是南京西路历史文化风貌保护区的核心区域。市政府原本也打着拓宽南京西路的主意，左右拓宽一下，随后也罢手不提。的确也是，静安别墅的老范儿，不是谁家里弄都有的。

要说静安是别墅，却也不似别墅。砖木结构已老旧，狭窄的楼梯间，也总少不了木梯的吱呀声，高挑的居室层高，除了某些房间的三面窗户能透进阳光外，其他多数阴暗。以现在的眼光而言，它早辜负了别墅之名，比寻常高楼也要差一点。殊不知，1932年竣工的静安别墅，可随意指点门牌号，列几位有名号的人物，点数一场风光，如今却被一群小清新们占据了去。

小清新的目光，只在底楼，只喜欢一层的黑铁门和矮矮的院墙，还有水泥阳台下巴洛克式涡卷纹牛腿上的纹饰和底楼窗框上部的拱券砖饰。每家的黑铁门都一样，区别只在画在门上的图案或是贴着的海报。简单的粉笔，或白或蓝或粉，勾勒着小清新们的梦想：

奶茶铺数间，瓶瓶罐罐整齐地罗列着，巧克力粉、薄荷粉、草莓粉，个个都等着跳进水里搅和一下。

改衣铺子数间，门面小小，自熨斗、熨板、高高挂起的衣裳们还有手上正在忙活的缝纫机，一个系列都是齐备。南京西路店铺的小姑娘都知道衣裳如何该找哪家师傅，是锁边、加拉链，或改大改小，改长改短，手上功夫都有讲究。

咖啡馆数间，院子照例是摆满桌椅，小木凳、小木桌，鲜花几捧、绿草多盆，总是轻松相伴的气息。多是讲究咖啡豆的来源，巴西、英国、法国等地，一阵嘈杂的研磨声后，是一股咖啡的浓香席卷而来。有时香味窜得过于厉害，则穿墙而出，诱来许多闻香客。

瓷器店有，作画工坊有，寿司店有，摄影STUDIO也有，循着既定的速度一个个装修起来。他们都在弄堂的深处，探个牌子，略伸出了些脸面。店主有时与钱过不去，非要给自己朋友找个清静地时，铁门关着，只有柔柔小光透出，可见不是熟客只有吃闭门羹的待遇。

静安别墅里的小店当真太多，很适合一家一家地转。可以看艺展、电影，坐下来coffee or tea，或者自己画油画，做喜欢的手工。虽是未经什么机构的规

迄今为止，静安别墅仍然是上海保存的最好的老式里弄。现在，它成了上海小清新的新坐标

地址

上海市静安区南京西路1025弄/威海路656弄。

交通

地铁二号线南京西路站下，顺南京路朝西，过茂名路不久可到。

作者手记

1.南京西路的弄堂口左侧，是凯司令。老一辈人心中曾挂念的、曾牢记的咖啡馆们，在人前打个飞旋引得几声轰动，继而消失不见。作为硕果仅存的凯司令，栗子蛋糕依旧是镇店之宝，只没了左右邻居的优等皮毛相伴。

2.南京西路、石门二路转角，旧名德义大楼，曾为上海儿童书店，宋庆龄的题词仍在。

3.这里的店铺往往下午才开。

划，但所有入住的小清新，都试图避开一种太过喧嚣以至于打扰居民的生活。

只看如今的静安别墅，叫人感慨于它的前生。20世纪三四十年代的上海，若无身份若无金条，怎样也都是住不进去的。大名鼎鼎的蔡元培和于右任等均曾住过一段时间，就连知名的四大家族的孔祥熙，还于1942年购得了别墅内大部分产业，可惜带不走吃不下，不过是便宜后人。

PLUM梅子，37号。黑色铁门上的店标，画架上偶尔变换的广告词，多数只是店主实现梦想的一小段路程。有美丽的女店员，咖啡都亲手调配，据说在艺术氛围中喝上一口咖啡有助于增加艺术情操。

Nap杂货店，58号。虽说自长乐路迁来后，也开始卖一些日系杂物，但仍以咖啡为主。可静可动，静坐独享时光无妨，也可找店主聊聊，缠着泡点工夫茶，聊点老房子的老故事。

格子咖啡，162号。蓝绿叶子缠绕，不仅是门口，地上屋里也都是植物的踪影。布头沙发、木头小桌，也是手工咖啡店的流行色，随意摆放的小物和照片，唱片、手工杯还有单包的手工咖啡，咖啡香中有点活着的坯子味。

主要景点 M

常德公寓

——张爱玲故居

原不是张爱玲的粉丝，对南京西路常德路口的8层老楼着实无爱。行至此处，除了能察觉它与热闹车水马龙的格格不入外，只爱买楼下蛋糕饼屋的小芝士蛋糕，一路吃一路走，馋虫喜悦无比。

直到看中陈丹燕的文字，在那本被我翻得太多以致露出一付曾受无比酷刑拷打模样的《上海的风花雪月》。她说，“张爱玲的家，是在一个热闹非凡的十字路口，那栋老公寓，被刷成了女人定妆粉的那种肉色，竖立在闹市中的不蓝的晴天下面。”于是去翻，翻开张爱玲的文字，一本读过一本，听人家说她是一回事，亲眼看是另一回事。渐渐地起了兴趣，愿意认真去看看这座老楼。

据说这栋楼最美的时候在黄昏，最美的角度是背立面。据说金黄色的温柔能包裹住古旧的阳台，拉长的暗影对比出铁质栏杆的色泽，褐色深深，半圆形的饰片，两扇红门，似乎都比平日所见多了些味道。大概是张爱玲的文字，太有魔力。公寓前的一排梧桐，也似比往常更欲说三分。

比起建筑物的欧式风格，似乎有更多的人是为了张爱玲的名字而停下脚步

公寓的平面呈“凹”形，颇有二三十年代特有的装饰艺术派风格。每层三户，二室户或三室户。客厅都较大，有壁炉；卧室有小贮藏室和卫生间；双阳台连着客厅和卧室。这里的51室和65室（现为60室），张爱玲都曾住过。

她在这里住了十余年的光景，用了十余年的老式浴缸，听了十余年“嗡……赫赫赫”的水龙头声，看了十余年上海黄昏时的红尘霭霭，拉了十余年电梯的铁栅栏门，听了十余年电车场中的叮叮铃铃，也收足了十余年底楼门厅的信。她一生之中最重要的爱情，发生在这里，所有对爱情的期盼、梦想都发生在这儿，所有对爱情的失望、沮丧也都发生在这儿。这些爱恨情仇，在她的笔下演绎了好一场风云，轻淡之间繁华纵逝。

我读她的《第一炉香》，她写别人水晶心肝玻璃人儿，看透世情，通达明透。她自已又何尝不是这样？那些年所瞧的见的，听的受的，无一不是化作笔墨，喷涌而出几段久负盛名的小资佳作《红玫瑰和白玫瑰》和《倾城之恋》。她笔下的一段衣橱，都是一段小小世情：“衣橱里可没有窗外那爽朗的清晨，那板板的绿草地，那怕人的寂静的脸，嘴角那花生衣子……那肮脏，复杂，不可理喻的现实。”可见她不是不懂现实为何物，只是偏要一头栽进胡某人的怀里，怕也只是小资情绪作祟，一动心就是数十年。

精致而颓废的文字，怕也源自精致而颓废的公寓——公寓是最合理想的逃世的地方。厌倦了大都会的人们往往记挂着和平幽静的乡村，心心念念盼望着有一天能够告老归田，养蜂种菜，享点清福，殊不知在乡下多买半斤腊肉便要引起许多闲言闲语，而在公寓房子的最上层你就是站在窗前换衣服也不妨事（张爱玲《公寓生活记趣》）。

常德公寓，是她的避世之所。喜忧参半之际的生活，充斥着琐碎的乐趣。什么“自从煤贵了之后，热水汀早成了纯粹的装饰品”，诸如“梅雨时节，门前积水最深。街道上完全干了。我们还得花钱雇黄包车渡过那白茫茫的护城河”，再如“屋顶花园里常常有孩子们溜冰，咕滋咕滋锉过来又锉过去，听得我们一粒粒牙齿在牙仁里发酸如同青石榴的子，剔一剔便会掉下来”，度过的点点滴滴，都有她眼中独特的视角。

张爱玲写过的老式奥斯汀电梯还在，颜色却似已经在草丛中打了几十年的滚那样绿油；门厅当然昏暗，胡兰成自此上六楼，求见不得却自门缝中塞进一张纸条。我虽不喜胡某人日后独自离去的习性，却也明白他的文字他的人是该如何吸引张爱玲。爱情之间，并无对错，正如张爱玲对他说：你可化名张牵，亦可叫张招，天涯海角，总有我在牵你招你。即便他避世香港，远赴他乡，张的爱意大概真的不曾变过。

胡走后，那些发蜡涂得溜光的男人们依旧出没在上海滩中的五光十色里，被紧身旗袍裹着的女人们依旧红唇微动。张爱玲一人守着旧公寓，买菜做饭生活，照旧写着文字，却终究少了些什么。她说“我将只是枯萎了”。可即便是被封杀半个世纪的小资情怀，如今不也都回来了？可见总该抱着希望才是。

老旧的不高的房子，冲着熙熙攘攘的街道，想象张爱玲斜倚在窗户前的姿态

地址

上海市静安区常德路195号，近南京西路口。

交通

地铁二号线静安寺下，沿南京西路朝东走，常德路左转即是。

作者手记

1.千彩书坊在张爱玲故居的一楼左侧，别称张爱玲咖啡馆。店内大大的书架上，张爱玲的作品集和其他原本书真的齐全。无论真心看书的人，或点杯饮料专为看景的客人，后院的小花园总能满足的。那些用了些年份的藤椅们，或是隐在一旁的古旧照片们，独自站在桌角的老式留声机，默默无闻地守着自己的年月。提拉米苏拿铁真的不错，中午时间有些喧闹，附近的人来常来聚餐。

2.公寓里的居民不喜有人打搅，切勿大声喧哗或明目张胆地参观。

3.若对张爱玲的文字或人物无所知晓，还是建议读过文字再去一访。若无张的文字衬托，它不过是一幢老房，仅此而已。

主要景点 M

玉佛禅寺
——凡尘净土

“上海玉佛寺，肇轫于光绪中叶。有普陀山慧根上人，单丁行脚，历五台、峨眉，入西藏，出缅甸，请得玉佛大小五尊归。途经沪渎，见此土众生业种炽盛，毒根深固，急当以像教力振拔之。乃奉三尊回普陀，而留坐、卧佛各一尊，发愿募建刹院”。

纵观天下，民富国强时的佛家，总有太平日子可享，无数香火供奉，若是时至战祸绵延，则必定迅速凋零，只剩残墙破垣可勉强纪念。玉佛禅寺走的一路均是坎坷，自1882年起，最初的十八年间，两尊远渡重洋的玉佛，只有茅棚可避雨遮日，当真是比不得如今的佛、法、僧三宝具足的丛林倚仗。后又迁址，又租赁屋宅以供，直至1924年方才有了落脚地。除去当中的文革数年外，此后的玉佛禅寺好歹可算过得安稳。又传其佛法无边，此后香客如云，久久不散。

藻井的色彩斑斓，悬着一张一张的念片，俗念陈念都被系在一处

玉佛禅寺的构造，仿宋朝宫殿，建筑都以中轴线对称分布。绕过黄院墙下日日新燃的莲花灯，绕过朱门上狠色纵横的咬齿狮头，绕过灰蒙蒙的一层飞檐，最出彩的建筑要数大雄宝殿、玉佛楼和卧佛楼。

大雄宝殿前，两侧不绝的白烟，腾云直上，抹去了点俯首祈祝者的容貌，看不真切年龄。宝殿的门庭庄严，三尊大佛趺坐在莲

香客多且喧杂，却不妨碍这一方捧书的清静之地

地址

上海市普陀区江宁路999号，近安远路。

交通

68、112、206、738、737、966、13、837、19、36路公交可达。

门票

20元（玉佛楼另收门票10元）

开放时间

8:00-16:00（初一和十五5:30-15:30）

作者手记

1.论起礼佛的素斋，玉佛寺外的素斋馆子绝对能排上名号。黄色的院墙里，有点心静自然凉的意思。馆子里来去的多是上海人或香客，年纪多偏大，常见阿婆级别的客人。他们在玉佛寺烧个香，一定会跑到素斋馆里吃一碗净素面，自得惬意得很。馆子的屋顶高高的，一楼可以吃面，圆凳一个一个搁着，拿到面条往圆桌子上一摆，可以静静地吃上一会儿。做菜用的都是素油，夏天时候很合适吃。面也不贵，十来块一碗。二楼点菜，双菇狮子头最经典，点者众多，素菜也是，只是大厨师傅很爱放油，难免吃到最后有点小腻。农历每月初一和十五，馆子只对香客，不对外开放。人均30元左右。电话：021- 62665596。

2、近着安远路的拐角处，香火器物店，开了足足好几十家。间隔穿插了三家看相算命的店铺，均有大师镇守店中。大师们轻易不出店门，只是差遣了许多妇人专门候在禅寺门口，要专程为某些入眼的香客推荐个能知未来可改前程的贵人来。

花座。正中的佛祖抢眼，全身披金，衬得殿堂肃穆庄严。顶上的藻井，还绘有降生时的裸体法相。后方是“海岛观音”壁塑，供奉大慈大悲、救苦救难观世音菩萨。她正站在鳌鱼上，漂洋过海，以期救得众生。观音菩萨前的信众总是多，站着祈福的，半跪着还愿的——她们眼中无他，心中有佛，口里念念有词。

出得宝殿，朝左绕过一小段门廊，还要绕过一墙的佛家道理，才可买票上玉佛楼。楼上供的便是慧根法师请回的玉佛坐像。像高1.92米，整块白玉精雕而成。佛像结跏趺坐，左手掌心向上放在左腿上，作禅定印，右手自然下垂，手指触地，称“触地印”。这尊玉佛晶莹透剔，佛祖表情也极温润，双眼半开，双唇紧闭，微笑不已。佛像的袈裟边缘以及右臂的臂钏上，还饰有一百多颗翡翠、玛瑙等宝石。其取材及雕刻技艺，可谓巧夺天工，举世无双，无怪为镇寺之宝。

另一尊慧根法师自缅甸请来的玉佛，则供在卧佛堂的红色佛龛中。也是一整块汉白玉精雕细作而成，长96厘米。正是佛祖如来，身披袈裟，偏袒右肩，右手支头，侧卧在红木榻上，面色温润如水，安详自然。卧佛像又称释迦牟尼涅槃像，表现的是释迦牟尼80岁时，在拘尸国郊外娑罗双树下涅槃时的状态，与北京香山卧佛寺的卧佛造型相同。殿中大的卧佛，则是由是1990年真禅法师由新加坡请回，仪容姿态，也和小卧佛相同，更长，约4米。

延伸景点E 蔡元培故居
——学界泰斗的旧宅

同蔡先生在北大那五年校长经历相比，蔡先生同上海的关系，不是那么惊天动地，倒真有点润物细无声的感觉。后人很少翻阅蔡先生于上海所创的中央研究院，到底对日后中国教育产生如何的变革，若是真的追根索藤下去，那一票物理学数学美学等各类大师的名字将一个个蹦出来，还有紧接着影响的一代又一代人。蔡先生所鼓舞的，也绝不仅仅是北大那一代人，其影响力所概括的范围，只有“全国”二字才恰如其分。

华山路口，希尔顿五星级酒店对面——不起眼的小巷子，门口高挂着蔡元培故居的铁牌。小区很安静，几幢房子都被碧绿的爬山虎交织了满墙。偶尔几声鸟叫，大概是某户人家的小宠物，有四五只白色的猫常常在小区里晃着，偶尔翻墙活动一下身子骨。

走到蔡元培故居的门口，不需五分钟。黄色小洋房，深灰色卵石墙面，加上红瓦屋顶。竹篱笆扎得紧紧的，只能透过开着的小门隐约看到里面的建筑，还有一条通往花园的小道。门口有保安正在和某个游客聊天，

花园住宅，楼房高3层，宅南是花园。二层正中是客厅，东侧为藏书室，收藏着蔡元培生前的部分书籍和往来信件

地址
上海市静安区华山路303弄16号。

交通
地铁一、二、七号线至常熟路或陕西南路站。

门票
无

开放时间
周二至周日9:00–11:30，13:00–16:30。

作者手记
1.纪念馆内不能拍照。
2.出小区门右转是静安公园，左转可至淮海路衡山路。

一口上海话，似乎在讨论着上海的房价，听起来都是家常的小事。光影在左侧的高大墙面上各自盘踞了一半的地盘，已经算得上是好天气。

说是故居，蔡先生却不曾买下过这份产业。事实上，蔡先生的一生都赁屋而居，不曾为自己置下过一份产业。华山路303弄16号的三层住宅，也是如此。蔡先生离开上海后，这所宅子曾辗转为孔祥熙所购，新中国成立后则给蔡元培先生的子女亲属居住使用。因这份缘故，蔡元培的故居只能看一楼，也即故居陈列馆，二三层却是不开放。

一楼的门口，有免费导游的解说员等候，带着游客在陈列馆中走几个转折。转折很短，陈列室中的三大展览主题，却近乎包揽了蔡先生的一生："从刻苦攻读到教育救国"，"中国近代教育和科学事业的奠基人"，"志在民族革命，醒在民主自由"。馆中几乎都是蔡先生的生前之物，老式写字台，先生曾看过的成册书籍，一把老式转椅，还有刘海粟手作的先生油画，以及蔡夫人周峻为先生作的肖像油画。夫妻情深，只在蔡夫人油画的方寸之间："我相迁流每刹那，随人写照洛殊科。唯仰第一能知我，留取心痕永不磨。"——先生所题。

华山路居所的日子，对蔡先生来说，应是不好受的。之前为中央研究所的创办奔波全国各地，之后又遇上日本侵华战争的爆发，心力交瘁之下，1940年3月5日，蔡先生病逝于香港。终其一生，74年的历程，先生不曾因跌宕起伏的政事改变自己的信仰。他的几句自述，恰应与今日的教育者同勉：律己不苟，责人以宽；无所不容，有所不为；以美育代宗教，倡科学以救国；志在民族革命，行在民主自由。学人亦兼通人。

资讯站补给

[住宿]

乐途静安国际青年旅舍

用来形容乐途的句子中，通常会引用这样一句：主体建筑为创建于20世纪30年代的上海萃众毛巾厂，装修时特意保留了30年代上海的弄堂、石库门、包装箱等建筑风格。在这里，源自老厂房的设计与青年旅舍的感觉混在一起，居然很搭配。温暖人心的照片墙，诉说着许多住客留下的心事；乒乓球台和美式足球桌，是这里的宠儿，经常被人包围着，总有大笑声和惊呼声从人墙中传出；夜晚的公共区域，都是一群喝酒聊天的人，手势夸张地比画着，热热闹闹地认识新的面孔。周边环绕着静安寺、基督教怀恩堂、张爱玲故居等，走着去也很近。多人间70元/床，大床房淡季280元/间，旺季320元/间。

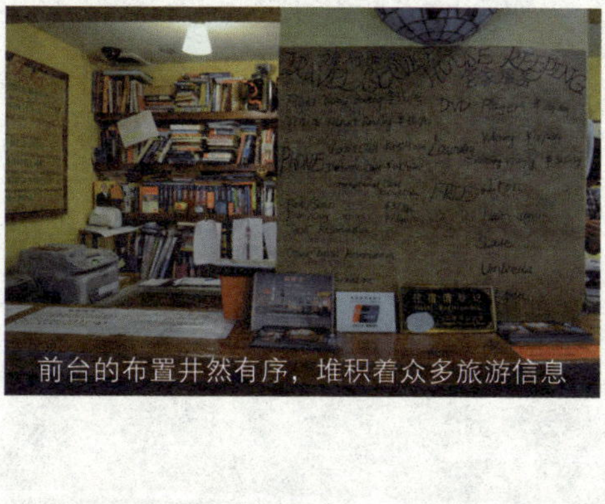

前台的布置井然有序，堆积着众多旅游信息

上海市静安区胶州路319弄36号（近武定路）

021-62671912

地铁七号线昌平路站下，常德路向南至武定路右转，到胶州路左转，步行约20米即到；或地铁二号线静安寺站2号出口，沿静安寺和久光百货之间步行街向北走，愚园路右转到胶州路向北步行10分钟可达。

世纪时空酒店式服务公寓

世纪时空的位置相当好，位于静安寺最为繁华的黄金地带。酒店式公寓的布置，设施配备齐全，适合住久些的客人：可以在厨房大显身手，洗衣机和烘干机也都齐全，比起同等价位的酒店真的要方便上许多。总台在13楼，服务态度相当好，对得起酒店价格。房费自300—600元不等。

静安区乌鲁木齐北路199号（近愚园支路）

021-62484520

地铁二号线或七号线静安寺下，公寓就在百乐门的后面。

URBN碳中性酒店

旧旧的红色木门，旧旧的砖瓦贴满走廊两侧的墙，175个旧行李箱拼接而成的前台背景墙，旧旧的古家具更是颇有点缀，这是URBN——中国的第一家低碳酒店。入眼所及的那些木质物品，都是旧木的再加工产物，无论是地板、衣柜还是电视柜。虽然只有26个房间，捧场的人还是不少，多以老外为主。URBN的每一个人，都是“脚踏实地的环保分子”。URBN餐厅有地道的西式料理，每晚都爆满。这里每晚的价格不定，都按照客人入住后的碳排放积分计算，少则一千元，多则数千元。

小小的竹林，有3米多高的竹子掩映着，夏天应该蛮舒服的，整个墙壁都爬满了藤蔓

上海市静安区胶州路18号（近新闸路）

021-51534600

地铁二号线静安寺站2号出口，沿静安寺和久光百货之间步行街向北走，愚园路右转到胶州路步行6分钟可达。

Jia Shanghai

Jia Shanghai在上海的酒店业，算是独树一帜。它的独特性，自装修这座20世纪30年代的建筑就开始。无论迎客的大堂或是客房，Jia都秉持营造归属感的理念。大堂是中式设计，精心布置的瀑布式摆设常常给第一次造访的客人足够的震撼感：大片的古董鸟笼自二楼倾泻而下，下面是遥相呼应的黑釉雕塑，波浪状摆动着。客房则多是暖色调打底，巨型地毯则是另一种包容感。不看酒店内部处处讲究的设计和摆设，不去看浪漫的刺绣强面和众多的艺术作品，Jia的客房服务也相当到位，营造出Jia品牌独有的“家”的感觉。酒店内的Issimo餐厅，提供相当正宗的意大利美食；酒店大堂下午有蛋糕可免费享用；住店客人可以免费使用会议室2个小时，过时则收费。最简单的客房价格在1300元上下，高端客房也有2300元左右的，价格偶有浮动。

南京西路931号（南京西路泰兴路）

021-62179000

地铁二号线南京西路下，沿南京西路朝西走至泰兴路，路口即是。

[休闲]

渡口书店

在上海的文艺小青年心中，渡口书店简直就是一个标志性招牌。这个招牌十分招摇，座谈会、读书会一茬接一茬的办着，店里的咖啡香一缕一缕地温暖着进店的客人。

要进渡口书店，除非是手中抓着地图索骥，才能在巨鹿路这条僻静小路上找到隐蔽在树冠下的店门。充分符合文艺青年的需求，书店的门口是一个大大的庭院，与隔壁的小店共享着。院子里是一张木质长桌，秋季常有落叶做客其上，透过树叶晃下的光晕也时常对其关照。

文章要先说开局，这个庭院的开局不可谓不妙，不可谓不雅。玻璃大门和白色的木地板绘出了一个静字，入耳的舒柔曲调叫人想留下，想看看。这里不吵，每个读者进门都是轻轻的，高跟鞋踩下的曲调在进门的一瞬间立刻会轻下缓下，这间屋子有着叫人安静的魔力。

渡口的书，都是精挑细选下的读本。一本本都是素净的书皮子，手上的触感更是叫人心中明了这些是极有质感的，这些都是老板高路的杰作。

面积不大的渡口，吃的范围可不小，自艺术到人文，自经济到生活类的图书也都涵盖在内。有质感的书，似乎正对应着有质感的生活。渡口的吸引力是淡淡的，却不容忽视。

上海市静安区巨鹿路828号，富民路与常熟路之间。

地铁一号线常熟路站、陕西南路站，二号线、七号线静安寺站出站，步行约一刻钟可达。

里面很文艺，属于那种真正喜欢书的人开的店，喜欢书的人才来的书店

安福路话剧艺术中心

话剧艺术中心坐落在安静的安福路上，门前有三个表情动作十分夸张的塑像，确保你绝对不会认错门。有新戏或者大戏上演的时候，门口的黄牛就特别勤快，甚至愿意跑到两条街口之外去看看是否有漏网之鱼，谁叫这条小道十三不靠，连个可以亲近的地铁都没有。但喜欢看话剧的人越来越多，艺术中心的三个特色剧场都拥满了爱新鲜的观众们。时不时还有国外的剧团到访，小小的剧场全都爆满都是常事，只能说上海现在的文化人越来越多了。散场后跑去路边小咖啡馆的人也不少，正可谓声色俱全！票价通常在88－328间不等。

徐汇区安福路288号（近武康路）

021-64734567

地铁二号线南京西站下或地铁一号线常德路站下，自华山路转入安福路（前有招商银行），行至近武康路即是。

Sky Club

Sky Club位于原Muse旁，爱派对的经常喜欢在两家酒吧之间串场子。Sky Club由韩国BONTTE公司设计，属欧式古典派。音乐以House和HipHop为主，前来捧场的老外也多，经常能在不大的舞场上看到几队人马飚舞。调酒师和驻场的魔术师，论其吸引眼球的手法也的确不错，常能听到一旁客人的尖叫声和欢呼声。DJ很会活跃气氛，对全场客人的心情和整体气氛都把握得相当好，故而也有许多原先Muse的Fans叛逃至此。人均80元左右。

静安区海防路555号同乐坊内

021-62555626

公交24路、36路、76路可达。

[美食]

功德林

功德林，做的是一席素菜，尽的是一份功德心。这家馆子建于1922年，本来是当年杭州城隍山上常寂寺的讲经佛师维均和开的素菜馆。他特别选了释迦牟尼生日那天开业，以切素菜供佛之名，有“积功德成林，普及大地”之意，取名上海功德林蔬食处，后改为现名。朝上数一辈的江浙人家，或许对功德林更有一份深深的回忆。取材清爽无味的蔬果笋蕈和面筋豆制品，一番巧手打造后，一盘盘的吊炉烤鸭、素火腿片、素鲍片、素蟹粉、松鼠鱼朝席面上端，形如其名。中午人多，适合来一碗最简单却最有讲究的素面，要记得把那一小碟咸菜酌量加在面里，倒入浇头，吃个淋漓尽致！人均70元左右。

黄浦区南京西路445号（近成都北路）

021-63270218

11:00-22:00

地铁二号线南京西路站下，13号口出，沿南京西路朝西走，过成都北路可到。

巴厘岛Bali Laguna

闹市有安居，这怕是巴厘岛给人的第一印象。无论自公园的哪一个入口进入，总要历经绿意的袭扰，感受绿荫的难得。因靠着湖中央，一楼绕湖的大半位置都给了巴厘岛，木桌木椅闲散地搁着。太阳热烈的时候，露

石雕的门，下沉式的亭，在水边吃饭，情调不是一般的足

天沙发座最受欢迎，下午茶套餐便是专为此而设，可以看上一下午的夏日碧荷或春雨拂面。餐厅本身有大片的玻璃房，特别是二楼的阳台位置，黄红色的烛光自这些玻璃间溢了出来，装点着入夜的公园。东南亚菜色是主打餐品，服务员都是印度尼西亚人。推荐菜有：烤银鳕鱼、海鲜拼盘、香蕉布丁、印尼炒饭、菠萝饭、椰汁蘑菇汤、咖喱蟹、芝麻牛肉、芒果布丁、咖喱什菜煲。人均200元左右。

静安区华山路189号静安公园3号门（近延安路高架）

021-62486970

11:00-14:30和18:00-22:30，另有午茶/下午茶时间（14:30~17:00）。

地铁二号线静安寺站下，沿华山路方向朝南行，至近延安路高架的静安公园3号门，入内1分钟即到。

老灶店

店同主人心，主人家是怎样的人物，店就是怎样的品相。同乐坊的老灶店开了有段时间，因着主人林栋甫的关系，先前捧场的人超级多，而后菜色留人，回头客不少。说实在的，老灶店的布置不是富丽堂皇的类别，老老的四方桌子，旧时的红格方巾，家具摆设都有点老上海的味道，其实最适合有点年纪的人来怀旧。随便指点店内的一件物什，就可信手拈来几段过往，一些趣事。这就有点林栋甫给人的印象——老克勒那般，老老的

招牌

却有味道。店内的菜以改良版的本帮菜为主，任何菜中都不放味精，吃得到来历，吃得出新鲜。香香的豆腐皮加上清爽无比的蔬菜卷，烤麸更是有妈妈做的味道，肉酥鲜美的新菜糯米扣肉等，等君来品尝！人均100元左右。

静安区余姚路48号（近西康路）

021-52135277

10:30-21:30

公交24路、36路、76路可达。

新都里无二

一条羊肠小道径自往里弯着，能瞧见的只有婆娑细竹。门口没有招牌，没有烫金大字，除了熟客和专程前往的客人，行人很难知道这小道究竟通向何方。

新都里无二，可能是上海最精致的日本料理店。最出名的，是令人摸不着头脑的洗手间，是整个餐厅的纯工业风格，是料理师呈上的日本现代料理。在这里吃饭，就好像置身剧院一样，高高的天花板给足了空间，灯光设计很棒，叫你的眼睛移不开桌上

的美食。

推荐午间棋盘怀石料理套餐70元／人，周末晚间需订位，平均价格为300元／位。推荐菜色有：生鱼片、烤银鳕鱼、芝士虾卷、鹅肝、牛肉寿喜锅、新都里石锅饭、新鲜热辣的刺身、摇滚色拉、烤牛肉等，千万别忘记来一点清酒和提拉米苏犒劳自己哦！

巨鹿路803号（近富民路）
021-54045252
17:30-22:30
地铁一号线常熟路站，沿常熟路走，转至巨鹿路10分钟可到；地铁二号线、七号线静安寺站下车，沿常德路朝北走至富民路右转可达。

椰香天堂

不知这些大大小小的餐厅究竟自何处找来这类小洋房，总有个叫人嫉妒的大院子守候一旁。中午人不多，下午茶和晚餐才是餐厅的重点时间。那时的小院子总有许多人坐着，看小桥流水，看石雕鲜花。有时服务生会燃香，那香味兜兜转转，不知不觉中染进了衣衫中，被带回家中。屋内刻意封闭了许多光线，用高亮的灯光指点着想让你看到的东西，比如藏在某处的装饰品，比如被端上来的菜，第一眼下有种妩媚的感觉。酸酸辣辣的冬荫功汤，口感真的不错，被点率很高；虾酱空心菜，菜色很嫩，入口清香；绿咖喱鸡，别忘了将咖喱浇在白饭上，鲜得直说来第二口。这里的菜色都看着好看，吃着好吃，不枉两三个小时的守候。屋外还有一小块区域，专供喝酒的客人，异域风情的鲜艳颜色和酒的搭配，很有想喝的感觉！人均150元左右。

静安区富民路38号（近延安中路）
021-62481998
11:30-14:00 17:10-22:00
地铁二号、七号线7号出口出，沿富民路朝南走，过延安路不久即到（右侧）。

Casanova意大利菜

花园老洋房的环境，要沿着木质楼梯探索。这根本就是为在上海的意大利人量身打造的美食餐厅。老板兼大厨Fabio说，Casanova就是要为在上海的意大利人和喜爱意大利菜的上海人，营造出家一般的氛围。

无论是红蓝色调的装饰，或是餐厅的摆设装饰，都准确无误地告诉意大利人们，Casanova提供的是最地道的意式料理，有着家乡的味道。捧场的老外很多，周四至周六的晚餐需要提前预订。最推荐这里的芝士薄底Pizza，火木烤制的传统工艺下，一口咬下就是收获一嘴的满足感。另有餐前面包和龙虾意面，也都是非常受欢迎的。人均200元左右。

巨鹿路913号3-4楼（近常熟路）
021-54034528
中餐11:30-14:30，晚餐18:00-22:30

地铁一号线常熟路站下，沿常熟路走，转至巨鹿路可到；地铁二号线、七号线静安寺站下车，沿常德路朝北走至富民路右转10分钟可达。

南麓·浙里

听名字就知道，南麓·浙里主打的餐品是什么菜系。大楼一般，电梯一般，出了电梯，就非常不一般。不知为何，对于这里的第一印象，都感觉不像饭店，而是一个老宅的客厅。客厅里放着几张温馨的沙发，软软的靠背椅子，很有住家的感觉。鸦片鱼头是要点的，鲍汁拌饭的汤汁不错，酒香草头很嫩很嫩，杭城油爆河虾有点酸有点甜有点咸，挺适合换个口味吃吃。人均100元左右。

静安区巨鹿路768号巨富大厦2楼（近富民路）

021-62477877

11:00-14:00和17:30-21:30

地铁七号线9号口出，过延安东路沿富民路直走，巨鹿路左转第一栋大厦便是，楼下有餐厅标牌，很好辨识。

厚味香辣馆（静安寺店）

这是上海滩众多川菜馆中出挑的牌子。刚一进屋，就是一股香辣之气绕身而过，瞬时鼻尖受惑，怎么也要闻出来是什么香料，什么辣子，主菜是鱼是鸡还是牛蛙。喜欢吃香辣菜系的人，似乎吃得就是一个执念，或者说这股线辣之味一直挑着他的欲望不放，非要在香锅中找尽美味才好。不论午饭晚饭，排队的人都很多，几乎日日夜夜爆满了台面。菜量足，推荐水煮鲶鱼，肉味相当鲜美！人均70元左右。

静安区万航渡路1号环球世界大厦5楼（近愚园路）

021-64282777

7:00-14:00 和17:00-22:00

地铁二、七号线静安寺站下，1、2号出口出，沿南京西路往西，过静安寺后右转直走，5分钟即到。

翠华餐厅

长乐路的翠华，一直都是沪上经典茶餐厅的代表作。无论平日或周末，自早上十点起的早午茶至夜宵，翠华都是“人气无极限”。牌子来自香港，略显局促的茶餐厅在上海开出了场面。其装修相当清爽，右侧也有隔出的小空间。来来回回的都是香港人或广东人，似是爱这里家乡的感觉；本地上海人捧场的也多，保持一贯水准的奶茶也一直都是销量上乘。猪扒包很香很香，味道偏甜了些，值得一试。人均90元左右。

翠华餐厅

静安区富民路291号悟锦世纪大厦内（长乐路口）
021-61701282
17:30-22:30
地铁一号线陕西南路下，沿淮海中路朝西走，东湖路右转，遇十字路口可见翠华，整个过程10分钟。

DOZO IZAKAYA创作料理

DOZO IZAKAYA其实来自台北，这家餐馆在台湾简直热卖到爆。店内的设计相当现代化，又不乏日式元素，比如日式的锣鼓和初绽的樱花们。场子正中的那道T台非常特别，故而店刚开张就接下不少品牌走秀的包场或活动。

DOZO的餐品走创作料理路线，在色泽搭配上颇费心思，能吃也能看，充满创意。比如温泉蛋恺撒色拉，极少见到恺撒色拉和温泉蛋的混搭风；比萨猪排也很受欢迎，酱料淋在金黄色的大排上，香脆和浓郁的口感并存，一口下去，层次分明，芝士更可拉丝。至于各类寿司，更是各有各的特色。推荐靠窗的位置，无论下午或晚上，视觉效果都是不错的，座位也很舒服。人均200元左右。

静安区南京西路1717号会德丰国际广场南院2楼（近华山路）
021-31278558
12:00-14:30，18:00-23:30。
地铁二、七号线静安寺站下，1或2号口出，沿南京西路朝西走，华山路左转是会德丰楼，餐馆就在最左侧的裙楼位置。

Dozo Izakaya

第八章

8 豫园区域

——城市山林与热闹商城的混搭

豫园区域是老城厢，在上海市中心的东南位置。在长达七百余年的历史里，它是上海的起源，是上海的政治中心，是上海的文化中心，也更是上海的经济中心。这一角色自元朝开始，至明朝亦是，至清朝亦是，直至中华民国初年的到来，租界的来临最终给豫园区域画上了一个终止符。

漫长的时光，总能给世间留点什么。豫园、老城隍庙、老城墙和大境阁等，每一个景点都有曲折无比的故事。但即便高潮再如何迭起，故事再如何精彩绝伦，也抵不过时间的魔力。不过沙漏的点滴光阴，旧时范儿早就不见，甚至于七十二家房客纷纷扰扰的邻里故事，也在搬上银幕之后，消失于真实的生活中。

但多年的沉淀，还是给豫园留下了点什么。人们开始学会怀念，学会留下历史的痕迹。20世纪90年代，豫园开始改造：明清风格的雕梁画栋被勾勒出来，古色古香的老街被仿了出来，梨膏糖和五香豆在豫园的各大商城里被卖得红红火火。只是窄窄的弹格路不见了，老虎灶都被填平了，纷拥在数平方米的房客们也都在分房后各自远赴天南地北。或许正如时间要带走的，永远留不住，而时间愿留下的，还能有纪念的意义。

旅游指南

上海人不说去豫园，而说去城隍庙。城隍庙的白日，特别是周末的白日，是上海本地逛街人和外来旅游者交融最为厉害的时刻。人们似乎都不畏惧烈日，不嫌微雨，都要来城隍庙的各家店铺逛上一圈。有人为就餐而来，一家一家的小点心店通吃下来，肚皮尖溜圆地吃着消食茶；有人为首饰而来，一家一家的本土黄金首饰店看下来，不放过珍珠，不放过白金，更是甚为挑剔款式，但只要是上海人，没有人不明白老庙黄金的正宗；有人为鉴赏豫园而来，那要挤过九曲桥上的层层人群，买一张门票，休闲半个下午光景；也有人为杂七杂八的小物件而来，老城隍庙内的几个百货批发市场，生活用品应有尽有，小至针线，大至家什。

来做个小小的旅游线：自地铁十号线的豫园站下车，从河南南路走上上海老街，看看熙攘的铺子，抓几味不错的茶叶；走进老城隍庙看看，拜一拜镇守一方的城隍老爷，替自己或家人祈一个福；进豫园商城，可以杀至九曲桥前吃茶点，吃南翔小笼，也可以直接进豫园，感受江南风情；去老庙黄金看看首饰，琢磨一下下一笔钞票花在哪里；可以去民俗艺术展示街上看看老一辈的炉火纯青的艺术，一张素描纸，一副老片儿，一个雕像，都是千年中国文化的传承；步子不能停，嘴巴不能停，直到老街的尾段，才是踏上十六铺码头的另一端征程。

主要景点 M

豫园

——上海最后的江南园林

明嘉靖三十八年，在历史上是一个不算好也不算坏的年份，当然这可能是因为明朝的大敌——努尔哈赤才刚刚出生的缘故。沿海一带虽为倭寇袭扰，但在江南，一切都还是繁荣的，气息是向上的，比如松江府创出了刻画精巧的顾绣，比如上海的望族潘允端造出了如今赫赫有名的豫园。

当年的潘氏私园早在年月的交替中，将身份变了又变，化成如今的豫园。熙熙攘攘的人群，在这座园子中略显得拥挤；数个导游你来我往较量般的嗓门，也足以让一旁蹭听的人将这座园子的从前曾经都一一知晓个分明；塘中胖得已不像话的鱼群，更是不断追逐人群，就这样划着一道道水痕；到此一游式的留念，也和其他的旅游地一般无二。

要进豫园，是没机会躲开那里三层外三层的人群。越近园子，越难忽视九曲桥上满当当的人群。虽说现在的豫园被整个单独作景，但这座花岗岩石所造的石桥怎样都无法脱离与豫园的旧日因缘。“九曲桥下的鲤鱼，个头小着呢，亏了这帮不识货的人在这追逐半晌。”我猛地想起上回朋友的一句评语。她的评论向来以毒牙著称，但总称赞着豫园里头的鲤鱼：“够胖够肥，在田田莲荷间分外出挑”。越想着园子里的莲叶和胖鲤鱼，倒是叫人越发想进这园子，躲进里头安静一会儿，也凉快一会儿。

一进门，便是一段近代的印记。右侧粉墙上被玻璃裱着的“豫园”二字，乃是当年明代文豪王稚登的亲笔手书。20世纪50年代，豫园破败，这块门楼题名砖也随之散入民间，后方寻回。砖上的洞，真是这段历史打上的烙印，就算封住了一个，还有另一个存着。被历史涂抹上一层痕迹的物件，绝对不止这块提名砖，就是这水上回廊的两侧碑石，一块块又都哪里少了故事？随意搬出一块，就可以列点一位名家的生平轶事。

园中数座厅堂，三穗堂也好，仰山堂也罢，乃至万花楼、点春堂等都已不复园子的初貌，多多少少也有清朝的遗留痕迹。明末清初，随着潘氏家族的没落，豫园也随之败

近水楼台

落，割借成数块。这等情形直到清乾隆二十五年方终见分晓。诸位富商联手买下豫园园基，略作修缮，搭起了亭台楼阁，将这座园子设为各会馆公所的办公处。

石狮

其实这些厅堂的布置并无什么太大的不同，若是简单描绘起来，也就是几副桌几，几把太师椅。紫檀为料，椅背上一般无二地嵌着大理石，其实没有什么特别不一样的地方。只是三穗堂显得更宽大敞亮，不愧是园内的主体建筑。我来三穗堂，从来都不是为了这厅堂楼阁，一直以来我看上的就是这堂外的风景。

三穗堂虽是临近荷花池，这里的荷叶却绝对没有那种接天的气势，都是极为雅致地铺在池中。数量并不少，绿意十足，每每看到都觉得心中一片清凉。但凡外面如何热闹震天，一到此处，这荷叶必定能将我的心思安抚得妥妥帖帖。坐在回廊之上，放眼四周，也都是雕梁画栋，半掩面的楼阁，半藏身的回廊，还有那半边的天色。上海少有这等古风情趣皆有的江南园林，若要拿出苏州的顶级园林，也都可以说是不相上下。

典型的江南园林，必有极具巧思的假山。出三穗堂，登仰山堂，堂前一派“崇山峻岭”。这座假山正是出自明代名家张南阳之手。江南许多有名园林，其中的假山都出自这位名家，但豫园的布局，已是张先生的最后一座存世手笔。假山自不高，怎奈人家有心做局，山壁更是错落有致，有着十足的风雅景致。于亭上找一知己对弈，抿一口清茶，也可以数一段江南风流。可惜为了保护假山，如今已是列为禁地，不允游者步入。

美人靠前观山水

仰山堂的二层，是卷雨楼，听说是选了苏东坡《书烟江叠嶂诗》的“春风摇江天漠漠，暮云卷雨山娟娟”。其实若是探寻“卷雨”一词的由来，王勃亦有“珠帘暮卷西山雨”的意境，也很独到。楼上最适合观赏大假山，我此时心下期盼，要来上一些微雨，以正其名——最好的就是细雨迷雾，越细越好，越密越佳。我想要的只是小景，一丝清风惬意之感，哪里比得上大家的心胸宽广。卷雨楼上的对联“楼高但任云飞去，池小能将月送来”，可是真真切切地给我好好上了一课。

万花楼朝东慢摇着过去，眼前便是大名鼎鼎的点春堂。点春二字，取了“翠点春妍”之意，暗指看戏的意思。堂阁对面就是大戏台，据说现在偶尔还有现场表演，可我每次到访也都不逢佳时。这处厅堂建得略晚，算是清道光年间的建筑。主人乃是福建花糖的洋货商人，故而也曾得了一个俗名叫做花糖公墅。厅堂是园中唯一一座涂金染彩的厅堂，算是典型的闽粤风格。

导游只要来到此地，开篇第一句便是：“当年上海的小刀会起义，便是在此……”。厅内展示着若干小刀和钱币等物，昭示着那段颇为动荡的日子。小刀会闯下了名号，但豫园也在这一场争斗中九死一生。宅院的破败是无可幸免的，20世纪20年代的富绅也曾付诸巨款重作修缮，而后又是另外一段没落期，直至今日的重见天日。但比起上海市那近千座已经湮灭在历史中的江南园林，豫园的幸运已是毋庸质疑。

点春堂后，是玉华堂，无甚特别的一座厅堂。堂前临水而立的正中石峰，才是佳景——玉玲珑。石峰高丈余，青色，周身多孔。据豫园旧主《豫园记》所载，玉玲珑“盖石品之甲，相传为宣和漏网”。我看着玉玲珑，真的很想在峰下燃香，看看烟雾是否真的会从那72个天然洞孔中喷出；我也好想拿盆水来，倾注其上，看看是不是真的每个洞口都有水流出。也只能动动心念而已。只能在心中默念：“这块可是江南三大名石之一，“皱、瘦、漏、透”俱全的货色啊！”

转这座园子，需时不长，再怎么闲散也只需两个小时就又回到园口。当然，那些看着景物发呆，或畅想前朝往事的时间，当然不能算在其内，不然恐怕是一天一夜也未必足够将豫园的底细刨干净。越是来得多了，越是有了习惯——逛完园子，必定要去九曲桥的高楼上，点上一壶上好的碧螺春，就着眼前的宅园全景再坐上一会。

老人亭中闲坐

地址

上海市黄浦区南市区安仁街218号。

交通

地铁10号线豫园站

门票

40元

开放时间

9:00－17:00

作者手记

1. 午时之后至下午四点，游者众多，可尽量避开高峰期。夏末落霞时，身处园中别有另一番江南味道。

2. 自豫园的门出来，朝着右手边的九曲桥上一直朝前走，满鼻子的香味能将人一步一步提线木偶似地拽着往前走，左边摊上的灌汤包，右边馆中的蟹粉小笼。秘诀就是，跟着人潮走，园外的豫园商城就是一座美食城。

下一站

游览：

老城隍庙，上海老街。

购物：

豫园购物街

主要景点 M

老城隍庙
——祈福的灵验地

一般中国人，都知道什么是城隍庙。

城隍者，城墙与护城河；城隍神，民间俗语的土地公，就是这座城市的保护神。城隍神的起步早，周朝就有历史记载，但真正在民间被发扬光大，还是多亏了明朝的开国皇帝，明太祖朱元璋。他在诸多县衙都封了各自的城隍神，大量的城隍庙也循之出现。城隍神的足迹，遍布天南地北的每座城市。而在历经风雨后的上海，如今仅存三座城隍庙，嘉定一座，朱家角一座，最知名的一座在豫园，也叫老城隍庙。

城隍庙道士，正在为接下去的道家音乐节做准备

老庙最初的开端，要自元代说起，之后就得说兵荒马乱的朝代更替，纷争不断。虽有虔诚的民间香众庇护，老庙自身的建筑却经不起多次的损毁破坏，衰败是必然的结局。纵是香火再如何鼎盛，自城隍庙成为残垣废墟的那一刻，一切的热闹，都远离了老庙。类似的片断，在老庙身上重复演练了多次。这种感慨，站在老城

隍庙的门前，就越发切实起来。

门口的一双石狮，在附近崭新商铺的衬托下，显得极老。自赫赫有名的黄金荣掏出5万大银元重修后，2005年的那次城隍庙大修也不曾将这双石狮子撤下。它们应是记得照壁旁的那盏大旗杆，海碗般粗细的；它们也应是记得旗杆下的露天花圃；那些关于附近的那些香烛店、小杂货店、中国人民银行营业所的记忆，它们大概也是可以翻得出来；四明大药房、杨锦章（系沪上名医石筱山高足）伤科诊所，也应如是。这些都已不在，消失在数十年的光阴中，没留下半点痕迹。

上海的城隍神有好几位，前殿供霍光，后殿供秦裕伯，同时供陈化成。霍光乃是西汉名将，守护边疆，保家卫国，是上海最早的城隍神；秦裕伯，则是元末明初的人物，以贤孝闻名。据说清军南下本要屠城，后有秦裕伯托梦，方改主意，人们于是也敬他为城隍神；陈化成，满面火红、神采飞扬、目光炯炯，硬生生在吴淞炮台战死的江南提督大人，也自1937年抗日战争爆发后，被人们请为城隍神。当然，“文化大革命”期间的三位尊神，也一样享受了被请出庙门的待遇，如今则全都回来。

重修过的城隍大殿，相当精神。霍光殿、甲子殿、财神殿、慈航殿、城隍殿、娘娘殿等殿堂也都精心布置。虽然仍比不上清朝的那般昌盛，早已不是“家家自有蓝呢轿，个个争穿红绉裙。妆出新年新气象，烧香邑庙去纷纷”的模样，但上海人对老城隍庙的虔诚供奉，却永不会停。信徒的虔诚跪拜，进香还愿，日日都有，最盛的日子要算正月初一。那一日，老城隍庙中央的香火，十足十地旺；排队进香的人，排着长队，于门口甩出一道长尾，甚是热闹。

地址

上海市黄浦区方浜中路249号。

交通

公交66、11、23、24、43、782、926路等可达豫园景区，顺着方浜中路可到。

门票

5元

开放时间

8:30–16:30

作者手记

1.文昌殿的求愿，据说灵验无比。更可请城隍金印，于一旁的道人问询可购。

2.老城隍庙附近，就是小吃铺子。炸臭豆腐、红薯粥、面筋塞肉、糯米藕、椰奶紫米、鸡鸭血汤、萝卜丝酥饼、金腿萝卜丝酥饼等小吃应有尽有。

主要景点 M

上海老街
——小东门的今天

嘉靖三十二年（公元1553年），中国的版图上已有上海二字。为抵挡倭寇的侵袭骚扰，朝廷在上海的周边建了城墙，开了大东门、大南门、老西门、老北门、小东门和小南门，之后再增至十座城门。

对于小东门而言，它最热闹的一段日子，是清代末年。上海档案馆中珍藏的文献，是这样描述当时的上海：“凡远近贸迁皆由吴淞口进泊黄浦”。那时的上海，一副江南水乡的范儿。上海附近的人家每逢节日都去小东门逛逛。朝东的城门口，往往能停上几千艘这样的小小乌篷，每艘船上都斜斜地插上一支长而细瘦的竹竿。它们耐心地等着，等着主人们带着大包小包的东西归来，用竹竿子朝水里轻轻一点，水波儿一荡一荡地回家。

自小东门进城的那段路，原来叫庙前大街，现在叫方浜中路。原本这条路还该长一些，只是方浜东路早就被历史克扣得再也不见，小东门的城门，也是十座城门中唯一消失的那座，旧时模样只能去清末民国之前的老式黑白照片里寻个一星半爪的影来。曾有一度，这条街道也要面临消亡的境地，只是后来被大笔一挥，改称上海老街——彻底循着旧时样，打造了这么一条清末民初的老街。当时上海最早起步的钱庄、金店、银楼、酒肆、茶馆、戏楼、商行，多少也给保留了些原貌。特别是茶楼，在老街上相当兴旺，隔几步就是一家，春风得意楼和上海老茶馆是个中翘首，各有老早茶馆的翩翩风度。

以馆驿街为界，老街被分成东西两段。东段以清末民国初年的民居特色为主，花格窗、排门板、范氏栏杆、落地摇杆门，外加屋顶上的飞檐翘角，花边滴水和马头墙等元素都复原得相当细致认真。西端则仿明清古建筑，所谓黛瓦粉墙，红柱飞檐，商铺也多集中于此。童涵春、老同盛、吴良材、万有全、裘天宝、德顺酒菜馆、西施豆腐房、丁娘子布庄、荣顺馆、博印堂等百年老店，都在老街的商铺之列。

但对于上海老街而言，能展示于人前的绝不仅是这条街面上的故事，还有那循着两侧分出的小里弄。这里的住户都是一些市井平民，生活最普通不过。自每日早上起，弄堂里就开始晃着买菜的身影，生煤炉，倒马桶，洗衣服，都是奔波忙碌的身影。夏天傍晚，屋内实在闷热无比，好似蒸笼，家家都在门外支起小桌

上海老街的古戏台

吃饭，吃完饭就在天井和弄堂里搭铺板和竹椅乘凉。

摸着阳光只能安慰一半的墙面，仅容一人通过的老式弄堂，有时真觉得周杰伦歌中唱的景象非常适合：

泛黄的春联还残留在墙上
依稀可见几个字岁岁平安
在我没回去过的老家米缸
爷爷用楷书写一个满
黄金葛爬满了雕花的门窗
夕阳斜斜映在斑驳的砖墙
铺着榉木板的屋内还弥漫
姥姥当年酿的豆瓣酱
我对着黑白照片开始想像

地址

上海市黄浦区方浜中路。

交通

10号线豫园站可达。

作者手记

1.步行可到小桃园清真寺，附近有不少清真食品。

2.沿人民路边上的丽水路、福民街、安仁路，可到上海城隍庙市场，吃食颇多。

爸和妈当年的模样
说着一口吴侬软语的姑娘缓缓走过外滩
消失的旧时光一九四三
在回忆的路上时间变好慢
老街坊小弄堂
是属于那年代白墙黑瓦的淡淡的忧伤
消失的旧时光一九四三
回头看的片段有一些风霜
老唱盘旧皮箱
装满了明信片的铁盒里藏着一片玫瑰花瓣

万有全腊肉馆

延伸景点 E

十六铺面料市场和南外滩面料市场——扯块花布做衣裳

上海人是极知道如何过日子的，即便住的屋宅再差再小，也知道如何在螺蛳壳里做道场。吃穿住行，这四个行当上的讲究更是多。其中以穿为例，一家人出门穿得如何，更是看当家娘子的功力是否深厚。

这里说的，是至少二三十年前。在那个年代，巧妇的家里总藏着台缝纫机，管着缝缝补补，管着搭扣拉链，管着缝补改衣。若有闲钱，就跑去扯块花布回来好置办新衣；若是没钱，怎样也要给旧衣来点变化才好——裁割不同的花样子贴在旧衣上，或是改袖长裤长，或是换掉成排的扣子，必要显得与先前不同才好。

从前的从前，大街上可没那么多成衣卖。店主人最多是打几个样，选出挑的样子做上几件衣裳高挂着招揽生意；从前的从前，也没有这种试穿完毕立马买单走人的事，不是没钱买，而是恰到好处的衣裳总没有，不是肩膀上要收收，就是腰上要掐一下。严格说起来，在穿这件事儿上，从前的人更讲究。

许是看多了百货店的花样，上海的人们渐渐把心思转了回去，还是扯块布找裁缝师傅。所谓量体裁衣，毕竟是更为贴身舒适。市场大了，裁缝师傅也逐渐抱成了团，通通都去董家渡面料市场做了邻居。董家渡拆了后，一半的师傅转而投奔十六铺面料市场，一半的师傅投奔南外滩面料市场。

十六铺面料市场，近着城隍庙，老上海人总是摸着门路找过去，每个人都有自已喜欢的裁缝师傅。进铺要先看有没有新料子，有没有什么新款式，没下订单的客人整三层楼地走动，就想找一个贴心的师傅，求一件贴身舒适的衣物。一楼的旗袍店，生意是相当好。姑娘们看了《花样年华》后，都一股脑儿地每人要做一身。自那时起，旗袍店便再不愁客源，一家介绍一家，熟客的生意交关好做。

南外滩面料市场，近着陆家浜路，规模要比十六铺大上一些。许多老外都喜欢往这里跑，店主多半说不了流利的英语，都抄起计算器，指着料子，一点一点算钱，给老外看个总数，再来一场拉锯式的讨价还价。如今在上海生活的老外都很精明，管找裁缝师傅叫享用定制服务，特别青睐二楼一家善做衬衫的，一人订上五件都是再普通不过。三楼还有做皮衣的师傅，口碑已经很盛，许多香港的客商都带着款式来，挑皮料做大衣或是半袄，紧俏得很。

三十年代的旗袍很受欢迎

地 址

十六铺面料市场位于黄浦区东门路168号；南外滩面料市场位于黄浦区陆家浜路399号。

到 达

两家面料城的交通都不是很近公交，若从人民广场等市区出发，还是打车最快，二十元之内可达。

作 者 手 记

1.过年前后一个月，裁缝师傅多半都在家过年，市场里较为冷清，可选东西不多。

2.若要细挑，建议上午去，人少不挤，可以定心试定心讨价还价；周末下午人极多，十分热闹。

延伸景点 E

东台路
——“淘”就一个字

东台路于清光绪二十八年（公元1902年）修筑，当时名为泰山路。它北起崇德路，南至肇周路，不足六百米长。当年这只是租界中的一条小路，而为专售蝈蝈的市场。而今时光荏苒，东台路逐渐成为国内古玩市场的一方重地。可也有点像北京唱响了名号的琉璃厂，真的好货，不多了。

东台路最为专业的古玩市场，最好的日子在20世纪90年代。正赶上各方拆迁，古玩盛行的时候。到手的货品有真有假，行家多，蒙混过关的混账也多，十次总也就能碰上一次好货，几方争抢更是常有的事。后来许多老店家搬走了，街旁鳞次栉比的小木屋已换了不少东家。

常常有老外光顾这里，探着头伸着脖子仔细观望着讨价还价的人们，试图在这些仿制品泛滥的小店铺中，找到几个像样的能带回去的物件。它可以是一张老黑白照片，可以是一个很有感觉的花瓶，可以是旧式的古钟表，范围很大，只要是有古味的。价格上不怎么好说，老外们都学会在店家的计算器上商量个自己可以接受的价格，或者干脆学着其他人一样，转身离开，看看店主是否会自己杀价。这样的情形，每日都在东台路上演。

只要不是专为倒腾古玩，若只是寻常百姓去看看热闹，或是游客前去访点古意，两百多家小店铺，一字儿排开的架势，还是很有看头的。什么叫做琳琅满目，什么叫做无奇不有，老掉牙的古玩意儿大张旗鼓地被堆在店铺口上，有些还藏在角落里。什么陶瓷器、铜器、锡器、玉器、竹器、木器，什么文房四宝、书画、钱币，什么鸟笼、服饰、毛主席像章等，还有许多民俗旧物占着街心的位置。

地址
上海市卢湾区东台路浏河口路。

交通
地铁8号线大世界站下，沿西藏中路至西藏南路后，至浏河口路右转，再至东台路左转可达。

开放时间
10:00–16:00

延伸景点 E

文庙
——孔家圣地

天下文庙都一样，供士绅祭祀大成至圣先师文宣王孔子，同时作为秀才读书深造的学府，替孔夫子宣扬儒家学说。每座文庙都该有下马碑，该有三桥，该有敬供夫子的大殿，得有“万世师表”的牌匾等。

上海的文庙也不例外，什么金声玉振坊、下马碑、礼门、义路、伴池、回桥、大成门、东苑、西苑、奎文阁、尊经阁、钟楼、鼓楼、天子台、大成殿、武王殿、教谕署等，一个不缺。东、西庑殿壁间，还有明清文人的对联碑刻300副；杏廊壁间置有《上海县学记碑》等10余块元、明、清记载文庙和县学历史的碑刻。

文庙内，总书声琅琅，人才辈出。于如今宣廊内壁间还可查到清代的群贤榜：有状元戴有祺（清代268年中上海只有一名状元），进士蔡元培、秦锡田等。

中华民国元年至十五年，也即公元1912–1926年，或许是文庙对隆重祀孔礼仪的最后一段记忆。此时，文庙每年都有春秋两次祭祀，上海的县知事和绅士是组织者，祭礼甚有章法：

“祀孔仪式黎明开始，祀孔时有委任官、助祭员和乐舞生等约30人左右。先在孔子神龛前，供牛猪羊各一头，置于木制的牲架上，牲头面对神龛。乐舞生各执乐器在祭祀时演奏。委任官、助祭员在乐器声中依次序行进至神像前，行三跪九叩礼。殿内殿外，钟鼓齐鸣，各样乐器敲敲打打，叮叮当当。祭祀完毕，各自安静退出。”

文庙的昌盛，引致书店增多。虽然文庙不再扮演既有的角色，但仍将爱书者聚在了一处。饱墨斋、菊舟令书店、翼化善书局，每一家都曾是淘书者的心头好，明清刻本、拓印本、线装本等都曾在文庙的图书市场中现过踪迹。到了如今，每逢周日，于文庙前殿的空地处都会开启一个个书摊。人们在此售书淘书换书，踩着青砖来回转悠。不足百平方米的地带，摆满了书，站满了人。笔墨的味道和纸张的香气，成了如今文庙的归宿。

文庙牌楼

地 址

上海市卢湾区文庙路215号（上海文庙）。

交 通

地铁一号线人民广场站下，乘公共汽车318、17、781、18、746路等到方斜路下，再向东沿闻庙路500米左右即到。

门 票

10元。周末图书市场1元门票。

开 放 时 间

9:00－16:30

资讯站补给

[住宿]

上海老西门国际青年旅舍

住在老西门青旅的感觉，应是独一无二的。当然也是旅舍的主人选了一幢带天井的老房子，四层楼高。天井里藏着两棵百年古树，据说老早以前也是大户人家的产业。古树的枝叶伸展得很有气势，自一楼有独立的旋转楼梯可以直达铺满阳光的露台。几张复古的桌椅板凳，正等着一群人热热闹闹地坐下，再放上一打啤酒，说天谈地数个小时，自在非常。

独一无二的感觉，其实来自于这家青旅的位置，撇开距离地铁站有些远的缺点来看，要看最纯正的上海市井生活，这儿就是最正的地方。不论是小商小贩，还是炒货小店，又或者是黄鱼三轮，还是矮小旧屋，都在这一带完完整整地呈现着。旅舍边上小吃很多，门口右侧的清真羊肉和河南路路口的拉面店，都属于价格实惠，味道上佳的小馆子，吃客众多。

房间干净整洁，床偏硬，多人间55元/床，标准间190元/间，雕花大床房220元/间。

上海黄浦区蓬莱路115号（近河南南路）

021-63665798

地铁八号线或十号线至老西门站下，出站后往河南南路的方向走，河南南路右转，蓬莱路左转，要走上15分钟。

[休闲]

湖心亭茶楼

豫园的九曲桥，除了清晨和入夜，其他时间总喧嚣无比。故而白天时，既要看豫园的层叠屋檐，又要躲避开这种沸腾的空气，前往荷花池畔的湖心亭就成了最恰到好处的一个选择。

老式的店招翻扬，常将人的视线引至向外翘起的数角飞檐。进一楼，略过左右两侧略窄的茶位和鼻烟壶的制作场，踩着高而斜的楼梯，登上这座古茶楼。侍者殷勤，茶单上的茶品选择不多，倒是茶食不少。点上一杯茶，推窗观人潮；喝上一口，吃块豆腐干，或是鹌鹑蛋，话梅也有，味道真的不错。远处，豫园的高大树冠探出头来，在地上笼出了一片荫凉。茶客多数坐满一半的位置，偶尔说到热处，也有小小喧哗。视线扫过独特的空间格局，青瓷花色的茶壶套，荷花偶尔入景，多数淹没在人群中，楼内楼外分明两个世界。人均90元左右。

被青花小布包着的暖水壶

黄浦区豫园路257号（近九曲桥荷花池）

021-63736950

公交66、11、23、24、43、782、926路可达豫园景区，顺着九曲桥的指向牌走，桥侧便是，独一无二。

老上海茶馆

位于上海老街的当中一段。只要记得抬头看看二楼的招牌，那是极易找到的。茶馆在二楼，里头的一切都

老上海茶馆的大门

有些年头。挥之不去的老上海情结，在老板的心中眷恋着，又慢慢聚在了馆中的收藏，照片也好，旧物什也好，桌角的磕磕碰碰，椅背上的点点小伤，都曾滑过那风云多变的年月。

临窗位最受欢迎，一人独享或是与三五好友同乐都是上上之选。茶色不错，是一个真正的品茶地。一壶好茶，混着琴鸣，勾来一丝清静，混上茶的苦涩或甘甜，前生今世怕是顿时混在一处，好似梦里云烟无穷尽。饿的时候，也有上海小点心可吃，老城厢的家常味道，许多上海老者都为此恋恋不已。人均80元左右。

黄浦区方浜中路385号（近旧校场路）

021-53821202

公交66、11、23、24、43、782、926路可达豫园景区；十号线豫园站可达，也在上海老街上。

耕月人茶馆

这是自他处迁来的茶馆，占了城隍庙一旁高楼的上佳位置。四层是茶馆，五层是餐厅，六层是独家的耕月会所。世博期间，耕月人大大出了一番风头，接待各国名流无数。馆子占一个古色古香：巧钟是，锁是，桌椅是，端是一脉相承的古风。下午至晚上，有两段现场评弹，后有架子挂着评弹师的装扮，一看就知道是下了工夫的料子和剪裁。进门右边往里走，是独辟的地方，置着一些干果、水果和小吃，味道真真的好。

价格小贵，推荐下午前来。下午茶喝喝，对面聊上几句。若有兴趣的人，还可请教馆中独有的茶博士，对于茶颇为精深，也识玲珑八面。包厢小小，不局促，很适合清谈。实在想坐在露天位置，还是要推荐五层的临空位，朝外瞧去就可一览城隍庙的缕缕香烟。人均50–80元。

黄浦区方浜中路235号豫安阁4楼（近安仁街）

021-58777797

公交66、11、23、24、43、782、926路可达豫园景区；十号线豫园站可达。茶馆隐蔽些，需注意招牌，就在城隍庙右侧的高楼上。

春风得意楼

春风得意楼的位置，更近老城隍庙，走过一条街就是。原先它可占了好位置——九曲桥边，迁到上海老街后仍有不少茶客慕名前来，要一饱口福。百年老字号的名头不曾坠过，以前如何讲究工夫茶，如今仍旧是。时有评弹，碰上的时候顿觉耳清目明，一曲清音抚过楼阁，穿窗而出，楼下人纷纷驻足。价格有些略高，实话说，真不低于一顿饭钱。每到周六、日14：00—16：00，茶楼里都有评弹演出。人均70-90元。

黄浦区方浜中路337号（近旧校场路）

021-63734860

公交66、11、23、24、43、782、926路等可达豫园景区；十号线豫园站可达，也在上海老街上。

茶楼招牌高挂，客官楼上请

[美食]

绿波廊

金晃晃的三个大字“绿波廊”，于九曲桥旁极好辨认。不比斜对面的南翔小笼总是人声鼎沸，绿波廊的热闹藏在里面。店家只放了一块招牌在门口，说了点本帮菜肴，列了些下午茶点。只要你进得门来，便是一块内敛的招牌招呼你：回味无穷。这是已故海上书画名家朱屺瞻的墨宝，亦是绿波廊的镇店之宝。

撇开楼是青瓦朱栏的明清古楼阁不说，餐馆本身的装修就以明清风格为主，桌椅板凳是，高挂灯笼是，宽幅屏风也是。时光反正倒转着，停在某个名家的墨宝上，或是阅尽城隍建筑的窗前，也可以是鲜甜入味的八宝鸭。停在舌尖也无可厚非，这些菜肴——水晶虾仁、松鼠桂鱼、蟹粉菜心、虾子大乌参，都是成名之作；眉毛酥、萝卜丝酥饼、枣泥酥，更是传承多年前的甜点风格。还要记得吃桂花拉糕，香香甜甜且晶莹剔透，很是

店中匾额——回味无穷

好吃！人均120元左右。

黄浦区老城隍庙内豫园路115号（近九曲桥）

021-63280602

10:30-21:00

十号线豫园站 九号线小南门下，进豫园后可顺标志找到九曲桥，桥的右侧就是绿波廊。

南翔馒头店（豫园路店）

九曲桥左侧，人头簇拥最为激烈的地方，就是号称上海第一的南翔小笼——南翔馒头店。门前排队等位的人总属性情中人，无论烈日或者暴雨，都心甘情愿地等在长廊中，等着喊号，等着一个个爬楼而上，等着坐下，等着一车车被推来的热腾腾的小笼，等着一小碗姜丝蘸醋。等待结束，便是起筷时间，夹着小笼顶端

南翔馒头店

的褶皱，生怕薄皮弄破般地小心翼翼，怕烫，吹吹，咬第一口，吮吸第一口的浓郁汤汁，自此之后，一日无所求。

蟹粉小笼、鲜肉小笼、蟹粉灌汤包，都是有的。也有耐不住的人，只爱一楼的外卖，却不晓得吃小笼还要有一层定定心意。人均40元左右。

黄浦区豫园路85号
021-63554206
7:30-21:00
十号线豫园站 九号线小南门下，进豫园后可顺标志找到九曲桥，桥的左侧就是绿波廊。

松月楼

上海的素菜馆，近几年遍地开花，每一家都有自己的说道。荤菜好做，素菜难为，能开素菜馆的，大部分的味道都不错。馆子们多了，倒也不见减去多少老字号的魅力，如豫园的松月楼。松月楼最正的要数糕点、素菜包和手工面条。

糕点，特指海棠糕。刚出炉的海棠糕，绝对是松月楼的特色之一，很甜很软很入口，特别得老人家们的欢心。素菜包也是，有客人会算着素菜包出炉的时间，在街面上甩出一条长龙，只为等着新出炉不多的素菜包子，打包五个也不算多。面条则适合堂吃，特别是金牌面筋面，菜油和香菇蘑菇一道炒出来，散着厚重的香味被浇在恰到好处的面条上，拌上一拌，口水滴滴往下游。人均20元左右。

黄浦区旧校场路99号（近方浜中路）
021-63553630
7:00-21:00
十号线豫园站 九号线小南门下，进豫园后可顺标志找到方浜中路，顺着走便极易找到。

第九章

9 徐家汇区域

——赤橙黄绿戏高楼

坑坑洼洼、泥泞无比的农庄子，外头是层层荒土，等着锄头的刨荒和老牛的耙犁。农庄子里是提笔立书的徐光启，他看四时晴明，他算阴阳历法，就图在别业中找出点提高农业产量的法子。这位著名的晚明文渊阁大学士，这位著名的科学家，逝世后仍眷恋这片土地，葬在这里，子孙也在这里繁衍生息，初名“徐家库”。先是小家宅院，后是集镇，又因肇嘉浜与法华泾两水交汇，才有了徐家汇的名号。

得念着徐老先生的好，也得念着盛宣怀和马相伯的好。这两位开办的著名公学，一为南洋公学，一为震旦公学，俱都立足于此。此后震旦转为复旦，远远地迁去了上海的东北角，而南洋则留了下来，即是现在的交通大学，仍潜心教学，育人无数。故而也有许多人前去交通大学一瞻前贤的光彩，逛一逛校园的青春活泼，沾点儿灵气。余者，都是冲着徐家汇满大街的百货商店和美食而来。

除了唯一的那一座哥特式教堂外，徐家汇还真没留下什么古式建筑，多的是高档现代化的写字楼，多的是繁华商圈里永不停息的人流，多的是夜间通明敞亮的灯火，多的是餐饮馆子里的你来我往，这就是城市，热热闹闹的城市风情。

旅游指南

餐饮、娱乐、购物、休闲，这是徐家汇一带的关键词。港汇广场、东方商厦、美罗城、汇金百货、上海市第六百货绕着圈地围成了徐家汇的中心，集服饰、电子用品、美食休闲于一体。高档些的服饰都集中在这些百货大楼的一楼位置，占着上好的铺面；偏休闲的款式，就得上三楼左右找上一找；喜欢跑电子器物的游客，不妨逛逛百脑汇和太平洋电脑商城，也都聚了少说千家商户，极有可能挑花了眼；至于海纳百川的美食，更是值得一挑大拇指，甭说是南来的，或是北往的，整整齐齐地自徐家汇的正中位置码出了一道半径为三公里的区域，保管叫君满意！

主要景点 M 国际礼拜堂

——虔诚地向主祈祷

在衡山路上漫步，很少能有机会错过乌鲁木齐路上的红色十字架。它被圈在一个花园里，园中的草坪长势很好，绿色变着法子地想从铁栏杆里透出去。栏杆摸起来粗糙，有质感，有着20世纪二三十年代的独有属性，难免的欧式风情。常有逛着逛着好奇的人站在门口，贴着栏杆，透过缝隙仔细看着那尖顶。阳光是不怎么能透进来的，偶尔被打散了晃在地上而已。此时，教堂里什么声音也没有，衡山路上车来人往，喧杂一时。

红十字架属于国际礼拜堂。在2001年1月的《上海宗教志》中，国际礼拜堂的形象是这样的："近代哥特式砖木结构的建筑"，呈现"英国民间乡村建筑风格"，堂体平面呈L形，屋顶呈交叉形木屋架。大门朝北，两边设尖拱长廊，窗框为弧拱形，镶嵌梅花纹玻璃。堂的左侧为3层楼房，底层为牧师办公室，三楼是小礼堂。

礼拜堂初建于1925年3月8日，建筑面积1372平方米、可容纳700人，那时衡山路还叫贝当路。美国侨民在这里用英文宣教布道，有几位中国籍牧师作为点缀。1950年，朝鲜战争爆发，许多在华侨民纷纷回国。1966年8月，在文革中国

地址

上海市徐汇区衡山路53号，近乌鲁木齐路。

到达

地铁一号线衡山路站下。

门票

无

开放时间

周日礼拜时间为7:30、10:00、19:00。

作者手记

1.该堂保持了优美圣乐的传统，每逢宗教节日和每月第三周的星期日举行盛大的音乐活动。

2.礼拜堂室内不允许拍照。周日是非信徒的游客参观教堂的唯一机会，一天之中有三场礼拜对公众开放。而这一日的礼拜堂门口，往往大排长龙。信徒都来得很早，默默地进门，静静地坐下。很快，一楼的大堂、二楼的大厅和三楼的小礼拜堂，1400多个位置，都坐满了人。

际礼拜堂被关闭，也在那个年代消停过一段时间，直到1981年。

1981年1月4日，是国际礼拜堂重开的那一日。重新安装的管风琴，重新上漆排列整齐的祈祷椅，修补好的彩绘玻璃——信徒们踩着轻声响动的地板，再一次坐上木制的祈祷长凳，看着透过彩绘窗户而来的迷人阳光，紧握着手中的十字架，相隔十四年再见的心情，只有老一辈的信徒心里才明白！

牧师站在台前，预备开声宣讲今日的福音。他赞美着上帝，用无尽的言辞赞美着，声音柔和却很有力量。他的手放在圣经上，试图通过布道的方式，解除信徒心中的枷锁，求得上帝的宽恕！祥和的气息，在这座属于上帝的殿堂中，缓缓地化解每一个聆听者的伤痛。特别是当天籁般美妙的音乐响起时，唱诗班的一声声伴着浑厚的回响，更是增添无数神圣之感。

没有弥撒的日子，礼拜堂是紧锁大门的。自铁栏杆里偶尔瞥见的彩绘玻璃，余晖洒在半个墙面的金色光泽，总引人驻足观看

主要景点 M

衡山路东平路

——二十世纪三四十年代的老味道

衡山路，北段近着淮海路，南段临着徐家汇。当人们说起衡山路，脑海中翻腾的都是二十世纪二三十年代属于贝当路的花园式建筑，20世纪20年代老派上海的腔调，还有20世纪三四十年代的达官显贵群落。当然，在1943年之前，它还叫贝当路，属法租界。

衡山电影院

请容我发挥“小资”的本性，告诉你什么时候，逛衡山路最好。不能是夏日炎炎室外气温30度以上的日子，不然自身体的热汗到心绪的暴躁，都是杀死优雅情绪的上等凶器；不能是小雨大雨或者暴雨的日子，忙于打伞抵抗雨水的入侵或专心致志避开汽车走过的那段水雾，就是你所有能做的事情。就像是要欣赏一位上等姿色的美女一样，你得等她化了妆着了衫，无比优雅地出现在你面前，而你也最好不要满头大汗或是全身湿漉漉地迎接美女——真要是那样，一切的美感都毁了！

十月底，室外的气温开始收敛数个月的暴躁脾气，秋雨下了三场，空气又是清新无比，地上偶有积水，但不大。这时，整条衡山路的梧桐树都还绿着，比嫩绿更深些的颜色。它们的叶片经过一个夏季旺盛的生长，都已经够大，很快就要迎接冬日里的那场命运——有一日可以爱抚大地的一刻，并随着清道夫的步伐很快消失在街面上。红色的尖顶洋楼，嫩绿之间展现身形，连带着静止

与梧桐树影交织的片段

的凸窗和斑驳的铁栏杆们，一起成为路旁最精致的陈列品之一。

有着精致妆容的姑娘们，一个一个地被出租车、公交车、地铁放下，身影消失在一家又一家的咖啡馆里，特别是东平路和桃江路上的咖啡馆。这两条马路呈着弧形交界在一起，被视为衡山路上的延伸枝丫。若是逛衡山路，就没有不将这两条马路顺带处理的。

其实无须解释，只要亲身至衡山路，折进东平路上就是最自然不过的事情，像是脚有自己的意识，一溜朝前。那种根深蒂固的欧化风韵，在三条马路上来回荡悠着。东平路和桃江路相交的是街心花园，小小的，有一座雕像站着，没有什么车辆经过，偶尔有几辆自行车欢快地跑过，其中也有洋人们的身影。这片区域从未摆脱过法租界和领馆区的影响，从未离开过那种慵懒无比的气息。

衡山路上最早出现的应是上海美国侨民的子弟学校美童公学，紧接着是对面马路的上海国际礼拜堂。紧接着20世纪20年代，就是欧洲风格花园住宅群绽放的时刻，不止是衡山路，附近的岳阳路、东平路，也都曾有花园住宅的建设高峰期。这些住宅的主人，不都是洋人，而是各类有钱人——达官贵人，名人乡绅，只要能掏得出银元金条。再后来，地价上涨，房地产商更愿意建造一些公寓大楼，多租出一些房间，这笔账人人会算。

不免会伸手摸摸门牌号，古旧，有些来自20世纪60年代，有些是20世纪90年代。衡山路附近的老建筑，多在第一次全国文物盘点时都清理干净，谁占过谁住过，一笔一笔都写得清楚。经济大潮的旗杆树立后，这些建筑极少有偏安一隅

老建筑

的资格，全都通通缴械，改造成饭店的大有其数。席家花园、藏珑坊、仙炙轩之类的都可不提，却独独要提一提东平路衡山路口的Sasha——宋美龄最为钟爱的陪嫁，曾名“爱庐”。

Sasha红色的外墙很是美丽，下午人们通常更喜欢它左侧的藏珑坊，午后的阳光能在三楼的靠窗位置营造出温柔无比的氛围，而晚上，则是Sasha的天下。Sasha的霓虹招牌不显，只是门口的红色字符。门口看起来没有什么不同，院子里一样昏黄，不亮，夜间十一点几乎满座。灯光特意给这座旧时豪宅勾出一点边，不多，窗户也是。院中的客人们，看起来都谈兴甚浓，淡淡悠悠地飘过一丝香气，是隔壁桌的水烟味道。虽只是隔着一道镂空铁门，衡山路上夜间的喧嚣似乎遇上了天然屏障般，自声音到味道俱都无法进入Sasha的空间。呢喃的轻声慢语和被酒精渲染过的大笑声，被彻底地掩在庭院。

Sasha之后的衡山路，很适合张爱玲笔下的色调——那种满不在乎或是恍然大悟。20世纪90年代被改造的衡山路酒吧一条街，东平路口算一个起点，朝南斜斜地延去。这些酒吧大多傍晚才开门整理，晚上最是精神，而在下午，他们不会也懒得装点出如何精致。所以晚上最好，晚上才该是实打实地灯红酒绿，晚上才该是灯火阑珊间的怀旧优雅，我无法告诉你这街面上曾发生过多少故事。人们在这里学老外泡酒吧，学会了串场。长长的衡山路，连着串五家，一个晚上也就过去了。

比如Zapata’s Mexican Cantina，Sasha旁的这家酒吧。外观像是极为西部的小小酒馆，推开门，揭开屋内纯木质的结构，昏暗的灯光打在地道的墨西哥美食上。入夜十点后更为热闹，现场音乐和欢乐无比的人群，有着无比High的酒吧气氛。

比如Shanghai Brewery，Sasha的对面。几乎都是生啤的专场，黑啤的口味更为纯正。入夜九点后，似乎所有的露天位置都坐满了人，二楼的台球桌也欢迎各路高手的互相切磋。

比如O’Malley’s，近着衡山路一条马路的位置。这里有最传统的爱尔兰美食，新鲜的各类生啤，特别是花园内装上的超大卫星电视招揽了一大批体育爱好者的热闹聚会。花园中更有精心为小朋友准备的玩耍区域——草地和滑梯，小小沙地和游戏机，皮球和玩具，让星期六的下午变得更加可爱。

地址

上海市徐汇区衡山路，近淮海中路

交通

地铁一号线常熟路或衡山路下均可。

作者手记

1.衡山电影院曾是上海第一家电影院，重新粉饰后的电影院吸引了大量怀旧的客人。

2.桃江路内美食颇多。

3.衡山路的酒吧自十点后开始热闹，集中在衡山路永嘉路一段。路上偶有烧烤。遇上球赛的时刻，衡山路上最热闹，桌椅板凳和看球的人铺满了整条街面。

主要景点 M

龙华寺

——千年寺中度凡众

清晨六点，龙华寺前静悄悄的。天色已亮，路上却一个人都没有。纯蓝的天空和明黄的寺墙似有对应，气氛很是安宁。再过一会儿，这种安静的气氛将被打破。

骑着自行车或电动车的寺庙工作人员，总是龙华寺的第一拨人。厨房的大师傅们、上早课的僧侣们、负责院内事务的各色人物，十分遵循着自己的时间表。紧跟着是香客和旅行团的身影，慢慢地嵌进这座千年古寺的画面中。旺盛香火下的殿宇，往往充斥着燃起的白烟丛丛和虔诚祷告的身影。种种的躁动和喧嚣直到夜间才能平静下来。龙华寺的每一日都是如此，从未改变。它静静地站在上海西南角落里，看着这座都市的快速变迁。

龙华塔

龙华寺的对面是龙华塔，七层八面，悬有铜铃。塔顶有铁制的覆钵、露盘和宝瓶，共号称镇塔之宝的“七相轮”。站在寺前或是寺中央大殿前，都很难忽视这座高塔的存在。传说中，这是比龙华寺更为古老的建筑。相传三国时期，高僧会在这一带布法行道，后被孙权得知，为弘扬佛法建造了十三座佛塔，龙华塔便是其一。

历史典籍直到唐垂拱三年（公元687年），才出现龙华寺的溯源，圆通宝殿。此后的一寺一

翻阅教义的人们

塔，时有兴废，明永乐和万历年间更受皇家无限恩宠。据典籍记载，龙华寺是“钳殿蕊宫，檐牙复道，近古土木所未有。前辟放生池，筑施食台。其他隐室窈窕，林木翳瑟，遂为五茸第一山。”（张宸《龙华志·建置志》）。清代的龙华寺则更上一层楼，规模和殿堂建筑比明代更为宏伟壮观，真可谓殿堂无数，盛况空前。

自民国开始，情形急转直下，可谓辛酸泪一把接着一把。先是碰上辛亥革命的高潮，差点整座寺庙都要被拆毁，后来被设作驻兵场所，连菩萨身上的装金都无从保全，十余年后性空老和尚担任主持时虽然又将寺庙盘活，这一寺一塔却终究难逃日本轰炸机的魔爪，废墟残垣的姿态一直被保留到新中国成立后，之后又是一个起落，复修重建才成定局。

幸存下来的龙华寺，朱门黄墙，重檐房顶，上翘屋檐，还保留着宋代伽蓝七堂制的格式。所有的建筑物都在一条中轴线上，属禅宗的建筑风格。龙华寺中最为珍贵的镇寺三宝，明万历年间敕赐大藏经718函、范金千叶宝莲毗卢遮那佛一尊和御赐金印一枚，正是被高高地供奉在藏经楼里，享无限香火侍奉。

龙华寺的东西两侧是钟鼓楼。钟楼有三重飞檐，内悬青龙铜钟。这一铜钟也有来历，为清光绪20年铸造，高约2米，直径达1.3米，重13000余斤。除夕之夜的龙华祈福大会，便是要敲响青龙铜钟。足足两万的信徒集中于寺内，闭气凝神地细听声声悠扬之音。

地址

上海市徐汇区龙华路2853号。

交通

搭乘地铁三号线龙漕路站下。

门票

10元

作者手记

1.元旦迎新春撞龙华晚钟、二月春节进香、四月清明祭陵、三月三庙会是龙华寺的重要节庆活动，届时信众无数。其中以三月三庙会最是热闹。

2.龙华素斋颇为有名，每天中午食堂中都大排长龙。

延伸景点 E

田子坊

——创意味道最浓烈的街巷

泰康路210号，田子坊。

建筑，当然还是那个年代的建筑。相信志成坊这三个字，对于老一辈的人家而言，还有一些自1930年到2001年的记忆。虽然不长，但只要生在这，长在这，谁能没有一些关于这个小弄堂的记忆呢？弹格路上坑坑洼洼的粉笔痕迹，跳

夜灯迷离下的小店

几下房子；几个小小身影或者竹板凳儿牵着橡皮筋，跳几下也好；接下来什么踢毽子，骑自行车探险，上下班走过的小路。这些关于志成坊的记忆，五十年之后，大概真的会不见。那时的人们，关于泰康路210号的记忆，只有田子坊。

2号，陈逸飞工作室。来田子坊，如果惊叹于整个弄堂的别致，该来这里看看，这里是田子坊的起源。要将时钟拨回到1998年，中国知名的艺术家陈逸飞在这里租了两个厂房，准备扎在人群中搞艺术。陈先生喜欢热闹，喜欢喧嚣，他看上了志成坊的生机勃勃。故事的过程不重要，结局才重要。艺术家们被相继吸引过来，各自租了点地方当工作室。人越来越多，就有了创意园区——田子坊。现在，这个社区生活着23个国家和地区的老外及华人，开着240多家小店、小公司，每日游人无数。

很难令人想象，这些店是怎么塞进小小弄堂里的。这里有手工点心店和咖啡馆，铺陈得好像自己的客厅那样，有些杂，有些乱，可看上去怎么那么舒服，坐起来也叫屁股十分满意；这里有号称上海最好的Mojito店，街边的瓦片屋一间，挂满了游客喝酒派对的照片，除了坐满的高脚凳外，几乎没有站立的位置；三层楼的泰迪之家，亲手做个泰迪熊如何？啊，你不会寂寞的，墙上有无数只可爱的泰迪熊看着你，还有堆在墙面前的那一系列泰迪熊。说这话的时候，我不能忘记眼角扫到的一角床单，20世纪90年代的风格，三楼位置，由竹竿撑出，也随着一阵咖啡香在风里摇啊摇；我也不能忘记一旁小凳上坐的阿姆，银丝白发，拄着拐杖看着川流不息的有人群。她的头上是一家复古饰品的招牌，20世纪30年代的调调。

市井气息就是这样一点点地融进田子坊的，就像28寸的黑色凤凰牌自行车那样，一边挂着青菜，一边挂着招财猫。看似不伦不类，却相当得配。至于精品店铺、设计师工作室、画廊、酒吧乃至餐厅，也早就融进了田子坊。时光在这片小小的角落，慢了下来，好像受了咖啡蛋糕香的勾引，愿意放人一马。旅行者若到了这里，大概真的可以放松一下心情，不用担心明天的行程，不用担心赶哪趟火车，不用担心该怎么写信，就像是回到了自己家，一屁股坐下，想吃就吃，想喝就喝。

泰迪之家是田子坊的必去之地，泰迪熊在三层楼的小家中扎了根。一楼的泰迪熊可以零售，客人也可以自己亲手做一只小熊。二楼可以用餐，沙发和餐桌都被大熊们簇拥着，憨态可掬，装到心里都是满满的甜蜜。小熊卡布奇诺是这里的招牌咖啡，具有足量温婉的甜蜜。

Mojito 调酒师

地址

上海市卢湾区泰康路210弄，近瑞金南路。

交通

地铁九号线打浦桥站下 1 号出口右转可。

作者手记

1.田子坊里的路七拐八绕，容易迷路。很多店家有卖电子坊的手绘地图。

2.田子坊旁不远处是八号桥创意园区，有许多画廊可以参观，不怕运动的话走上一刻钟。

喜空SKY窝在田子坊里，不怎么出挑。伴着狭窄的小木楼梯，是细细碎碎的只字片语，老式的物件和满是鲜花的小陶罐群，风尘仆仆的旅行感知和柔软的沙发组合在一起，明信片寄去的情怀和回忆的时光。坐在SKY里，看着走街串巷的如织游人，有一种待在自家起居室看热闹的感觉。明信片慢递服务，最早的服务之一，让你或许愿意写封信给未来。

丹的提拉米苏，据说是上海数一数二的好货。四四方方的一小块，入口后是几层香味的裹包，浓郁的芝士香，甜而不腻的奶油，一点点辛辣的酒味，还有略微苦的可可。咖啡是纯手工研磨的，这就意味着这里的客人不会太多，客人等得起老板的慢悠悠，等得起一个下午的悠闲时光！

延伸景点 E

七宝老街

——古街上甩开腮帮子吃

七宝老街的招牌，是近几年才打响的。文人墨客乃至史官笔下，都有七宝的记载——正所谓“长街还带宋时雨，小巷犹听大明钟”。古镇形成于后汉时期，到宋初初现规模，明清时期靠着漕运越发兴盛，更因纺织业的兴起成为重镇。所以，所谓千年七宝，绝对名至实归。只是岁月经年后的七宝，整个古镇除了“解元厅”、“斗姆阁”等外，已经再无深宅大院可用于开发旅游事业。于是开发者可惜了一番之后，便将老街抽了出来，街面不动，两侧修新楼。

桥上风景

万兴酱园

怎么修？一个字，仿！仿明清豪宅古楼，仿的是早年南北大街林立的商铺子，前店后坊的规矩是照得一个严严实实；再仿富家的走马楼，仿迎万千客商的酒楼茶肆，酒招儿是飘了每家楼面的上空。聪明的人，听到这儿应该明白了。若是想来老街上看古宅子那些东西，还是莫要耽误那工夫才好。只有一样，若这位是吃货，那得来，得多多的来！

如果是吃货，自青年路的老街牌坊那儿开始，心思就得开始纯起来。得闭上眼睛宁神静气，先得抹去旁人口舌的喧杂，无论是叫卖声还是讨价还价声，通通都自动静音。朝前走，甭在乎人多人少，直到过了塘桥。桥上有时人少，可以站定桥头琢磨一下吃的顺序章程；若是桥上人多，那别忙着走，上桥前先盘算好，再下桥。若是混了顺序，下得桥来，行在南大街的第一步，就得被层层的香味吹得是东倒西歪，拿不定主意。

能不香么？哎哟哟，您瞧瞧，这百年汤团店里头的大胖白嫩汤团，正活蹦乱跳地等被一勺勺分去小黑碗。七宝的汤团，品种实在多。甜的有黑洋酥、枣泥、花生等，咸的有鲜肉、菜肉。汤团的个头都不小，皮厚馅多，五个汤团足以打发一顿早饭。

黑洋酥汤团，一口咬下，黑芝麻的甜蜜一下子窜进风中，化作一只轻巧秀手，对着吃货就是一勾再勾。勾的其实不是吃货，而是食客肚中的馋虫。馋虫一醒，口舌便生津，瞧着锅里的汤团门，牙齿就忍不住咬咬，看看到底糯不糯，看看到底甜不甜。瞧那些店中客人埋头苦干的样子，滋味定然是不错的。此时要忍住，一定要忍住，糯米撑，若放开肚子先吃汤团，接下去的选择便是喝茶一下午，再无容量可以饱餐其他美味。

除了汤团，笋丝青豆也香，正好盖住了蹄膀的肉香。豆子小，笋丝脆，嚼起来很是过瘾。嘴边慢慢地泛起一丝清香感，淡淡地不易察觉。肉香则不然，大肆张扬，色泽也是动人，诱人下口得很。胡记的最好，软烂鲜香不说，肉都带着极淡的五香味道。当然，蹄膀可以外卖，店家会殷勤着把肉剁成适合入口的大小，外头包着层层塑料袋，很易携带。

田螺嵌肉的香味浓郁，七宝方糕也清香无比，有时窜起几口酒香，更是连酒虫都要勾动起来，想着不管不顾地奔酒而去。特别是走过南大街21号的时候，酒香更是摆出身段，扮贵妃醉酒相，动人动虫不已。好的黄酒要配冰镇的七宝羊肉，沾着撒了香菜末的酱油蘸料，有好吃又香。

老街臭豆腐

这些当然不够吃货吃的分量，所以再来点烤串，来两块海棠糕，来一份小笼，就得踩着石板条朝前走，边吃边走。海棠糕，是上海的特色小吃，七宝也有。热乎乎新鲜出炉的糕点，外头被焦糖裹上了一层，又甜又脆，中间夹的是软软的糯米馅，细细的豆沙馅，品出的是一份吃货的幸福。

所幸老街不长，宽也不过

地址

上海市闵行区青年路。

交通

地铁九号线七宝站汇宝广场9号口出站，前行至民主路，青年路左转后可到。

门票

地铁九号线七宝站汇宝广场9号口出站，前行至民主路，青年路左转后可到。

开放时间

9:30-20:00

作者手记

1.七宝老茶馆里有戏听，茶客不断，生意很好。

2.老街也设有许多好玩的景点，如酱园、典当行、酿酒铺、微雕馆、蟋蟀草堂等，也算思虑别致。

二三米。自初段开始吃，近老街尾段时应有六分饱，此时便是臭豆腐和酸梅汁上阵的好处。臭豆腐也越卖越贵，二元钱五块，可油里炸着实在闻着香，多半买的人都吃了一盒不过瘾，还得再来一盒的。之后，再来一碗冰爽无比的绿豆汤，吃货的任务才算完成。切莫小看这些街边小食，都是多少年练出来的功夫，多少年珍藏的秘法，的的确确好吃。

还有羊肉。七宝老街上几乎都是卖羊肉的。装盒、取酱，盒子里的羊肉看来新鲜可口。多为白切的做法，少有膻味，肥瘦比例掐得正好，入口鲜美，蘸酱后的味道更是富足，令人十分满意。

吃完了，摸着圆不溜丢的肚子，可以打几个饱嗝了。太阳一晒，浑身暖洋洋的，可以去七宝某处茶楼坐坐。老式的八仙桌，长条凳、长嘴铜壶、方头竹筷，加上屋外的飘飘酒旗。得坐得高些，能看着两头老屋那种鳞次栉比的叠法，东边蒲汇塘两岸的大树浓荫，兴致来了，可仿古人嘟囔出一句：尘埃漫漫世浮华，两袖清风一盏茶！

也有人喜欢七宝的老行当。他们喜欢怀古，喜欢忆旧，想看看20世纪初乃至更早时的各式老行当。老行当馆占地500平方米，用泥塑人像的方式凝固了许多老行当的时间。弹棉花的工匠，铸器的铁匠，扯布的裁缝铺子，金漆题字的算命先生，沿街吆喝的扎匠等，三百六十个老行当留至今日的遗存，当真不多了。

资讯补给站

[住宿]

上海蓝山国际青年旅舍（瞿溪路店）

这家店并不算在市中心，倒是近世博园区。故而这里并没有繁华世面，没有摩登场景，混杂在周围的都是真正的生活气息。

旅舍的设计很有格调，藏着一小片人造的竹林。走廊被各色墙面漆霸占着，看起来超级活泼。水房的门口，是老板淘自景德镇的瓷洗手盆，怎样都沾染上了一点瓷器的温柔。大堂别具一格，有高悬的“石库门”留住百年的光阴。旅舍的床都选自实木系列，崭新时的乳白色已有些泛黄，在阳光下映散出寸寸暖意，很有家的温暖。带露台的小复式房间，比多人床位的上下铺更显出别样情趣。公共休息处有还电脑、书吧、投影仪、桌上足球等设施，洗衣机、厨房用具等生活设施也配套齐全。床位55-65元/床，大床房190元/间，四人标间310元/间。

卢湾区瞿溪路1072弄1号甲2楼（近鲁班路）

021-63043938

地铁四号线鲁班路，3号口出站即是。

悦阳商务宾馆

幸好悦阳隐在衡山路背后的岳阳路上，若在衡山路上，这家宾馆绝对没有今日的高性价比。岳阳路到底是一条林荫道，即便午后两三点的时

很少有游客走上这条路，梧桐树在少有车辆的道路上伸展得精神，几乎成为所有建筑的背景板

刻，仍旧有着萌萌的绿意。近着音乐学院附中，近着领事馆，悦阳似乎就把自己定位成闹市喧嚣中的一片宁静，夜间一点都不吵。房间不大，却干净得很；靠着路边的房间，都能瞧见附近的矮房和绿树。宾馆近着岳阳路上的饭店，比如滴水洞，比如和平官邸等餐厅，出行方便。房间设施齐全，床软，隔音效果好，价格大多在238元/间，也有更便宜的特价房148元/间。

上海市徐汇区岳阳路58号（近永嘉路）
021-64666767
地铁一号线衡山路下，沿永嘉路朝左走，岳阳路左转后不一会儿便到。

东湖宾馆

摆设有古味，有故事的老酒店里哪里都散发着复古的味道。很多年前，这里曾是杜公馆，赫赫有名的杜公馆。将日历翻过去几十年的工夫，上海乃至全国，有谁不知道杜月笙？这几座20世纪二三十年代的花园或公寓住宅，自那段腥风血雨与繁华如梦的年代走来，褪去了光鲜繁衣，已打开大门，让所有人都有机会领略多年前的传说。

7号楼是东湖宾馆的主楼，即东湖路7号，建于1925年。这是一幢三层楼的法式别墅，它曾在杜月笙之后的年月里接待过许多俄国人，曾是苏联驻沪商务办事处。建于1935年的1号楼和2号楼，则曾被中法银行、交通银行及美国总领事馆使用。这两幢相连的五层花园住宅，也曾辗转过许多显赫贵人之手。事实上，若将东湖宾馆的前尘旧事一一撰写，想必大部分的事情都能与许多大事印证起来。置身在简单而古老的红色地毯上，再提起那些个曾经出现在这里的名字，那一刻，这些人物骤然鲜活无比。副楼高级标准间550–650元/间，主楼高级房720–820元/间，另有豪华套间1200元左右/间。就近是东湖路一条街，自饭馆到咖啡厅，自按摩到理发店，可谓齐全。

上海市徐汇区东湖路7号（近淮海中路）
021-64158158
地铁一号线陕西南路站下，沿淮海中路朝西走，东湖路路口便是。

联艺凯文公寓

用迷人来形容公寓，是不是过分夸张？其实用别有洞天来形容更好，不知情的人士大概只能看到进门前那面被绿藤挂满的墙面，还有那小小的酒店门脸。纯英式庭院建筑，不大却简约有型：木质地板已被时间刻出斑驳的纹理，水晶吊灯和铁艺扶手分明是后续的低调华丽风；无论是Art Deco还是Gallery风格的房间，复古都是联艺凯文的主旋律。

西洋古董电话和湖蓝色墙面的爱恋，红木家具和老地毯的一场一搭，云石小台灯和富贵花纹屏风的侧耳低语，20世纪30年代的华美风潮一日之间重现于世。房间的采光都很好，百叶窗隔开了外面的法国梧桐树，宽敞的衣帽间藏着全身镜，让换衣服变成一种新鲜享受，大块的化妆镜和精致的小浴盆混在一起，恍然错身于某个特别年代的上海。酒店本身经营的咖啡馆，提供的早午餐还不错，值得尝试；附楼的T-gallery是一个相当有趣的多媒体展馆。机场免费接机、私人租车、私人导游服务等额外服务也很周到。房间价格1288元起。

上海市徐汇区衡山路525号（近网球中心）

021-51795000

地铁一号线衡山路站下，沿衡山路朝徐家汇方向走10分钟，左侧即是。

客堂间酒店

客堂间，“老地子”的上海人若真属大户人家，家中必有这样一间屋子接待客人。这家酒店的名字，就透着对旧日上海的眷恋，取了海派情结，又含人文底蕴。

永嘉路是幽静的，路面不宽，足够让成年多时的梧桐树搭出一整路的阴凉感。客堂间酒店的周围既有朴素的居民屋宅，也有多幢独立的欧式公寓，很适合安静地住上几天。一楼是老牌洋房总配备齐全的露天花园，还可享受不错的泰式餐料。老板大概极喜欢上海的人文气息，故而餐厅常有昆曲、评弹、沪剧等演出，第一次听说的时候叫人好生意外。

房间格局规矩，四间为朝南的双人房，每间45平方米，住起来很宽敞；另有一间别致的复式单人房，另有趣味。屋内的浴缸不是新造之物，多是从上海的老房子拆下来的旧物，修补清洁而成，只为配合酒店主人多年不散的情结。此外，还有雕花大床和黑木地板，也一并诉说着时如轮转，一刻不停；木楼梯上荡起的脚步回音，一点点带你回到十里洋场。房间内的配饰很有风格，配有本地艺术家的创意画作，真的有独一无二之感。单人房499元/间，双人房800元/间。

上海市徐汇区永嘉路335号（近襄阳南路）

021-54666335

地铁一号线衡山路站下，至永嘉路直走向前，大约15分钟后可至酒店。

[休闲]

老麦咖啡馆

若在上海，无论你的铭牌上刻着“小资”或是小清新，没有听说过老麦咖啡馆的话，那肯定是要被鄙视一下的。老麦给人的第一印象便深刻至极，绿色的木门和绿色木窗户，自里向外地透着小小情调。许多沪上的摄影工作室，都会跑到老麦的门口取景，不是在长椅上，就是在门边，故而去多了，见多了，也就能直接略过模特们和摄影师们，径直入内。

门边是整排的书架，码满了书，英文和中文的都有。墙角经常堆着旧物，混乱着却透着自在，让人坐下来喝茶喝咖啡或聊天都觉得很有归属感。柔柔的音乐声，不高不低，也是恰到好处；拿铁醇香，一口暖暖可以温润整个下午，带着些回忆，或许更好。拿铁蓝莓芝士蛋糕很受欢迎！人均50元左右。

徐汇区桃江路25号甲（桃江路宝庆路路口，近衡山路）

021-64660753

地铁一号线衡山路站下，返身朝淮海路方向走，于桃江路右转可至；或于一号线常德路下，走至衡山路桃江路，对街可见。

尔苑咖啡厅

桃江路的尔苑咖啡厅，成名有段时间，黄色的外墙在街上很易看到。店内的装修有点偏西藏风，满屋子点的都是佛香，绕的都是佛音，吃的是素食，敬的是佛心。店主是日本人，有邻家姑娘的感觉，平静悠哉。沙发旁的书柜，盛满了旅游和养生的书籍，英语和日语偏多，中文的比较少。手写式菜单，排满英文，好在店主人说的一口中文，沟通倒是无碍。

南瓜汤和蘑菇汤不错，味香汤浓；果汁都是鲜榨而成，非常可口；咖喱饭和糙米团子，有时会上演和绿叶生菜的热恋戏码；蓝莓芝士蛋糕，一定要推荐推荐，香蕉布丁蛋糕，也不时诱人三分！人均70元左右。

徐汇区桃江路3号（近宝庆路）

021-64334602

地铁一号线衡山路站下，返身朝淮海路方向走，于桃江路右转可至；或于一号线常德路下，走至衡山路桃江路，左转黄色院墙内壁便是。

[美食]

穹六人间

无论白天或是晚上，若是第一次造访，不用心拿着门牌号对号入座的话，相信迷路是相当正常的程序，当然走回头路也是正常的。

这是台湾人开的创意餐厅，其店内装潢绝对值得一提。日本大师三浦荣一亲自操刀，为穹六打造出了一付简约而现代的风格，一座彻底的玻璃迷宫。晶莹剔透就是唯一的感觉，说置身水晶宫也不为过，能瞧得清楚自己的每一面。菜肴设计很是讲究，当然分量不大，大肚汉的消费怕是要达到人均的两倍价格，建议还是吃个眼福，尝个新意。其菜肴造型之别致，真的值一份情调价！提拉米苏不错，纯喝酒的时候和饭后建议来上一块，独具优雅感；烤银鳕鱼，鱼肉鲜嫩；黑啤，口感纯正；试管酒，热辣入喉！说白了，此地最适宜的是情侣一同造访！人均160元左右。

徐汇区岳阳路150号（近永嘉路）

021-64660505

11:30-14:00和18:00-00:30

地铁一号线衡山路下，沿永嘉路朝左走，岳阳路右转后不一会儿便到。

复茂小龙虾（宛平南路店）

炎炎夏日，不，这时间再准确一点是自五月至十月期间，上海大街小巷的餐馆都会摆出小龙虾的招牌。甭管是爆炒，是香辣，是重辣，或是葱烤，小龙虾的香味将在这半年内香遍上海，首当其冲的便是复茂小龙虾。

作为沪上大名鼎鼎的龙虾专卖店，复茂的生意不是一般得好，天天晚上都有人排队。吃小龙虾最忌不干净，复茂的小龙虾则十分干净，去头抽筋，很是讲究。肉质饱满，汤汁足足的，浸够了龙虾肉。能吃辣的客人，还是推荐越吃越过瘾的重辣口味！人均90元左右。

徐汇区宛平南路400号（近斜土路）

021-54250431

11:00-04:00

地铁四号线东安路站2号口出站，朝西南方走，过上海南洋模范中学，于宛平南路右转，近斜土路便是，要走10分钟。

小红楼

对于坐定了用餐，我不确定小红楼是不是最佳选择，但若是喝点饮料听听音乐，我却绝对敢打保票。小红

衡山公园里的绿意如何葱茏，也压不住小红楼的娇艳。它自顾自地得意着，一如20世纪的那般风光

楼的主楼为两层，雕花的老虎天窗有着那个年代专属的华丽姿态。历史在这里曾经停顿过，EMI和中国唱片厂曾在这里录制过许多唱尽悲欢离合的上海经典歌曲，《夜来香》、《天涯歌女》和《四季歌》就名列其上。故而若要带着年岁有五十朝上的客人，小红楼当是最佳选择之一。

虽然又重新装修过，但旋转楼梯的扶手仍保留着繁复的雕花造型，质感非凡，老式吊灯的笨拙感和通透的水晶灯，则是另一场华丽舞曲的开场白；拐角处的花玻璃，拐角处的白色隅石，代表着一个时代的品位。当年的小红楼究竟上演的是如何纸醉金迷的戏码，只能借这些现存的空间看出些来。鹅肝真心不错，醇厚入味，算得上一道招牌菜。一楼的花园可以吃吃点心，怎一个惬意可言！人均150元左右。

徐汇区衡山路811号徐家汇中心广场绿地内（近余庆路）

021-64319811

11:30-14:00和17:30-22:00

地铁一号线衡山路下车，朝西南方走，过网球中心再走5分钟便到；地铁一号线徐家汇站下车，13号出口直走10分钟可到（对面）。

仙炙轩

旧日白崇禧的白家公馆，改头换面，成了如今有着花园的餐馆。两层楼高，新古典式建筑构造，白色的外墙在白日里沉淀出一份气势，而落地玻璃窗的柔黄灯光则选择在夜间维护着那段旧上海时光。无论白日或是入夜，这座建筑本身就极富存在感和故事感。

餐馆很受新人的欢迎，一年四季总承办着婚宴。若将红色地毯自二楼楼梯口抛出去，那红色一掷而下，顿时漫起大片的喜庆。其延伸处，就是最受女人们爱戴的小花园，春日里的花香很能醒神。一楼吃铁板烧，二楼

大草坪和别墅的魅力叠加，被赞为最佳婚礼仪式的举办点

则是烧烤，价格是真的不便宜，好在味道不错，尝试一下也好！人均400元左右。

徐汇区汾阳路150号（近桃江路）

021-64313935

一至二楼周六日11:00-23:00 ，二楼周一至五17:30-23:00

地铁一号线常熟路站下车，顺衡山路直走，至桃江路左转，过小小园子，汾阳路上走2分钟即到。

和平官邸

和平官邸是戴笠戴老板的府邸！叫人不得不感慨时间的魅力，这座旧时的上海大户人家，现在就是极富古典气息的餐馆而已。在此处打个转，仿佛能捡回一点已逝的时光：走近花园前的迎客位，走近古意浓厚的玻璃暖房，走近阁楼上的小小阳台，走近摆设雅致的包房，总叫人想从前，忆从前。时间的魅力，自这些家具摆设，自老房子本身的气味中弥散开，不容忽视。

本帮菜做得口味上乘，蟹粉豆腐也是主推菜肴。此外鹅肝虽然价格不菲，若是荷包丰厚，也值得吃吃。若

官邸的建筑带着20世纪明显的节奏

是要拼情调，还是在一楼的位置，隔着弥漫整晚的灯色，隔着晃悠不已的酒色，谈上一场与老式腔调的爱恋！人均400元左右。

徐汇区汾阳路158号（近桃江路）

021-64375193

地铁一号线常熟路站下车，顺衡山路直走，至桃江路左转，见小小园子后左转，即可见餐馆标牌。

夏朵西餐厅

法式风情，总爱白色蕾丝——这似乎是一个定理。夏朵里的法式调调，也是由此而生，窗幔是白色蕾丝的，大理石是黑白相间的，餐椅则是出挑的桃红色，衬出了一份来自异国的优雅情调。墙灯很有特色，富有中世纪色彩，给人留下深刻的印象。

法式田螺和奶油蘑菇汤是招牌菜，深受食客们的青睐。芝士蛋糕和提拉米苏是很受欢迎的甜点。某一日温暖的午后，靠着温暖的抱枕，随意散漫地坐在夏朵里，最好对面再坐着叫人幸福满眼的爱人，“深陷其中”是在所难免。还有其他推荐菜式哦！比如蓝带猪排、烟熏三文鱼、巧克力蛋糕、巧克力核桃慕斯、贝壳面和烟熏三文鱼！人均130元左右。

徐汇区华山路855号（近复兴西路）

021-62128085

公交48、96、113、548、506可达。

第十章

10 虹口和杨浦区域

——文化底子最厚的城区

这一块区域，嵌在上海地图的东北角，说来算是文化底子最为深厚的城区。上海知名大学中如复旦、同济、外语、财大等，都在这片区域扎根。自从前些年地铁稳稳地通达后，热捧起了好一段老历史之旅。但无论杨浦区或虹口区，都缺了点大红大紫的特征，没什么异样耀眼的精彩。可它们的好，只有去了才能知道。

复旦、同济校园中那些竖立的雕像，成群坐落的老宅子，随便说一个都是长达半小时的段子。文人的报国之心，不因乱世而停摆，振兴中华之渴求，也不曾因乱世而止步。说逛校园子实在简单，可若能凭着校史博物馆中黑白照片间的百年印痕真切感受到，诚心教书之不易，传播思想之困难，资金筹措之艰苦，靠得都是一心一意教书育人的诚念。

虹口多伦路的姿态，更加了份历练后的包容接纳。是文人前来瞻仰也好，是单纯前来逛街也罢，至于咖啡馆中两两聊天增进感情之类的，也都是多伦路极为欢迎的事项。只因此处的前辈们，要一个振兴后的中国，要一个自豪自傲的中国，要一个永垂不朽的中国。人们活得好，方才算对这些摇着笔杆打天下的人有所交代。越是热闹，他们就越喜欢，当年的力气就没白费。老建筑加上文人底蕴的招牌，是近年来多伦路招人喜欢的最大原因，许多游客更是慕名而来。

旅游指南

杨浦区的文人比较偏爱五角场一带，无论是复旦还是同济，都早早地把基业定在了这里，许是偏远之地更宜学生精心读书的缘故。许多游客对这两座充满历史、充满学术魅力的大学好奇着，于是选上一天周末体验大学生活，坐一坐自修客堂，读一遍栏杆告示，躺一躺青翠草坪，踢一场精彩足球，吃一口食堂米饭，听一席精彩报告。可以怀旧，更可以期盼。两座大学之间的美食之处也是不少，略跑一站是逐渐繁华的五角场，随着地铁八号线的开通，越发什么都有起来，也是这一区的逛街圣地。

虹口区的文人比较偏爱虹口足球场一带，老早鲁迅先生同辈分的文人就喜欢，还挨着个地住着，扎了根。言之有物，笔下有意，彼此之间串门议稿也是极为方便。如今这些情景也只能回顾一番，徒留些老式建筑感慨唏嘘一番。热闹的多伦路也必然不可放过，如此人文氛围极重的街道更适合背手踱步。多伦路算上鲁迅公园，再添上现代美术馆，坐下喝杯热茶休息，短短半日如千里马飞奔而去，可以忘忧。若还不尽兴，去被青松遮着的甜爱路下走走，到热闹无比的四川北路闯闯。

主要景点 M

鲁迅公园

——英国风景园的旧痕

鲁迅公园，东门开在甜爱路。

这是两扇小门，只开一扇。朝里走，先是左侧的大片绿色草坪，草坪上的塑像，天上挂着的几只风筝，地上奔来跑去的好多小娃娃儿，再是右侧的白墙黑底建筑。至此，视线粘在门口大大的几个字上“鲁迅纪念馆”。纪念馆的外墙实在颇有特色，大片墙面的白色正与黑色的飞檐和木质的门框一并，仿若是将江南水乡里某个老宅的大门搬了来，正有鲁迅的家乡——绍兴的味道。

先生生前在虹口住过。那时的先生，文字太过了得，声音太过响亮，既遭人忌恨，也是某些机关的重点监管对象。避进租界，才能让先生畅所欲言，正如其

好奇于黑白银幕的孩子

他避入租界的众多文人一样，在虹口的这几年，先生很是满足，更有一子海婴落地。

和其他的纪念馆一样，鲁迅纪念馆除了陈列旧物，也挂满了先生的相片，年少时的青嫩，日本留学时的忧虑。那两道不屈就的横眉，恰是在中年的影像上才出现。他的不安，他的呐喊，他的焦心，他的愤怒，他的每一道情绪，一句句落下的文字都化作了震动黑夜的春雷声，声声震耳！

鲁迅公园里，不止有鲁迅纪念馆，还有鲁迅墓。常青的高大松柏伴着长眠的先生，一如既往。除却来访先生的游客外，每日出现在公园内最多的，仍是锻炼身体的中老年。他们跳舞唱歌，操持乐器，练和声，悠哉地看荷赏柳。

看荷。春末的睡莲池中，莲叶早早地就搭成了片，池边桥下都是满满的碧叶。到夏天，等小花苞儿一个一个窜出来，等一朵朵粉白或嫩红，等一阵阵的风带过一阵阵的清香。这时，池塘边散步的人就最多，闻着清雅荷香，看着接天无穷，实为赏心乐事。

赏柳。睡莲池朝东，是柳堤。柳堤长长，沿着河岸逶迤向北，全长800余米。三月时，清风吹拂，抽芽更快，柳叶越长。渐渐地，就有人爱坐在树下，柳叶儿随风一荡一荡，夕阳的暖韵下着实温馨动人。夏季时，还有取巧的木芙蓉点缀其间，很是有趣。

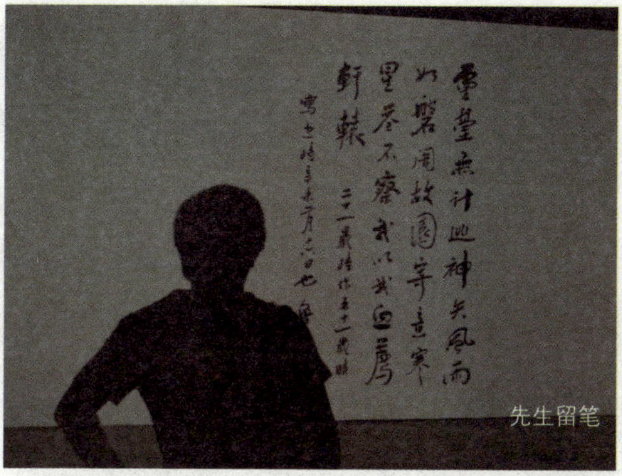
先生留笔

但鲁迅公园通常都热闹，老人们有时也起性子说点以前的事。他们会说虹口公园刚开的时候不让中国人进去，印度人也要体面方能进入。那个地方，和公家花园一样，也都是竖了牌子，华人与狗不得入内。外国人是仿了英国最时兴的体育公园样子造的，1922年建成。他们在里面打高尔夫球，打网球，打曲棍球，打篮球，至于棒球和游泳池的场地也都设计得好。只是中国人并不知道这些，他们被阻隔在一道长长的围墙外，成日里看着老外们进进出出，男人都是绅士打扮，女人都不忘带把小花阳伞。

地址

上海市虹口区东江湾路146号，近四川北路。

交通

轻轨三号线、地铁八号线虹口足球场站。

门票

无

开放时间

06:00–17:00

作者手记

1.每到周末，纪念馆附近便开始有组织的大合唱。大大地圆圈围起来，每个人都手捧唱谱，认真异常。

2.公园的下午，是老人的市面。有唱京剧的，有唱昆曲的，有唱民俗曲调的，有吹萨克斯风的，有吹口琴的，有拉手风琴的，喜欢的人都驻足长听，十分欣喜。

3.纪念馆中每隔段时间，就有义务的解说员，详尽地介绍先生的事迹。她们自少年鲁迅说起，说到娶妻，说到离家求学，说到回乡执笔，说到北上教书，说到情动定缘，说到为学生抗议，说到编书。先生不长却比他人精彩万分的人生，要说上几天几夜都说不完，解说员也是能点出一二。但游客们还都是喜欢围着解说员，一点一点地问，很像是勤奋苦读的学生围着老师那样，令人看了感慨万千！

主要景点 M

复旦大学

——始自复旦公学

要真真正正地把复旦解释清楚，只是邯郸路的那块复旦区域，都得给你找张复旦大学的地图，一手指点上去，把一个个建筑都说明白。得给你解释清楚南北二区的分别，解释清楚几个知名建筑的由来，点出最有历史痕迹的地方，说几段

校园

名人的趣事，最后再带着你去美食街饱餐一顿，吃到肚皮溜圆才能走人。

得说相辉堂。自正门进北区，走到登辉环路上，面朝北，正前方的白墙黑顶建筑就是相辉堂。建筑本身并不起眼，只不过是二层砖楼，外加平瓦坡屋面，现为大礼堂。每年复旦的话剧社都要在相辉堂上演几场精心排练之作，届时，所有食堂前的公告牌，所有教学楼前的公告牌，都将贴满话剧的宣传单，设计感强，十分吸引眼球。

每位熟悉复旦历史的人，都知道相辉堂对复旦人的意义，绝不仅仅只是看上这样几场演出，或是听到几场名人的演讲论坛。这座建筑，和校区中任何一座建筑都不同。1984年之前，它叫登辉堂，纪念复旦的老校长李登辉[①]；1984年之后，它叫相辉堂——相，马相伯，辉，李登辉——复旦缔造者的名字，前后两代人铮铮的文人风骨，前后两代人对自由精神的追求，前后两代人对振兴中华的渴望！他们的风骨追求乃至渴望，都被刻进了校训，印进了每一个复旦人的心中，伴随他们的一生。

① 此书中的李登辉与中国台湾的李登辉不是一个人。

“日月光华，旦复旦兮”。自强不息的信念，早在马相伯创立复旦之日，就被铭刻在复旦人心中。他说，要“崇尚科学、注重文艺，不谈教理”；他说，要兴“学生自由研究之风”。他还说，要复兴中华。若说马相伯给复旦打了个基础，勾了个框架，那么丰满形象的主刀人，则是李登辉。

复旦的教学楼，喜欢被绿色包围住。层层叠叠的几层绿色，又有红黄等花树的配合，视觉效果更偏清新

1913年，李登辉开始担任复旦校长。和马相伯喜欢长衫不同，李登辉对外的形象，永远都是一身笔挺的西服。外表不一样，思想却一致——主张“学术独立、思想自由”，要求学生“至诚、纯洁、无私、博爱”！他们要办中国最好的学校，要把复旦办成可与西方大学并驾齐驱的新式学堂！

“你们现在穿的是学士制服，你们穿过了以后，应当是一个有学问的人，应当从此对国家有所贡献，一个大学毕业生，应当为社会服务，为人类牺牲，服务、牺牲、团结，是复旦的精神，更是你们的责任。”——李登辉，第一次在相辉堂的演讲。

后人们，正是顺着这个目标走下来的。如苏步青，他建立和完善复旦的数学学科，创办国际性数学杂志《数学年刊》。在他曾工作和研究的小白宫里，在这座四层的罗马建筑里，依次走出了谷超豪、李大潜等数学家。他们务实求学，潜心研究，认真钻研，每一位站出来都能自豪地说一声：我是复旦人！

除了说相辉堂，复旦当然还有其他充满故事的老建筑，如奕柱堂。奕柱堂建于1921年，由中南银行总经理、华侨银行家黄奕柱捐资一万元兴建。同年落成，命名为奕柱堂，为校办公楼兼图书室。1929年添建两翼，为纪念复旦大学前教务长、经济学家薛仙舟而改名仙舟图书馆。

或者比如子彬院（今数学楼）。子彬院建于1925年，代理校长郭任远出面向其族叔、潮州巨商郭子彬募得捐资五万元，兴建复旦大学心理学院。1926年落成，名子彬院，建筑风格为欧式。时《申报》称：该心理学院大楼规模，在世界上数第三位，仅次于苏俄巴甫洛夫心理学院和美国普林斯顿心理学院。

无论是复旦在上海的建筑或是迁至重庆后的建筑，许多都没能逃过日本军队炸弹的侵袭，从修修补补到整幢建筑重新修复的状况都有。其实复旦每一座大楼都有无数的故事可言，跟历史有关，跟教授们有关。就连最新建造的最高的光华大楼，也有不少故事可说。但，单纯的历史，只不过是别人的记忆。还是亲身踏足复旦的土地，才能感觉越发真实。

看着大草坪上或细心读书或懒散午睡的学生，看看林荫满满的光华大道，看看教学楼里埋头苦读的殷殷学子们，看看踩着轮子飞奔而过的人，看着球场里挥汗如雨的帅小伙们，看着食堂前热热闹闹的打饭队伍，看看路上神采飞扬的那队孩子，看看书店里细心挑选的身影，或者再看看学校舞台上的亮丽身姿，只有看着这些，才能感觉到一个真实的复旦。

准确来说，许多复旦人在离开复旦后都很怀念美食小吃，故而游览复旦也的的确确应当在同一时间开启一段美食之旅。不得不提东门旦苑的早餐，肉饼和肉末吐司是早餐菜单中的种子选手，极受欢迎。当然东门门口的夜市，也不得不提。小馄饨和粉丝汤，外加土豆饼和香酥鸡，这是复旦学子选择夜宵时最有倾向力的菜单。当然复旦本身的其他食堂也各有杀手锏，第一食堂的香菇豆腐肉丝蛋羹，第二食堂的竹筒肉糜炖蛋和凉拌辣鸡心加小排，第三食堂的土豆烧鸡块和热天时的绿豆汤等，都是一直在讨复旦学子欢心的特色菜肴。

当然，莘莘学子的勤奋苦读，也带动了复旦周边一圈美食小店的兴盛。这些小店可以是咖啡馆，可以是蛋糕店，可以是拉面小吃，可以是某地道地无比的风味小菜。很出名的风味馆，味道很赞的辣肉面，就是卖相差了点；第五街咖啡，调配得当的奶茶和咖啡，意味着懒懒散散的下午；国权路上的兰州一拉，韧劲十足的面条和毫不吝啬的牛肉片；南区一条街的晓食人间，大名鼎鼎的芋饺和香脆馄饨是镇店之宝，同一条街面上的阿康烧烤则更多招揽足晚间的生意，浓烈的炭火烧得羊肉的油脂叫得欢实，香味能飘出十里再打一个转；政通路以北、政民路上的夏朵，更多代表了小资情调，考究的装饰最富口碑；政通路的“故乡”，是令人怀旧不已的韩国料理店，香喷喷的蛋包饭、石锅拌饭不能不提。

地址

上海市杨浦区邯郸路220号。

交通

地铁三号线赤峰路下，到马路对面换乘966或866、133路公交到复旦大学站下车。

作者手记

1.复旦南区一条街，是复旦学子的重点生活区，书店餐馆咖啡馆等全部具备，生意都相当好。

2.复旦园属开放式校区，容易迷路，建议先打印地图。图书馆前也有大型指示牌，可以认路。

主要景点 M

同济大学
——建筑系的圣地

比不得复旦大门的略有妖娆，同济的大门简单、方正，白白的颜色没有可以仰望的角度。门下进出的人，多是学生模样，简单打扮背着书包，手里抓着一两本书，或啃一个包子，拿一包牛奶，形迹匆匆地朝门里走去。自行车不断加入，叮铃铃的声音清脆，使人目光跟出了老远，是一派欣欣向荣的少年气息。在校园中漫步越久，朝气感越足。

同济大学一向都是建筑系的圣地，它的辉煌起自李庄，却绽放于上海。即便经历炮火纷争的患难，即便经历改朝换代的冲击，即便经营二十年的土地被夷为平地，即便经历背井离乡的颠沛，同济追逐真理学识的风气永远长在，育人育才之心永远不悔。同济校内的每一座建筑，几乎都倾注了同济建筑学者的心血。最为典型的建筑，要数南北楼。

进四平路的东大门，忽略进门时白色面砖、蓝色玻璃、浅灰眉线的逸夫楼，它已经是年轻建筑的代表作，南北楼就藏在东大门正中前方草坪的左右两侧。四层高楼，一南一北地站立着，自中段狠狠地施展了双翼，抽成了长轴线条。房屋的样式匀称也简洁，弥座式、清水砖墙、灰色檐口把南北楼的骨感修饰了出来，是20世纪50年代的建筑。

而越过大大的毛主席雕像，背后的图书馆，显然也是很有分量的建筑。也如南北楼一样，一律是清水红砖加白色线条舒展轮廓，一样的简洁风格。下二层的裙楼是1965年的旧同济图书馆，高挑于其他的两座主楼，是1986年图书馆改造的新增之物，与南北楼的格调很能烘托至一处。这楼内藏书颇丰，日日都有学子捧书进出，或干脆在楼内定点苦读。

同济校内的建筑各有特色，虽样式各不相一，风格却能融在一处。单单一个同济校园内的建筑，就可让一位建筑系的学生研习数月，深体精髓，比如大礼堂。图书馆的正西，是和平路，顺此路直走可至大礼堂。大礼堂的入口别致，整体很像折板式雨篷造型。同济大学设计院俞载道、黄家骅、胡纫莱设计的这座白色礼堂，特别关注了采光层面和内部功能布局，使用了大面积的玻璃窗，把无承重墙的拱形结构推显出来，很是特别。

越深入同济校园，能发现的独特建筑就越多，无形之中将校园内的一场漫步，转成一次寻访建筑之旅。

地址

上海市杨浦区四平路1239号，近彰武路。

交通

地铁十号线同济大学站下。

作者手记

1.同济大学内常有建筑相关的研讨会和讲座，大大的讲座介绍被贴在教学楼下的招贴栏中，观众甚多。

2.同济大学的食堂也有美食乐趣，饭菜质量在上海高校中算是一等一的。江湖上流传这句话：吃在同济，此言半分不假，大排、番茄炒蛋、排骨汤是经典之作。

同舟共济

主要景点 M

多伦路
——充满敬仰文人的游客

短短一条多伦路，长不过550米。大拇指和食指紧紧贴上，那厚度恰是它在上海地图的分量。L形的身段，东北两头都连着四川北路。这条路，也是近几年才名声响亮的。政府给搭起了灰色的牌楼，右侧还贴着大幅海报，是“一条多伦路，百年上海滩”。

多伦路的别墅

多伦路，原也不是久有历史的道路，修于1912年。反正是近代，美国和日本那两个相邻的租界都开始往外刨食，原定的租界面积肯定是不够的，宅子定要往外扩，哪怕多个花园什么的也就是好的。慢慢地，左邻右舍的宅院都起来了，剩给华人的位置就只剩下了这么一条路。而那个时候，多伦路不叫多伦路，叫窦乐安路。

窦乐安，那本是英国传教士的名字，因被光绪皇帝正式接见过，也算在中国的外籍名人。他编过书，仔细研究过如何学习中文；他传教，做着和身份相符合的老本行；他买地皮，还干过“招商引资的副业”。无论百年前还是现在，窦乐安都不是一个普通人物。仿佛这也是窦乐安

路口的招贴画

路的命数，注定不俗，注定藏龙卧虎。

1927年，四十七岁的鲁迅就住在窦乐安路上，由许广平陪伴着住了两年。他就住在景云里，后门开在窦乐安路上的景云里。鲁迅的三弟周树人也住在这里，还有叶圣陶和茅盾。渐渐地，住景云里的文人越来越多，陈望道和柔石也来了。不熟知中国教育史的人，对陈望道的名字必然觉得陌生，相对还是写了《二月》的柔石名气更响些。只是不免要替陈望道喊声可惜，《共产党宣言》的第一份中译本，便出自他手。他勤恳至极地译完后，将稿子递至陈独秀处，以求更为详尽的校对，也才有了日后赫赫有名的《中国共产党宣言》。只是这段历史，似乎已被湮没在尘事中，已少有人知。

那时的景云里，崭新着，才建了两年的工夫。这层三排的三层小楼，坐北朝南，只是很普通的里弄屋宅。那个年代的租界，已经流行大批建造这种小楼，租给那些图个安全的人们，生意总是极好。而如今的景云里，模样也未怎么变，弄堂口的三个大字，也是清晰可见。几位老人家总喜欢在这附近拉上几张藤椅或几个小方板凳儿，有摆好架势喝茶的，有你来我往厮杀几回合再回家吃饭的棋迷，有没事喜欢架个鸟笼看弄堂外风光的老头儿，甚至还有一个现场雕塑的固定摊位，展着三国语言的宣传条幅。朝南的墙面上，十几个窗户整齐地码成一排，朝外弹出身段的晾衣竿总能将这家人家的情况透露个底朝天。20世纪初的文化界重地，现在就是一幅经典的石库门市井风光图。

对文人们仍有念想的人而言，该去左联会址纪念馆看看。左联会址纪念馆，位于今多伦路201弄2号，藏得挺深。门总半掩着，不似那些常年接客无数的纪念馆。这座砖木构的三层小洋房，也是极有历史。1930年3月20日，正是中国左翼作家联盟成立大会的召开日。房内的展厅甚多，凡是曾与左联有些关系的文化名人都被列入其中，更有对牺牲者的深深缅怀，不失为了解中国近现代文化的一个上佳去处。

文人喜欢住的地方，必定幽静又不失繁华。这种地方，不仅文人喜欢，旁人自然也懂得欣赏。抗日战争胜利后，孔祥熙、白崇禧、汤恩伯等一些国民党军政要员就纷纷看中了窦乐安路的“三不管”优点和远离尘嚣，纷纷置地盖楼；各方名流纷至沓来，也要分上一杯羹。这样一来，倒给多伦路留下一大批近代的海派建筑，精致且风格迥异。

多伦路的最北端，250号，孔家公馆。这是1939年所建的孔祥熙官邸，纯阿拉伯风格的建筑，极为考究。白色石雕花，细细密密的薄薄一层，盘在建筑之上；马蹄形的拱券，还不忘给花朵和草叶留出柔滑自然的曲线；厅堂之中的铺地，拼花都是一等一的讲究之物，这些琐碎之处的精致，才正说明当年建造之用尽心思。

略往回走一点，多伦路210号。挂着“411医院康复理疗医学中心”牌子的小楼，就是原先白崇禧的公馆。这楼本是广东的中山商人唐林生所建，带有法式新古典主义风格的凸形小楼，曾为日本人占据过一段时间，白崇禧算是最后一位主人。

顺着路再走，一路上老洋楼的建筑风格更是不曾重叠过，英式的也好，东洋的也罢，最常见的仍旧是法式的新古典主义风格。围墙里面、阳台下面、石柱中间、窗户里外，各有各的说道，各有各的趣味。

多伦路上的建筑虽多，有一座却是不得不看，因为实在稀奇。那便是坐落在多伦路59号的洪德堂。其实不用多言，只需行至其下，就明白为何稀罕。这

地址

上海市虹口区多伦路，近四川北路。

交通

地铁三号线、八号线虹口足球场出站，走至四川北路右转的第一条纵马路即是。

开放时间

展馆9:30–17:00。

作者手记

1.多伦路的游客平日少，周末多。每日午时过后，有许多人到此喝下午茶。每日傍晚时分，附近的居民都在多伦路上散步聊天，很是热闹。多伦路受婚纱摄影师的青睐，总喜欢拉着穿着民国服饰的新娘前来摆姿拍摄，也是一道别致的风景。

2.多伦路的旧书铺只有一家，也是老招牌，淘书人众多。旧书的价格水涨船高，以前便宜无比的小人书，如今成套价格翻出几十倍去。

是一座教堂，1928年建造完成至今仍在使用的教堂，却有着中国传统的殿宇风格。它也有方形的钟楼，高高的钟楼顶部却是中国古代楼阁式。其外墙用青砖砌筑而成，极像某个城楼。彩绘的窗户总一扇扇地打开着，角度不大不小，恰到好处。这些窗户集中在教堂的右侧，大开面地划了一层弧度。这种类型的教堂，在我国，是绝无仅有的一座入乡随俗、具有中国特色的基督教堂。1994年该教堂被列为上海市建筑保护单位。

多伦路短是短了点，走马观花是非常简单，仔细逛逛却极费时间。中华艺大、上海艺术剧社、现代美术馆等展馆可以看，老电影咖啡馆等老电影可以观，奇石铺子里可以赏石，旧书铺里淘旧书，怎不也要至少一日的大好时光！

主要景点

M50创意园区
——被艺术设计围城

这些红砖墙面，本就普通，贴着水地排了一排。对门是仓库，大量的辅料货物自这走，搬上货运车，各奔前程。没人知道这些涂鸦什么时候出现的，大概是某一天。眼睛突然兴奋，连跳几下，大概也是看到了新鲜的缘故。也没人知道这些涂鸦何时更新过，大概也是某一天，手指点墙面，嘴里喊着，又换新的了！可能是新的怪兽出品，可能是更可爱的卡通形象出现，也可能是几个片断，一双看透世情的大眼睛，一双不明去向的双手，或者干脆一声尖叫。色彩是猛烈的，互相撞击，融合。有时明快，如艳阳高照暖人心脾；有时妖冶，像小猫爪子一摇一晃地勾着掌心，似痒非痒；有时也沉痛，暗色调的忧虑焦躁，看客都能明白。而这面涂鸦墙，对于要进入M50创意园区的人而言，不过是道开胃菜，有点酸，有点甜，让人吃了还想吃。

M50创意园区，应该是无界限的。这里有的是创意，有的是无限扩展的想象力

创意园本身，是安静的。进门位置并不张扬，门口的几家咖啡馆总放着最为闲适的音乐，带着散漫，带着一点俏皮，自客人推门的瞬间，冲向外面，总能引得一两个人驻足，歪头想着是否要进去。这里的咖啡馆与别处，在吃喝上并无太大差别，都是醇香扑鼻的浓郁咖啡，都是品质上佳的新鲜蛋糕们。真正不同的是坐在咖啡馆里的人，那些创意设计者，画家们，画廊运营者，还有他们带来的大批朋友，那些对艺术和创意有着狂热爱好的人们，才是咖啡馆的主角。

让我们暂时告别咖啡馆的惬意融洽，回到2003年，去看一看M50创意园区的前身。纺织厂早就撤掉了，能搬走的机器也都搬走了，偌大的厂房，空空的，堆满了废弃物；金属生锈的味道，混合着尘埃，竭力扑向人的口耳鼻舌。正常情况下，最多再过上几年，这些建筑的墙面上就该用白色的线条粗粗地画出一个“拆”字。可是不然，至少莫干山路50号老厂房的命运，并非如此。

充满创意的人们，看中了这里，看中了这些旧而无用的老厂房。他们说，我们要把这里打造成一个独一无二的创意园区。让无穷的想法在这里碰撞，让无数的创意在这里实现！自他们说这些话的那日起，老厂房就不一样了。当年那些敢于梦想、敢于努力的人们，只用了三年就做到了。2005年的M50，名声大起，不

画儿有时寂寞，有时丰盈，有时舒畅，有时爱恋。画儿本身有情绪有感官——都落在墙面上

仅在上海，不仅在中国，而是全球！

没有改造原有的建筑构件，原有的管道，原有的铁门，他们甚至还给恋旧的老厂房保留了许多东西，什么不再旋转的工厂用电风扇，什么冷冰冰的开关柜子，都给留下了。明黄、橙红、亮蓝、天青色，轮番上阵，只是这样一场单纯的颜色拼撞，就一下子扒下灰蒙蒙的色调。三年的时间里，老厂房也迎来了新鲜无比的房客们，个性张扬的独立画廊，不同类别的创意工作室，作品极富张力的摄影工作间，尝试融合多种元素的音乐工作室，富有内涵的书店，独特设计的个性服饰品牌，彰显个性的建筑设计公司，都是新生代的房客们。这些都是M50主角

们的工作室，构想着，实施着自己的梦想。不仅仅是这些新生品牌，M50当然也有艺术大牌的存在，比如瑞士香格纳画廊，法国东廊艺术，英国领事馆文化艺术处艺术家工作室，加拿大艺术景画廊等，都落脚在M50的一席之地。要知道，香格纳画廊和北京现在画廊，是目前国内仅有的入选2008巴塞尔艺术博览会的专业画廊。

入夜后的园区，更为安静，灯光是微微的，指引着道路。那些白日里没有留神的铭牌，都被灯光勾勒出更为显眼的弧度。书店关门最早，隔着透明的落地窗户，看见满几架上的书，都在静静地入眠，很是奇特的满足感就冒了出来；隔壁的咖啡馆，还亮着灯，隐约一些音乐声，看见几个人影闪动着。白日里满满的车位，全都空了出来，偶有几辆车坚守阵地，当然它们很快也会自车位中消失，只需再等一些时间。

园区的夜晚，不都是如此安静，也有热闹非常，火爆无比的场面，比如时尚来的时候。可能是汽车，可能是手表，可能是衣服，可能是配饰，只要时尚来了，选了M50做品牌发布地，夜不再静。光影变化下的老厂房，厚重年份渗进的那种质感慢慢地现了痕迹。名车名美人，蜂拥而至的媒体，身着华服的模特，聚光灯下的炫目，珠宝的灿烂，都是引子而已。老上海的记忆，慢慢地飘了出来，飘过这些品牌发布会，飘过长长的苏州河岸，慢慢地飘着，能飘足一个夜晚。

地址

上海市普陀区莫干山路50号，简称M50，城市创意基地。

交通

地铁一、三、四号线上海火车站下车，出南广场往天目路走，右转后过长寿桥路，右手边有台阶可以下桥，顺着目所能及的西苏州河路走到莫干山路即可，约15分钟路程。

作者手记

1.1号楼底的半度雨棚，有个小巧院落，是园区内比较舒适的咖啡馆。下午茶人最多。

2.铁哥们的店铺，大约很受欢迎，不过不能拍照。店里的设计，有小巧，有阳光，多是童心十足的体现。

延伸景点 E

老场坊1933

——远东第一屠宰场的前生今世

当艺术家们察觉出老厂房空间的魅力后，在M50和田子坊的身后开始跟起一长串的创意园名。这些园区大多都取材于老式的厂房或是仓库，唯有一个园区取材是独一无二——老场坊1933，取了当年远东第一屠宰场的材！园区致力于把中国甚至全球最具创意的活动带到上海来，致力于为公众提供一个零距离接触艺术和享受时尚生活的有趣场所。

石道的粗糙感，灰白的颜色和最新入驻的时尚餐厅完全混在了一起

屠宰场与普通的工厂有何区别？建议去看一部影片，2010年出版发行的纪录片《Temple Grandin》。影片能告诉你，在一座大型的屠宰厂里，要如何让牛保持完好的队形，一个一个前赴后继地上刀俎的。而这些细节，老场坊也有。

得先略过老场坊门口的那节火车头，只要进了这幢楼，只要你是大姑娘上轿头一回来，那迷路就是必然的唯一选择。整个建筑灰色调为主，呈着圆心向着四面八方辐射扩散开的，一层层的旋转楼梯，找不着北的上下纵横，没有头脑的拐弯抹角。建筑本身可以用返璞归真来说，没有什么粉刷，也没什么装饰，钢筋混凝土的结构都瞧得真真的，朴实大气。

要了解整座建筑，第一个要去的就是牛道，这也是七十年前上海屠宰流程和工艺与世界接轨的明证。牛道长，打着旋上楼，但路面粗糙不平，有条格能防着牛羊不稳摔倒。第二个要去的则是廊桥。廊桥原是中国古桥梁的一种变化体，寻常江南水乡也能寻几个出来，却不想被用在老场坊的前身上。外廊桥空间含有四层外廊和相互连接的26座斜桥。据说牲畜们就是一路踩着牛道，通过这些廊桥再进入屠宰区域的。现在的廊桥极有魅力。所有的光影都在这里交织起来，变幻角度就能有一幅不一样的景象，深受沪上摄影师们的青睐，多用“长枪短炮”和各式三脚架来大声招呼，其状甚是虔诚。

巴西利卡厅，中间最上层。周围一圈都是伞形柱，大大地玻璃窗和脚下的玻璃地面，很是有宫廷人家的范儿。玻璃地面，最具卖点，脚下的连廊和逐渐下降的通道们，都近在眼前。古罗马的奢华，仅能在这里看个片段。毕竟老场坊老了，经历了那么多战火纷争。类似的精美细饰，能留下几段，也算不易。早起和晚睡的阳光，最多能在玻璃上露身影，却影响不了厅内的温度。据说当年没什么先进技术，只能通过建筑原理来调和温度。如今到了酷暑，厅内依旧是凉意十分，可见英国设计师当年用心之细。据说，这样规格的屠宰场在全球只建过三座，老场坊是个幸运儿，正是唯一目前完好的建筑。至于镂空水泥花格窗，更显得设计师的匠心独运——使用这样的设计，使得整座建筑的空气能够顺畅对流，保持空气的流通性。

不过这也些都是建筑过去的故事，现在的老场坊，建筑本身的灰蒙蒙意境被创意时尚给收拾得干干净净。老场坊里的玩法多种多样，没事傻走也成，吃喝玩乐也成，看看话剧表演也行，花尽口袋钞票也行，喜欢Cosplay的人也不忘穿着最潮的戏服拍照，拍婚纱照的老师傅对老场坊的取景地点更是熟悉。无论怎样的玩法，开心就好！

地址

上海市虹口区溧阳路611号，近沙泾路。

交通

地铁十号线四川北路站下，打车起步费。

作者手记

1.若是穿高跟鞋，不建议走牛道，脚底容易不稳。

2.楼上的廊柱大厅一定要去，很有趣的光线和场景。还有楼顶的大型露台，视野空旷，感觉非常。

3.楼中各层均有小吃餐厅，可顺大厅的观光电梯去，比较容易找路。

延伸景点 E

多伦现代美术馆

——展现艺术的魅力

现代美术馆中，有许多是装置艺术作品。有人喜欢站在前面揣摩，有人喜欢一闪就过，也有人专程跑到二楼看一场空间变换后的感觉

已富盛名的多伦路上，不仅仅只有20世纪二三十年代的左联文化冲击。在东段的尽头，建馆不足9年的多伦现代美术馆，正在不断推高现代艺术的新浪潮。这座黑红色调的美术馆，涵盖多种多样的内容，可以是一段无法忘却的回忆，可以是一秒定格的瞬间，可以是笔走龙蛇的水墨嬉戏，可以是动人的音乐剧目。正如现代艺术有着不同的表现形式和不同的张力，多伦自身的架构就是开阔的，有

着对当代艺术强烈的接纳性和推广性。

佛家喜说因果，自千年起就是如此，说法劝诫也多循此理。很是好奇，若用这法子对着多伦现代美术馆比画一下，一声令下的多伦路改造大军，张永林的奇思妙想，一干策展人的倾心之作，这些，怕都将一股脑儿不分前后顺序地冒出来。这只能说，这座美术馆实在太占天时地利人和的便宜。

先是时间好，恰逢着人们要循着鲁迅等文人的足迹给多伦路来个翻天覆地的变化，若不是碰上了这件改造大事，估摸着这幢七层高楼中将有菜场的身影；再是位置好，若是再朝东偏过了四川北路，那年的改造也没份了；最后一样，是人。是张永林拍板说，搞一个前卫且有“原创性、学术性、国际性”的当代艺术馆；是张永林敢用人，他找了沈其斌当执行馆长，找了顾振清当学术总策划，还找了厚积薄发的金锋、比利安娜当策展人。这些人，这些被张永林看重的人们，终将多伦现代美术馆——这中国第一个为当代艺术服务的专业现代美术馆做成了！

当多伦再也不只是为了呈现艺术史而存在，当多伦扔掉了美术馆所常有的那些大而沉的玻璃陈列柜，当设计师为整座建筑打通了七层的那七个圆洞时，当空间的魅力穿透而出，多伦就不再只是一个普通的区级美术馆。策展人很明白这一点，他们所严格挑选的每一次展出，都是想通过展出来呈现一个不断扩展的世界，呈现着无限多的可能。

多伦现在很喜欢办展，很喜欢开讲座或论坛。其中的国际艺术家工作室，每年都要自大量的艺术家申请者中，筛选出最适合于中国现代艺术发展的人选。他们不仅仅是举办视觉艺术的展览，还有实验音乐，还有戏剧表演，还有新媒体艺术，还有设计理念，等等。多伦总试图拉开遮了很久的帷幕，想让观众们看一看别人的视角，听一听别人的声音。而人们，也越来越多地踏足美术馆中，一反早年全盘学习的概念，愿意听一听艺术家们发出的声音，愿意看一看艺术家们的疑问。

地址

上海市虹口区多伦路27号，近四川北路。

交通

地铁三号线、八号线虹口足球场出站，走至四川北路右转的第一条纵马路，顺着走即是。

门票

视展览项目而定，每次不同。

开放时间

10:00-18:00

作者手记

1.若有兴趣的游客，可以登录多伦现代美术馆的官方网站http://www.duolun-moma.org，以获取最新的展示信息。

2.通常收费展览均有学生半价的优惠。

延伸景点 E

通北路
——海鲜排档的夜场

上海的海鲜夜市其实不只一个，论起饭店的大小，要数最近生鲜市场的铜川路市场最大，但要论起露天排档的兴盛，杨浦的通北路则更当仁不让。

清晨四点半，杀至铜川路海鲜市场，去晚了没好货；六点，到铺子，海鲜中的泥石沙更要清水养着先，否则吃了有土腥味，整饬海鲜原料，入水，处理杂物，休息；下午一点起床，准备材料，清洗蔬菜和海鲜原料；下午五点，迎客，点单，送菜，催单，买单；凌晨三四点，打扫收工。通北路的每家排档铺店主，每日的时刻表就是如此。五六年来，能坚守阵地的排档铺子，都按照选材新鲜和精心烹制为立店之宝，剩余的那些，已被淘汰得不知去向。

晚上九点半，开始进入人流量的高峰期。人们三三两两得来，占几张桌子，点几瓶冰啤酒，喊上几串烧烤作为前奏，接下来就是狠狠地点上些做法纯正的海鲜料理——清蒸、清炒、蒜茸、红烧等。老道的食客，多半选择更为简单的烹制方法，似老饕，知道什么海鲜怎么做。到凌晨一点半之前，这条街都是热闹的。

烧烤摊的生意一向都是极好，摊上总放着几十种烧烤食物。“老板，给我来两串烤鸡翅！”类似的句子，成日里都飘在烧烤摊前，只是宾语时有更替，鸡翅、土豆、百叶、香蕉等。

通北路，小龙虾是堆满的，海鲜是任选的

一家两平方米的小铺子，差不多需要六个人来经营生意，一个点单，一个跑堂，三个烧烤，一个收钱，可见这生意好到怎样的程度。通北路的烧烤铺子大多如此，托了熙熙攘攘的食客们，店主多赚个盆满钵满。

海鲜店的生意更是好，巨大的塑料箱里都是放着新鲜的鱼类贝类，如脚蟹、澳洲龙

人们端着小盘子，流连在一档又一档的摊位前，继而满怀热烈殷切的心情等着美味的上桌。

虾、鸭嘴鱼、小八爪等材料。只等客人一声令下，手指轻点之际，里头的原材料就踏上成为真正材料的旅程，随即被端上桌，等待人们快速开动。

长脚蟹是这里的特色之一，又称板蟹，多从朝鲜进来。可以有咖喱、酱爆、清炒、还有咸蛋黄四种烹饪方式。小八爪也是特色之一，据说它有丰富的蛋白质和牛磺酸，能抗疲劳、抗衰老。吃海鲜也不能不吃贝类，花蛤也不错，清炒一份，边剥壳边聊天。

不仅专程前来的食客们喜欢，就连邻家都喜欢通北路，他们就像早年七十二家房客中演的那样，穿着睡衣捧着小锅子，出来买一份小馄饨，或是带几串烧烤回家。人们或许就喜欢这种迎风喝酒的日子，特别是夏季，带些忙碌一日后终可享受清闲的表情，吃吃喝喝又是一夜。

地址

上海市杨浦区平凉路通北路口。

交通

轻轨四号线杨树浦路站1号出口，沿平凉路朝东走十几分钟可到。

开放时间

夜市20:00–凌晨3:00

作者手记

顺平凉路朝东走到汾州路，这里也有不少烧烤摊，可供选择。

资讯补给站

[住宿]

考拉花园旅舍

本身就是老式的洋房，进门伊始就被大厅震上一震，真的是太漂亮了！老式的长楼梯弯着20世纪30年代的老上海弧度，直奔二楼和三楼。那种老式的曲线，优雅得入了味，很难忘它的姿态。一楼是吧台，布置欧式，有些书，有些玫瑰，有些白桌，有些茶，小小碎花满室。因了风雅二字，下午来喝茶聊天的客人总多，甚至常常满座。房间以花为名，有郁金香房、玫瑰房、百合花房、三叶草房和薰衣草房，房内的装饰也同花名一样。家具则是很简洁，淡淡的生活感。床位55-60元/天，薰衣草房240元/间，百合花房300元/间，玫瑰花房380元/间。一楼的桉树餐馆，还提供上佳的意大利菜哦！

大堂里是欧式的摆设。从书籍到相框，从桌布到吧台站着的姑娘，都有种电影里的欧范儿

上海市虹口区多伦路240号

021-56711038

轻轨三号线、地铁八号线均是虹口足球场站下，走至四川北路右转，五分钟可到多伦路休闲街，只走上1分钟，左侧即是。

城市之家酒店（四川北路店）

城市之家酒店是连锁经济型酒店，四川北路分店的位置上佳，到多伦路不过两三分钟。至虹口足球场和四川北路也更是极为方便，步行可至。酒店的整体风格以舒适为主。大床房150元/间左右，豪华大床房230

元/间。酒店附近的小吃不错，临门口就是妯娌老鸭粉丝汤，味道正，汤也鲜！

上海市虹口区四川北路2131号（近东江湾路）

021-51808288

轻轨三号线、地铁八号线均是虹口足球场站下，走至四川北路右转，五分钟可到（右侧）。

灿客栈

灿客栈，在上海是独一份的，独一份的位置，独一份的情怀，什么都是独一份的。在上海，大部分人都不知道这个客栈的存在，相反，倒有很多老外们曾经造访过。它显得那么神秘。它难找，甚至连酒店大堂也没有。

客栈所在的是一栋老楼，建于1932年，原本是当年富商建给自家公司员工的宿舍楼，之后则迎来一户户不同的人家。酒店的主人，原本就住在这楼里。他给自己设计了一间房间后，将老楼和现代设计结合在一起的想法就一直不曾停过。久而久之，才有了这十几间设计精致的酒店房间，震惊了许多第一次入住的客人。而住过的客人总对尝试入住其他的新房间，产生极大的热情。客栈本身还有一个景观角度很小的餐厅，咖啡很香。

40、50、60、200平方米大小不一的酒店房间，每一间的设计都不同，但都有完美的视觉效果。因面对黄浦江，故而高层房间的窗户外，总可以看到浦东盛大的夜景。设施自然齐全，厨房用具都是齐备。房费800元，含丰盛的早餐。

上海市虹口区北苏州路400号8楼

021-3068936

地铁十号线天潼路站3号出口

思慕精品酒店

看多了大气优雅的酒店，初见思慕的小小清新，眼前一亮已是在所难免。所有的装修都是取浅色互相配着，墙纸是，书桌也是，总往田园风光上靠，力图身体旅行时，眼睛也好好地旅行。床很大，翻滚几下也有余地。趴着不动时，正好能瞧见挂着长流苏的台灯布罩，很有家的感觉。标准房和双人房为169元/间，大床房229元/间。

上海市口区长阳路288号（近大连路）

021-65350953

地铁四号线大连路站下，出站后朝东南方向走，遇长阳路右转可到，不过五分钟路程。

[休闲]

老电影咖啡馆

老电影咖啡馆，是多伦路上最具文艺性的一处场所。老式电影是这里永久的主题曲，古旧的欧式建筑更有古老的说服力；20世纪30年代的桌椅，那个年代很正常的昏黄灯光；养植多年的大树已经参天，树枝挂满了绿叶直接探入二楼阳台的窗户里。

晚上常有电影，黑白胶片闪着雪花。来这里的客人，什么年龄层都有，大都对老式电影或者老式年代有个怀旧的念头。其实真坐了下来，吃什么喝什么倒是其次，午后的悠闲和时光流逝的对比，往往带来的是好好回忆一场自己的过往故事！人均60元左右。

老电影咖啡馆

虹口区多伦路123号

021-56964763

地铁三号线、八号线虹口足球场出站，走至四川北路右转的第一条纵马路内，到底便是。

茶香书香CHASTORY

说是可以喝茶可以看书，但灯光昏黄得有些太过，看书未必合适，但喝茶倒是好的。长条板凳，长条桌，都是黑色的，白色墙面上挂满了相框。茶艺师都身着一色黑衫，每人都有一手好的泡茶手艺。

经典纯味茶和奶茶，是店内的主推，特别是奶茶中的“缘定今生”和“相濡以沫”，又加入了酒的调和，口味更是浪漫无比。茶香书香自然也提供下午茶，焙茶蛋糕芝士可是他家的招牌蛋糕。人均50元左右。

虹口区西江湾路388号虹口凯德龙之梦购物中心B2楼10号（近虹口足球场）

021-60703062

地铁三号线、八号线虹口足球场出站，走至对面的龙之梦购物中心即是。

甜爱咖啡馆

甜爱路，对于老一辈的上海人而言，简直是一提起，就是一番甜蜜滋味在心头。年轻人则不然，只因极少在夜晚两人相伴走过这条短而幽静的小路，只因极少体会那种想牵手而不能牵手的最初情怀。这条被封为上海最浪漫的马路上，就有一家以甜爱二字命名的咖啡馆。

咖啡馆隐姓埋名了很久，随着近年来小资情调势头渐高，情侣们都对这家咖啡馆发生了强烈的兴趣。门口的海报有点意思，“甜爱咖啡馆”五个大字悬在门上，一直不曾变过。咖啡做得还不错的，对于情侣们而言，这是在挺拔水杉间走累了后算是一个到这里歇脚的理由。人均60元左右。

虹口区甜爱路129号（甜爱路甜爱支路）

021-56665341

地铁三号线、八号线虹口足球场出站，走至四川北路后，行至甜爱支路，到底便是。

得和茶馆（东江湾路店）

有着一份江南古庭园的优雅，一份小桥流水的雅致，一份尊重私密的气度，东江湾路的得和茶馆，装修得让人赏心悦目。大大小小的包厢，很是照顾茶客的私密性，大堂相对而言，会有些嘈杂。日茶和晚茶的价格不一样，总体来说茶还是不错，可以免费换一次茶品。自助区有小食品可选，炒饭、炒面还有水果点心，品种很多。人均100元左右。

虹口区东江湾路444号虹口足球场3区1楼118室

021-56960066

地铁三号线、八号线虹口足球场出站，行至虹口足球场，循号码可至。

[美食]

老李羊羯子（西江湾路店）

店名带着羊蝎子，自然主要吃的就是羊蝎子。六七月份的时候人少些，你看那秋风一起，冬日一至，到店食补的客人就得尝尝排队的滋味。店主大概特别爱招北方服务员，做事麻利，说话也快，店中颜色也很红火，喜庆至极。

两人吃份小锅，若是三四人，怕是只有大锅才能吃到一个爽字。汤底很鲜，羊肉更无膻味，汤汁已经侵入骨内肉内，不可分离。啃起来很爽，只是吃相必定不雅，若是带着心仪的追求中的对象，还是莫要选此为第一站。锅底的料好，特别是冬瓜很入味，要等到最后吃，必定酥烂，蘸酱可吃；宽粉条有嚼劲，很Q，叫你吃了还想再吃！人均80元左右。

虹口区西江湾路103号

021-56662349

轻轨三号线虹口足球场站下，沿东江湾路朝南走，于西江湾路右转可到。

老李涮锅

京味火锅，京味装修，京味招牌，再加京味的老板娘，这家涮锅店可以称得上生意极好。天气热的时候，沿着马路摆开至少八张台子，至晚上八点几乎全满。这里喝酒不用酒杯，而用酒碗，要一口肉一口酒的吃法才好！

清汤铜锅，一份羊肉，一份豆苗，一份土豆，烟囱火锅的热气将味道浓浓地烫了出来，鲜味自舌尖打了个转，自喉头一转之下，胃中一阵满足。蘸料是自己做的，特别是臭腐乳，臭是臭，却是很多食客的心头好！用炸馒头蘸点，啃着心头舒畅。伙计们嗓门大，上菜也快，再瞧一瞧入眼的大红色，就是要吃一场这样的热热闹闹！人均90元左右。

虹口区同心路114号（近西江湾路）

021-56964800

轻轨三号线虹口足球场站下，沿东江湾路朝南走，于西江湾路右转，同心路右转可到。

有家川菜

虹口足球场附近的住户，大概没有不知道有家川菜的。这家开了蛮久的老店，早已打响了自己的名气。他家做的一手好川菜，虽然隐在巷中，地方到底还是大的。

第一要点的就是毛血旺，对于热恋此物的人而言，这道菜是如此美味！水煮鱼、馋嘴牛蛙、口水鸡等也是川菜中的家常菜，该辣的辣，该嫩的嫩，越吃越香，越香就越要吃！干锅的料足，土豆条、莴笋、豆腐干等也都入了味道，油足足的，一筷子下去后，便是接连几块不停！人均70元左右。

有家川菜

虹口区同心路1号（近东江湾路）

021-65871716

轻轨三号线虹口足球场站下，沿东江湾路朝南走，于西江湾路右转，顺着右侧有家川菜的招牌可至。

怡妮新疆菜

怡妮开了很久，早先还是不起眼的小店，装修后倒是看起来精神许多。特别是门口烧烤摊的左侧位置，也留给了LED屏幕，放着各大电视台为怡妮做的美食专访。各种菜色在屏幕上轮番上阵，相当诱人。

新疆菜的吃口一向很重，羊肉的汤汁也胜，羊肉本身就够鲜，嫩嫩几乎一嚼就化在口中；薄饼皮羊肉卷，当羊肉和洋葱被大火翻炒一起，满盘的羊肉粒都在翻滚，糯糯有嚼劲；拔丝地瓜，很甜很甜，要趁早吃，不然冷了就失去味道；吃大盘鸡要有耐性，除非事先电话预订，否则上桌后三十分钟才上，属于相当正常，分量也大，记得吃完加面条；浓浓的奶茶，自茶壶中灌出，葡萄干酸奶，味道相当不错！人均60元左右。

怡妮新疆菜

虹口区东江湾路98号

021-56666057

轻轨3号线虹口足球场站下，沿东江湾路朝南走，5分钟可到（左侧与四川北路的交界处）。

第十一章

11 远郊区域

——城外自有山水

若用年份来标示上海的区域，无疑绕着上海周边的青浦、松江和金山区域，资历更老些。市区那大部分才百余年历史的建筑，搁在朱家角、佘山和枫泾面前，就同等于拜见自家的老祖宗们，带着些诚惶诚恐。

在古镇的酒楼茶肆上是要喝上一口的，甭管喝酒还是喝茶；一个下午的工夫是要给足古镇的，至于读书睡下午觉还是晒太阳，那就悉听尊便了；更有闲情雅致住上一晚的人，更是别轻易放过日出日落的古镇全图；喜欢在水道中坐船的人，不要忘记坐姿端正，或许你都不知道你已成为取景框中的一道风景；当然香气扑鼻的各式农家菜也要来上几盆解馋。至于有无办法和老镇居民搭上几句，挖些传奇故事出来，纯看自身造化了。

至于佘山，闲情逸致定然不比古镇的闲散，一路也只是赏景就好。什么青翠欲滴的竹叶，看着新鲜无比；什么苍劲直耸的古松，年份不浅；路边不知名的野花，更是时时处处地跳出来几丛。当然，山顶可眺望远景，圣母堂里可以听前程往事，天文台里能见星月魅力，对游客来说，也是各取所需。

旅游指南

朱家角和枫泾虽同是古镇，但各种风韵的确不同。前者既有热热闹闹的白日，也有静逸安宁的夜晚，后者更偏安静闲适，但日起日落的姿态都是不俗。朱家角的大吃大喝，集中在北大街，枫泾的吃吃喝喝则散布着，廊道附近略多些，风景也好些。

至于佘山，爬山真的不辛苦，快则二十分钟，慢则四十分钟，可至山顶。佘山的吃喝，多在山下，东山门对门的兰笋山庄菜色不错，其右侧内嵌的临街小菜馆们味道也相当地道。

主要景点 M 朱家角——湖光山色间的角里

陈年木桌，四面围着长条板凳。视线随顺时针转：蓝色土林布衬衫的老者半趴着，似听入神；右侧的戴帽老者左手叼烟，右手打开茶盖，等着加上水；白色衬衫老汉和同条凳上的另一老汉，各自往旁边挪了挪位置，两者之间是右手提壶的白衣年轻人；两位白衫茶客，一老一少，一个轻抚茶杯，一个轻抚茶壶；剩那最后一人，半秃，揭了茶壶盖子，正待推向桌子正中，方便加热水。

以上只是一张图片的定格，一个普普通通打茶围的场景，一个普普通通的古镇下午日子，出自尔东强之手——《视觉文献系列之朱家角》。日后，无论我想到茶客或是朱家角，眼前浮现的便是照片上的景象，分毫不差。朋友说，那是因为尔东强看得准，下手准，拍得也准，古镇的风味十足。

我喜欢这张照片，不仅仅是朋友说的这些，它把我在朱家角的全部记忆都找了回来，一幕幕做成了黑白电影，连续播着。比如放生桥。

放生桥，人称“沪上第一桥”。明隆庆五年（公元1571年），由慈门寺僧性潮和尚募建。放生桥长如带，形如虹，“井带长虹”为朱家角十景之一。桥上有时热闹，五孔七十米长的桥身上，常常垒满了人。烈日盛的时候，就是满桥的孙猴子，个个手搭凉棚，想将两排枕河人家看个分明。都是黑瓦，都是木楼，都有斑驳，不用走近，老远就能闻着时光的味道。这桥，自然也有不热闹的时候，比如每晚八九点后到清晨七点之间，船只不走，行人未至，只有古镇人迈着小步日复一日又年复一年地走过桥身，走回家睡觉，走去早茶馆，走去工作。当然，还有成日里提拉几袋子金鱼的妇人们，等着愿意掏钱的金主放生，这份热情可以从大清早持续到落霞初现。

桥下走的是漕港河，河面宽宽，来回几只游船走得兴致勃勃。船上载着人的船夫，手上省着劲，一竿深深到底，撑一下，一二三地斜斜拔了起来，船儿荡着朝前走；船上空空的船夫则不然，一撑一拔之间，数息之下，那船已走得远远的，既如往事，也似云烟。

临着河的这两面，多是餐馆茶楼，都占了二楼的临河好位置。特别是北大街，人头更是攒动，在酒肆里摇，在粽铺里晃，在扎肉铺上聚。小店各自招呼，声音敞亮，又带点糯音。有风吹过，一把抓住，送到鼻尖，一闻，都是肉香味。味道在午市晚市会变，总多了些东西。一会是醋熘土豆丝的味道，闻得出酸味；一会是清蒸鱼的味道，被葱香裹着非要出来诱惑路人一把。如此这般，走完整条街，闻得心头爽足，如真心吃下了这些闻着的菜一样，心头爽足。

被食物香味迷倒的时候，很难注意民宅的精致。木窗上的雕花片儿，偷偷探脑的大小露台，低低轻挑起的屋檐角儿，这是老宅的精致；窗前的花儿，露台上的植物，配好色的摆设，那是老宅里人的精致。

据说都是这样走的，午饭用过，顺北大街走，过廊桥朝左走，到漕河街。北大街吸引的是吃货，散的是美味，那漕河街就吸引的是爱书人，泡出了一壶暖人心的茶香，当然还有咖啡香。漕河街不长，这一段和书有缘。无论是咖啡馆还是茶馆，都会置上两大排的书架，精心搜罗来一些书，堆得满满，才有人气。不仅远来之人喜欢这条街的娴静气质，古镇的书儒们也喜欢。嘉庆间人宋如林的《珠里小志》序说朱家角，是“今珠里为青溪一隅，烟火千家，北接昆山，南连谷水，其街衢绵亘，商贩交通，水木清华，文儒辈出”。

书和茶，连街坊邻居都喜欢。他们会搬把有年份的椅子，放在宽街旁，身旁摆着小茶几，茶具一应俱全，身旁有懒散大狗或者小猫趴着不愿动弹，手上捧着一本书，看得仔细认真。一会有大婶来喊，说菜好了快去吃，烧黄鱼和油爆虾的味道在我鼻尖前久久不散。我知道，这些家常菜，一定都铺在大大的老桌子上头，正等着主人喝上一口酒先，闲哉地下筷子。

放生桥的另一头，下桥左转右转各一下，是西井街。路上恰好能错开空档，水岸对面的明黄墙面，刻着大大的南无阿弥陀佛。圆津禅院，元朝建，初时是娘娘庙，明朝万历年修缮后成了禅院，清顺治、康熙年间曾扩建。几任主持都是能

清晨起，5点，放生桥上无人。几间屋先后亮灯，又熄，就这样的功夫，日头就改换了门面，杀奔水面而来。此后两厢争斗，最终日光

朱家角的桥，除了放生桥略大外，
余者都小，纤细，不招摇

诗善画的灵秀人物，禅院也一度成为文人常聚之所，而后一度沉入世间不曾闻。许多空船好生被绳索系着，一个一个叠在黄墙前，很像端午节被串起的粽子。

西井街的初段，只是寻常，也是酒肆食铺，比北大街少了些热闹，少了些看不完的游人。这一段的临河人家，都喜欢在门口大树的阴凉下，支起竹椅，摆上木桌。可以自己饮茶，也可以待客。只需三五元的茶位费，高处的位置也有，某家小馆子的楼上位置，捎带上更远眺的景致和不眠不休的空调。他们都招呼殷勤着，不温不火的态度，有点拿直钩钓鱼的意思。

西井街的后段，则分明不同，全是时兴货。虽然也是老宅，但不同。设计感极强的屋宅，早早地被改造成了主人的心头好；设计感极强的店铺，也都摆上了独家设计的产品；就连法国人也来凑趣，开了一家法国小食店，店主爱吃饺子，爱吃酒。这后半段，清一色的小资风格，但也顺了古镇的毛，已经融在了一处。据说铺子里的人都互相认识，春日下午，都会相约去不远处扎个猛子，在古镇的河道上游个泳。

可西井街最出彩的地方，却不是上述这些越发精致的新住客，导游们往往把游客们的注意力彻底地拉过来，拉到小镇西北角的课植园上。这所宅园是明代的古物，园名寓意“课读之余，不忘耕植”之意，始建于1912年。和明代许多官员的私宅一样，马文卿也不遗余力地修造着精致的宅园，一样也走江南园林风的路线。十五年之久的修造期，三十余万的银两投入，赋予了课植园足够大富大贵的气势。厅堂部分必定雕梁画栋，一应俱全，假山部分也都迂回曲折，折叠出几层空间感，而园林部分更都采用曲径通幽的手法排列，很是循照江南园林的铸造法则。

“课植园坐西朝东，墙门内有门厅，门厅后是头厅、二厅、三厅和迎贵厅四埭进深的“厅堂”建筑。迎贵厅向东为书城，南侧有一条长约20多米的碑廊，碑廊内镶嵌着明清著名书画家碑刻15块。以碑廊为界，北部为厅堂区，南部为假山区。从假山区到书城间，有一长形荷花池，将假山区隔成半岛，由一座“课植桥”与之相连，紧靠荷花池西即为园林区，也称稻香村。”——课植园的整体布局，正如此上文所言，极为完整。园中整整二百多间房屋，布局错落有致，富有章法。其布局手法之高超，在现存的私家园林建筑中都属翘楚。

逛课植园，最佳的时候仍是人少时。没了鼎沸的人声，当偌大的宅院可能只剩下零星散落的几个游客时，当热热闹闹的喧闹声都不再打扰这座园林时，当风静水宁偶尔有香风偷袭时，置身园中的人，怕是时间感和空间感都极容易被混淆，真的要疑心自己身在何处，特别是那些曾在傍晚看上一

余晖照民居

地址

上海市青浦区朱家角镇

交通

老成都路大沽路交叉口有沪朱专线直达（9元）；上海体育馆六号门有旅游4号线可达（12元）；上海南站南公交场坐上朱线到（套票+车票共60元）。

门票

进入古镇无主题线路门票：1. 民俗风情游，30元（包含3个景点：上海远古文化馆，大清邮局，课植园）；2. 新水乡访古游，60元（包含9个景点：上海远古文化馆，大清邮局，城隍庙，全华艺术馆，稻米乡情馆，圆津禅院，翰林匾额博物馆，课植园，上海手工艺展示馆）。《牡丹亭》门票为VIP 1080、680、480、280、180元、学生80元。除了学生票无需预订当场购买外，其他票种建议提前电话预订。

开放时间

部分收费景点为8:00–17:00

幕牡丹亭的人。

《牡丹亭》是众所周知的昆曲曲目，朱家角的《牡丹亭》特别就特别在布景上——真实园林的背景。谭盾说：园林就是乐器。流水为琴弦，山石为打击，花鸟虫草为合唱，风吹草动是交响。

“原来姹紫嫣红开遍，似这般都付与断井颓垣。良辰美景奈何天，便赏心乐事谁家院？”——你能听杜丽娘的桥头娇唤，你能听到柳梦梅在池边痛吟，《惊梦》、《离魂》、《幽媾》和《回生》四场戏带着观众在课植园中领略“游园惊梦”的梦幻境界。著名音乐家谭盾和“昆曲王子”张军、舞蹈家黄豆豆联袂打造的这场剧目，曾在2010年世博会期间引起阵阵轰动，甚至惊动了许多建筑学家前来造访探讨。

住宿

草堂客栈

若能像电影电视剧中的回忆片段那样处理，毋庸置疑，草堂客栈最适合黑白色调。民宅改建，旧得有百余年数，江南水乡共有的白墙高瓦，于天井中望墙望天空最有感觉。看多了高楼大厦的人，可能对这种古民宅特有的宁静更有感触。

房间多数不大，但收拾得干净，雕花大床属于基本配置，喜欢硬朗床的客人倒是有福了。还有临窗的长榻，那桌子，那椅子，那窗棱上雕刻多年的花纹，看来挺有意思的。院子里常有音乐人的活动，热热闹闹的摇滚或者民谣一路绕着梁，一路缠着红墙，若是逢时，最热闹。大床房248元/间，房间不多，请先电话预约。

朱家角东井街31号

021-15221361365

进入朱家角旅游区，朝放生桥的方向走，过放生桥，东井街右转，5分钟可到。

UMA Hostel

UMA Hostel也叫窝，至少在问路的时候，提起窝，没人不知道。这栋大屋很有年纪，以前是马家花园的祖屋，两层楼高。进得门，回头望，砖雕门头上还有着岁月的流痕。左侧的院子摆着大木桌，任风吹，任雨打，任日晒，摸起来粗糙，却有种令人满足的质感。右侧是一间屋，正好面对花园。小小吊篮和两个小沙发，一堆书和书架，在里侧。要想探一探这座古物的真颜，要上二楼，踩着那段斜而转折的木楼梯。楼层高挑，能看得见木制屋梁，古屋的脉络。二楼有大床房，其余的都是床位。

这是朱家角第一个青年旅舍，主人希望营造一种幸福的感觉。所以你可以摘院子的薄荷，冲水沏茶，你可以自己下厨或是烧烤，你可以在周六的下午跑到院子里画画。即便不住店，这里也欢迎你来品茶，来喝热巧克力，来干掉几瓶冰啤酒。多人间床位60-80元，大床房则为180-250元，淡旺季不同。

朱家角古镇西井街103弄4号

021-59240487

进入朱家角旅游区，朝放生桥的方向走，过放生桥，东井街左转，到底右转至西井街，近课植园。约要走上10分钟。先找到猫窝，其左侧小弄走进去才是UMA Hostel。

休闲

无二茶乐

这里最赞的就是古朴二字，将各种古老的东西和流行感织补在一起，才有独一无二的这家店。老虎窗还留着，像是一首留恋不断的上海老歌，只一眼，只需一眼，古朴之意顿生。店主是两位学设计的女孩子，有着共同的爱好和执著，意在营造一种最适意的缓慢生活。

进门左侧是大大的柜台，茶叶和咖啡亲亲密密地紧挨着，咖啡壶和茶壶泾渭分明地各自占位，年轻的姑娘站在台前，将殷勤招待，希望能带来一段慵懒的午后。一楼的大露台最值得推荐，可以枕河，可以听曲，可以肆意散漫，一晃就是数个小时不见。二楼临窗小位，靠着河边，很是写意。品茶，品咖啡，品阳光，反正随意就好！人均50元左右。

朱家角古镇漕河街10号（近大清邮局）

进入朱家角旅游区，行至放生桥，左转至北大街，过廊桥，而后过桥，继续朝前沿漕河街走，左侧便是。

书房咖啡

书房咖啡，开在无二茶乐的对门位置。有位老伯伯特别喜欢坐在门口替店主招揽生意，大概也是爱极的缘故。门口广告写着：我们拥有朱家角最好的阳台。广

书房咖啡的露台

告词并不虚妄，的确不错，这是由老房子的古晒台改建，铺上了榻榻米，大且宽敞，人就像坐在人家屋宅顶上，可以催眠自己看看世事几场变幻。另有一间是留出的客房，偶尔也可住人，只是要同主人商量。

二楼的书多，书架上的书都有自己的定性，东歪西倒着，看起来却很自然。书很多都是一位大学编剧系教授的私人藏书，剩下的一部分是朋友捐赠。故而书房咖啡的书和大沙发，很得文艺界人士的欢心，没事就爱在这里开一场美其名曰的探讨会，其实不过忙里偷闲，讨上一个下午悠闲的光阴。二楼朝下，踩着窄窄的木楼梯，就到了一楼的杂货铺子，装修风格当真不错，随意摆放却不失味道。最低消费25元，管你喝茶看书还是喝咖啡，可以发呆一整天！

朱家角漕河街35号（近城隍庙）

021-59249091

进入朱家角旅游区，行至放生桥，左转至北大街，过廊桥，而后过桥，继续朝前沿漕河街走，右侧便是。

阿婆茶楼

阿婆茶楼，红艳艳的招牌，自上午开始就招摇在湖边

在朱家角而言，阿婆茶楼的规模绝对不算小。大厅方正，多年来沉淀出了厚重的时间感，自进门起的一晃神，再到二楼最好的那个阳台临河位，只等天遂人愿，来一场小小春雨，可以领教一番“春水碧如天，画船听雨眠。”撑竿的渔家没乌镇多，但摇橹的声音和姿态，也基本一般无二。小船都是一摇一荡地划过眼皮底下的河水，荡过对面远处的南无阿弥陀佛，一点点地走远。

喝茶不错，慢慢悠悠地入一口醇厚，醒醒神。只不过还是等游客稀少的时候再来，那时少了喧嚣，没了吵闹，大可定定心神，安心享受；点菜也不错，秘诀是点容易做的料理。据传他家只得一个厨子，中午饭点时间还是简易些好。食材当真新鲜，昂刺鱼豆腐汤相当入味。人均60元左右。

朱家角东井街122号

021-59231428

进入朱家角旅游区，朝放生桥的方向走，过放生桥，东井街左转顺街走，到底便是。

这儿酒吧

课植园的斜对面，桥的那头，天蓝色的墙里，就是朱家角挺著名的这儿酒吧。老板来自北京，和老板娘一起打理这家店。他们说，这家店里藏着他们小小的儿时梦想，放着他们曾爱过恨过的老歌儿，提供老板自己最拿手的烧烤。老板努力折腾着啤酒，折腾着绿色植物，折腾着乐

这儿酒吧的吧台

队，折腾着梦想。

蓝色墙里其实先是一家创意用品店，跨过店面，才是另一个蓝色吧台，才是另一家进酒吧的门。清爽简单的吧台，狭长模样，冰柜里冰着许多特别的啤酒，可不常见。女主人最爱的小狗喜欢躲在左边顺数第三个座位下，那里有它专属的小窝。再往前，是乐队的位置，是一间喝茶小屋，还有一个满是绿色植物的小天井。复杂的生活，似乎被挡在了蓝色墙外，放轻松是店内唯一的主旨。你喝吧，你笑吧，你唱吧，你想怎么招摇怎么蹦跳，这儿的人都是满心笑着看着你，分享着你活在当下的乐子！人均80元左右。

朱家角西井街8号

021-13386108673

进入朱家角旅游区，朝放生桥的方向走，过放生桥，东井街左转，西井街右转，朝前走五分钟，右侧最别致的蓝色店面后即是。

凹

简简单单的一家餐厅，看起来干净清爽。总有人喜欢坐在一楼临窗的位置，一手挂在窗外，半趴着半眯缝着眼，看看斜柳荡春风。天井里的位子，也很受客人欢迎。有侍者会递来菜单，你可以当这是餐厅，你可以当这是茶馆，你也可以当这是酒吧。时尚气息很重，兼有某些民族化的味道在内，与外面给人的感觉完全不同。咖啡味道真的不错，足可以度过一个下午的惬意时光！后层二楼还藏着几间客栈房间，价格为200元左右。

朱家角西井街120号（课植园斜对面）

021-13122890690

进入朱家角旅游区，朝放生桥的方向走，过放生桥，东井街左转，西井街右转，朝前走五分钟，右侧位置，贴着这儿酒吧。

美食

许永顺

自放生桥上看，许永顺的店招飞扬得极是肆意，一旁就是露个半脸的二楼。正是午时，几个老者正在推杯换盏，隔着大半个桥身还能听得见声声大笑。问许永顺任何一个服务员，都是很自豪自家的百年店号，而当年那块历经风霜的老式招牌则被高高悬起，自明显生锈的部分能一阅多年故事。

许永顺

店内就象江南水乡的平凡人家一样，于古桥边烧出一桌桌令人食指大动的宴席。蔬菜滋味好，做法虽然简单，却胜在原料上乘，极是鲜嫩。简单一道冬瓜汤，用的是吊过的高汤，滋味全然入内，一口汤一口感叹；炒螺蛳、清水白米虾、清炒草头和清蒸白水鱼，都是朱家角的著名彩色，许永顺出品，自然值得期待！人均50元左右。

朱家角东井街76号

021-59240563

进入朱家角旅游区，朝放生桥的方向走，过放生桥，东井街左转第一家便是。

漕溪人家

也是临水人家，要数二楼的风景最好，能一览夕阳下的大半枕河酒家，能迎面等着轻风送微凉，能喝一口好茶散散一身积压。

店古色古香，进店两旁的生鱼活鲜隐约透了点水汽。河鲜正是漕溪人家的特色，很是新鲜。河鳗做得好，也是江浙一带家传的做法，酒香草头清香中带点酒意；店家每日都有推荐的鲜鱼，料理起来那肉质也十分细腻，鲜美二字用来恰到好处。若是人多，还需来点农家蔬菜，清新可口，提神得很。人均50元左右。

朱家角北大街242号

021-59230108

进入朱家角旅游区，朝放生桥的方向走，顺北大街左转，走三分钟，右手边即是。

漕溪人家

酒坛子饭桶

酒坛子饭桶，名字起直白。门口挂高的几个大高桶子，让人顿生亲切之感。店家殷勤招呼，做得一手好江浙菜，招牌土鸡半只20元，青壳螺蛳也跟别家的不一样，算是镇上农家菜中性价比较高的菜馆。其他的推荐菜还有白水鱼、蚌肉豆腐、煲田螺塞肉、马兰头、扎肉、河虾、酒香肉、白米虾、酒香草头等，就是吃一个新鲜，吃一个有趣。哦，对了，还不能忘了店家自酿的米酒！人均50元左右。

朱家角大新街90号

021-4006665034

进入朱家角旅游区，朝放生桥的方向走，顺北大街左转，直直走上十来分钟就可以在左手边瞧见。

主要景点 M 西佘山——青竹曼声语

住在都市里的人，往往都在春日不约而同地染病。病因不明，病症却很明显。其一，就是往外跑，到哪都行，一两日心安，三五日上佳，时间上一周那更是求之不得；其二，爱绿，只要看到大片的绿色，神清气爽不用提，有时连王霸之气都偶有流露。爬佘山，是上海人应付此症的解法之一。

佘山是上海市所属唯一的山区，是天目山的余脉蔓延而成，现为佘山国家森林公园。佘山二字的历史远比上海久，上海的前身是元朝设下的华亭府，而佘山在宋代的典籍中已然出现，如宋代《云间志》称：古代有佘姓者居此，故名。故而也可说，佘山一直稳稳地站着，遥看着在上海发生的一切，无论悲喜。

佘山分东西佘山，二山均有流传多年的名胜古迹可看，也有青葱苍翠的自然之景能赏。只是论起景致的精美，谈起故往之不俗，西佘山园仍略胜一筹。若是上午辰光去了东佘，自然是留着下午的时间给西佘，可比压箱之物。春夏两季的佘山，古树苍劲，竹林茂密，可以说是满山都在滴着绿色，淌着活力。秋天不同，几次冷风一刮，山上的颜色改了，红色系逐渐占起了位置，透着暖意，昭示着来年的红火。红绿二色每每争到盛时，总因为入冬的冷雨一一喊停，嫩绿改了

深绿，火红也深藏起来，等待来年卷土重来。

要登西佘，多从外青松路的东大门出发，拾阶而上，一路上古木不绝，竹荫大片，凉风阵阵。遇分岔路，朝右走。如此一来，第一站便是已有千年的秀道者塔。

远看着，塔有七层，外形极像杭州的保俶塔。塔身俊秀挺拔，亭亭玉立如美人儿一般，很是符合江南之风。塔基前后，都有竖碑，列有简短文章，指点塔的出身。原建于北宋，明清时期均有修缮。那时的西佘山上，潮音庵还在，佛音渺渺终日不绝。日子朝后数，这塔应该也见过施氏精舍，由明代施绍莘费尽十年心血打造的山中隐居宅院，据称可揽千里佳景，能赏姹紫嫣红；日子朝后数，这塔也应见过徐霞客，他风尘仆仆的身影，自东佘山而来，只为探险，一来一回便是四年；日子朝后数，这塔大概也远远地见过董其昌，正是四月桃花红艳时，他夜宿一晚东佘山，隔日画了一幅名动天下的《佘山游境图》。千年时间已给足，塔能瞧见的，何止这几样事情，那些人物？

如今塔身仍在，余者则不见踪迹多年，叫人易生感慨！塔下就是潮音旧址，一旁有虎树亭。如今不远处设了一个休息站似的小卖部，要照我说，午饭时间定要避开这里，方便面若是多泡了几碗，那气味也能划拉出一片地盘的。

顺着台阶朝上走，可至山顶。脚下快的游客，不用二十分钟，这因人而异。虽是不足百米的小小山峰，爬山的众人中，仍会有呼吸急促或是走至半路喊累休息的人。小道幽静，只可供两人同时通行。若是前几日下过雨，道上必然存着些积水，路面也是湿润润的，如同一路上迎面的淡薄水汽一样。左侧的竹林青青，根根都很精神，看那枝叶全然舒展开的模样，相信是喝饱了水，正在享受中。阳光摆脱开白云的拥抱，自竹林上端大盛起来，地上多了一个一个小的竹叶影子，随风动动，俏皮可人。

山顶只有两处建筑可瞧。最近处的是白色穹庐形建筑，是佘山天文台，也是我国最为古老的天文观测台；朝左略走些，是座褚红色的建筑，鼎鼎大名的佘山圣母堂。两幢建筑，风格与目的截然不同却相邻而居多年，追其根源，仍有渊源可寻。

论建筑时间，圣母堂为先。清朝末年，海关已通，鼻子最灵敏的法国传教士们秉持着一贯以来的风格，大批进入中国，力求使天主教义能扎根在这片富饶的土地上。1871年，一位法国传教士看中西佘山，开建圣母堂的雏形；1925年，由葡萄牙神父叶肇昌设计翻造十年后的建筑，才是“远东第一教堂”，气势非凡。教堂平面呈拉丁十字形巴雪利卡式，是那个年代最受推崇的巴洛克风格建筑。高耸的钟楼，响起的钟声浑厚悠长，不知唤醒了多少信徒的心；青色琉璃瓦铺成的顶盖，在日光下泛着炫目的金色，于月光下改为清冷。

高举着双手的圣母像，每日都要保佑面前的众多善男信女，为虔诚的信徒和受难的人们指点一块净土。殿窗五彩，不似那个年代的图案，有些中西合璧的味道。后来一问才知，这恰是教堂的一段沉寂过往，这殿窗也是来自他处的馈赠。

佘山大教堂，红砖墙，远在山下就能见到。至山顶更见其精致，虽然建筑群极为庞大，却仍旧有典雅之风

佘山天文台，也与神甫有缘。这座银白色的半球形建筑，正是由神甫蔡尚质一手打造。他发起集资，向法国订购了一架我国最为古老的天文望远镜——直径为40厘米、焦距为7米的双筒折射天文望远镜。天文台的最顶端，就展现着最初的那架望远镜，长长的机械臂，高高的操作台，和望得见星空的天窗。1901年，是蔡神甫出任首任台长的年份。自那日起，中国的天文事业开始起步。

下至半山腰，是中山教堂，自1844年算，有百余年的历史。教堂不大，广场不小。去的时候，正值举办教堂婚礼。大概已是尾声，神父立于祭台前，念念有词，新婚者神色恭敬略带喜色，到贺的宾客一一走过新婚者的面前，留下对婚礼最为至美的颂词。广场外的人，支了两个小摊，敬着些教会用品，柔柔地说着话，似不愿惊扰般。

地址

上海市松江区外青松公路

交通

地铁九号线至佘山站，景区间有旅游巴士和92路往返。

门票

入山免费，部分景点收费（天文台12元）

开放时间

8:00-16:30

作者手记

1.九号线佘山站对面，有自行车租赁网点，凭个人有效证件，缴纳押金200元，领取租车卡。游客可顺着林荫新路一直骑到佘山森林公园。

2.附近的辰山植物园，春秋二季的景色很美。欢乐谷、月湖雕塑公园也是不差，前者更适合胆大的朋友，后者人文气息很重。

佘山天文台的最高处，便是这个望远镜的位置。老式的望远镜，如今还可以使用，只是要爬上高台，坐稳，操作一番才能看到

主要景点 M

枫泾古镇

——粽香满廊桥

春天一至尾声，这上海的天气便似着了魔一般，今日难料明日。去枫泾古镇的日子就是。太阳最显威风的时候，热气虽一层层地卷入车窗，一路上却只能尽着车窗大开，毕竟搭乘高速，略沾了点风。自车站出来，摸着一辆候客的三轮车，不一会儿的工夫，就被送到了泰平桥。那车夫笑嘻嘻地收了钱，响着一串铃当渐行渐远。

枫泾成市于宋，建镇于元，是上海周边能比得上朱家角的水乡古镇，也有数千年水乡人家流传下来的范儿。河道纵多是自古传下的地势，据说早年间都被载满了荷花，故此小镇也有别号“清风泾”、“枫溪”，最雅的名是“芙蓉镇”。

古镇古街速写

不同于盛名下的周庄，枫泾于人的第一印象，就是一个静字。说是静，却不是一声不吭或无人声响的那种。“芙蓉镇”上处处都是小桥流水，处处都是河畔人家，是那种小舟在掌中竹竿一点一荡下就能穿小巷走小道的格局。房屋也都是灰色打底的多，若是春天再来两只燕子，就该有《双燕》中的院门气度。

近处有茶楼的旗帜飘着，是清风阁茶楼。它占着一座百年老宅，开了四五年。一楼的小院子里置着临河的几张桌椅，沾了点园内老树的福荫，夏日时一壶热茶下去，必定很是痛快！许是温度高的关系，引得旗帜也没精打采，一种被折腾得过了分的精气神。这时最好望得远些，前方右侧有一整排的黑瓦长廊，即便在红日晃晃下，依旧能看到一串串高挂的大红灯笼，和应着水中的倒影。这景致好看，漂亮，廊下灯笼静，水面灯笼活。

若将姑娘比作此景，白日里的一定是性子沉静，夜晚的大概生就妩媚。眼前景致鲜活灵动，它可以是钱应庚笔下的“日落瞻乌谁屋上，月明梦鹤故城阴”，也可以是“谁泼烟云六尺绡，寒山秋树晚萧萧”，在愿意怀古的桥段下更可以是“兰杜吹香鱼队乐，草莎成罽马蹄轻”，再来一段“风前雨后听莺声”。碰上那些心思更为寡淡的人，或许眼前的景致就该换个调调，朝“出门遇明月，闲寺也开扉。适到清溪上，方逢野衲归”上拢。只现在的枫泾大概是不如数百年前，静却依旧。只将眼睛略收回了些，就看上了那一排鲜活的人儿。大概也是闻着了香味的缘故，双脚就慢慢地朝那景移了过去。建于明代的泰平，到底只是一座单孔拱桥，十几步后便已下桥。

一盆酱肥肉，大块大块地挤在一起；一盆鸭蛋黄，个个在日下泛着油光；一盆糯米，软软的黏手，定是洗淘净的；一个蓝色大筐，隔着新鲜的粽叶，都曾在水中浸泡干净；一个小筒，好似米筒，插着根根竖直的稻草。大婶坐定，左手抽出几张粽叶，几下叠出模样，右手抓过糯米，置了一些，放几块肥肉，再置些糯米，再放些肥肉和蛋黄，用筷子伸进探探，再用手压压紧，务必使这制出的粽肉紧实有嚼劲。余下的则是装满糯米，用粽叶搭好架势，用三根稻草勒出个长条粽的身形。

她的手法简洁干练，除我之外，也有几个游客被吸引住，抱着手上的单反一阵猛拍。大婶不忘做生意，叫卖着一旁已包好的粽子，五花肉粽5元一个，精肉粽4元一个。倒也有游客下手买了一些，直说看着许多肉被包进去，拿了送给同事吃吃。

经营粽子生意的不止这家，一排小铺就有三家做此等营生，也是一般无二的

朱家角妇女包粽子的手法极快，大约也就是眨眼的工夫，一个粽子利索地出现

熟手能干。她们都置了一口小锅，煮熟了些五花粽子当场卖。水沸开锅盖时，那香味窜了出来，仿若凭空能绘制一幅肥而不腻的五花肉，便是这香气将我从桥上诓了下来，动了馋虫。

粽子铺后是黑瓦长廊，生产街上，正是刚才所瞧见的串串红灯笼的挂处，我却还瞧见了一排整齐的黑色美人靠。美人靠的右侧是店家，有经营茶道的，有卖小货的，更多的则是临河的商家，烧得一手好菜。冰蹄和其他当地知名小菜，都在铺面门口一招一式地演练开，家家门口都是热闹。脚下踩的是青砖，所谓长廊通幽，一时感觉极好。水风凑趣，偶尔来上一段青衣舞袖，很是凉快。

临水的栏杆旁，还停着一艘披红的小小画舫，木格木窗，用青绳系着。扣船石还在，不知是多早之物，千百年前来的船只都离不开它，要能说话的话，不知能吐出多少悲欢离合的故事来。想象着，若是夜间，这临水的廊上和民居家门口的红灯笼都亮起，画舫离岸，顺着曲折蔓延的河道这么荡上一程，清馨二字最是恰当。

大门进去，便是被古树怀抱的感觉。果然是大树底下好乘凉。展览各屋都有，自生活百科到20世纪的市井小情，一应俱全

古镇悠悠的，连带着镇上的居民也都悠悠着。正恍惚着的工夫，前头传来一阵轻悠悠的笛声。索性一屁股坐在美人靠，正经将这曲子听着。曲声高高地扬着，婉转有致，一曲终了，便有了不愧身在江南之感。吹笛子的人，是前头乐器店里的人，吹得认真。你若走进店去看看，他也只看看你，招呼一声，便由得你看，若你出声问，他才开口答。不止这一家卖货是这德性，廊上的这些人家中，除了菜馆的人更为殷勤主动外，余者都是这样，不追着人卖货，没有太多兜售不停的欲望。

老实说，静静的悠闲古意，是边走边看能体会到的一种感觉。这种感觉可能来自偶尔瞥见的喊不出名儿的盆栽，来自长满了青苔的近河的灰砖，来自一排排灰砖红栏的古房，来自碧波荡漾的湖面，来自长势极好的参天古银杏，来自密密树枝遮下的深深庭院，来自那些守着斑驳的铜皮大门。这分明是沉静了多年的气度，像极了深埋地底的陈年女儿红，未起封时不打紧，一日起封，必定将那守了多年的味道深深地印在人心上，想忘不能忘，欲忘却又不敢忘，怕今后再也遇不上。

泰平桥的另一侧，民宅也多，门前也有一排清一色的美人靠。只是这里不比前面的铺子，只是单纯为住家好生休息而造。路过一家，正遇着老者给花浇水，一旁的收音机里飘出软糯的吴语，咿咿呀呀地柔了一片天地。他算着浇水量，一盆接着一盆，不时抚一下叶子，看看长势，查查是否长虫。虽是慢慢悠悠地做这些事情，等他收拾完，转头时已叫我看见那满头的细汗，阳光下总看得格外分明。虽是被我细打量，老者大方一笑，将水壶搁好，便洗了个手，坐在美人靠上给自己扇起了风，很是惬意！他处古镇上，哪里能得见这般悠闲自在？

镇上却有两处地方应该去去，其一是丁聪漫画陈列馆，其二是人民公社旧址。自北大街到丁聪漫画陈列馆，要走过一小段石板路，它藏在小弄堂的深处，古老的银杏树拢着一幢两层高的小楼。丁聪是成名很早的漫画家，调侃讽刺的笔触在纸面上划过了整整一个时代的悲欢离合。可惜陈列品少有丁先生的原作，而是悉心整理的影印版本，都在二楼的几个房间内归置得整齐。笔触下的人物鲜明，容易叫人想起同一时代的丰子恺，都是属于20世纪的见证，若是20世纪50年代至20世纪70年代的生人，看了怕更有感触。

人民公社旧址，则是上海近郊保存得较为完整的人民公社。当年使用过的办公室，后院的毛泽东像章纪念馆、挖建于1971年的防空洞以及米格15飞机和57高射炮，都是公社时代的鲜活例证。大红的宣传标语和激烈的批判文字都是那一

地址

上海市金山区枫泾镇。

交通

地铁一号线锦江乐园站出，出站后左转巴士站乘坐枫梅专线，约45分钟可达古镇，票价12元。

门票

联票50元。闲逛古镇无需门票。

开放时间

8:30-16:30

作者手记

枫泾三桥（清风桥、竹行桥、北丰桥）属精致小桥，有点江南巧色。

代历史“轰轰烈烈”的曾经。

之后还走了一圈其他展馆，如程十发祖居、金山农民画展示中心、围棋国手顾水如故居，便又兜回泰平桥旁的清风阁茶馆。刚一坐定，便有一画舫摇曳而过，土布蓝褂子的船娘笑意盈盈，在减去几分热量的阳光下，顿有温润之意。她哼着不知名的小曲，那曲调俏皮，像是调侃，像是嬉闹，慢慢地驾船晃了过去。心绪随着船尾带过的几滤长痕，不知何故，竟悠悠远远地很是舒畅！

住宿

致丰客栈

原是旅社改建的客栈，装修略有些风格较杂，住宿环境却还好。挂着大大的招牌，楼厅里铺着当地风格的小片青砖。168元的大房，138元的标房和128元的单人房，房间有点小。

枫泾镇南大街163号

021-67354588

北大街朝南走的方位，很容易找到。

金轩假日酒店

算是三星级的宾馆，个中设施与莫泰168极为接近。中央空调开足，用干净整洁来形容客房是恰当的字眼。早上的自助餐选择余地略窄。房间价格200-500元不等。

枫泾镇枫阳路318号（近朱枫公路）

021-67354529

朱枫专线、枫梅线、金枫线、朱新风线等，离古镇有段距离。

美食

长廊饭店

桥头有凉风小吹，可以不坐饭店内，把饭桌酒菜都摆在河边。就着美人靠，就着一旁香喷喷的肉粽味道，点盘下酒小菜，鱼也行，花生米也行，当地常吃的小烤鱼相对咸一点，食客怕是不易习惯口味。主人殷勤周到，家常味道。人均50元左右。

枫泾镇生产街54号（小桥流水古街）

021-57354216

枫泾景区最有名的生产街上，约中段位置。

唔呶喔哩酒家（生产街店）

也是近着美人靠可以吹小风，对面戏台园子有角亮相的时候也能看得真切，咿咿呀呀的声音照着湖面兜转而来，算是有意境的所在。有点大户人家的腔调，天井长长的，两边的小包房，木窗花布，木凳方椅，好似农家小舍。隔出了包房包间，上菜快，殷勤。扎肉、吴越豆腐、田螺塞肉略咸，点一道即可，素菜做得纯粹好吃，蒜泥空心菜就是一例。人均40元左右。

枫泾镇生产街65号（枫丽路枫泾新泾路）

021-67353270

枫泾景区最有名的生产街上，约中段位置。

作者简介

陈玉贞

自由职业者。算不上土生土长的上海人，却在父辈不停的追忆中听了十七年的老上海故事，又在十三年前彻底扎根上海。因写这本书，才寻到自己最心爱的工作模式；也因写这本书，交到许多有趣的朋友。书中大部分的景色都去过好多遍，大部分涉及的餐馆都亲自去吃过。其实每一次未必都能遇上景致上佳的时候，但总还是希望将印象中最美的那些时刻录于笔下，与读者分享。

“最美中国系列”丛书简介

“Zuimeizhongguoxilie”congshujianjie

《中国最美的88个自然风光旅游地》

“最美中国系列”丛书是旅游圣经团队历经数年发展、走遍中国后推出的巅峰之作。团队组织所有优秀作者撰写本系列，可谓十余位资深背包客视野中的“最美中国”。

本系列丛书内容系作者原创，是他们心灵的真实感悟；照片系作者亲自拍摄，是他们对美的瞬间永恒的诠释。饱含人文底蕴的文字配上震撼人心的精美照片，定会给读者带来极致美好的心灵慰藉。

《中国最美的88个特色旅游地》

本系列丛书共三本：

《中国最美的 88 个自然风光旅游地》

书号：ISBN 978-7-5124-0242-3

定价：39.80 元

出版社：北京航空航天大学出版社

《中国最美的 88 个特色旅游地》

书号：ISBN 978-7-5124-0320-8

定价：39.80 元

出版社：北京航空航天大学出版社

《中国最美的 88 个人文旅游地》

书号：ISBN 978-7-5124-0394-9

定价：39.80 元

出版社：北京航空航天大学出版社

《中国最美的88个人文旅游地》

“中国最美旅游线路”丛书简介

“Zhongguozuimeilvyouxianlu”congshujianjie

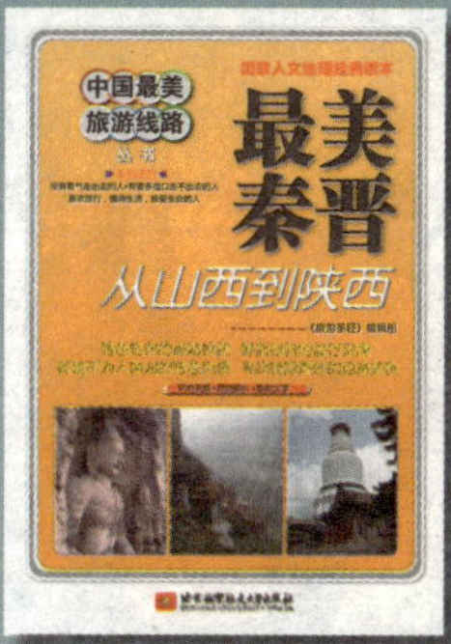

《最美秦晋——从山西到陕西》

《最美江南——从南京到上海》

《最美中原——从洛阳到商丘》

《最美徽州——从黄山屯溪到三清山》

《最美湘桂——从湘西到桂林》

《最美福建——从厦门到闽东海岸线》

《最美海南——从海口到三亚》

《最美云南——从昆明到丽江》

本丛书包括：

最美秦晋——从山西到陕西
最美江南——从南京到上海
最美中原——从洛阳到商丘
最美徽州——从黄山屯溪到三清山
最美湘桂——从湘西到桂林
最美福建——从厦门到闽东海岸线
最美海南——从海口到三亚
最美云南——从昆明到丽江

本套丛书追求有个性有特色的旅行，淡化走马观花的传统方式，追求历史文化民俗的深度感悟、风景美食住宿的独特体验，倡导“大景点”概念，提倡在一个地方要做几件事。除了游览出售门票的传统景点之外，更推崇在当地探索不为人熟知的特色风景，寻找巷陌深处的地道美食，住一家温馨浪漫的小客栈，听一段地方戏，寻一件民间工艺品等。这套丛书还打破了传统旅游书以省划分的模式，每本书都不限定某一个行政区域，而是在全国范围内精选多条特色经典路线，设计出最合理的行程安排，每条路线又可以根据读者不同的时间兴趣分化为数条小路线，全书景点行程可相对独立又紧密相连贯通一体。本套丛书由资深背包客实地考察后撰写，文字和照片均为原创，定能带给你全新的启示，使你的旅行充满趣味，更加丰富多彩。

“游记系列”丛书

"YouJixilie"congshu

《悠闲慢旅行》

《路人甲》

《十年旅行》

《阳光下的清走》

《一个人旅行直到世界尽头》

《背着家去旅行》

《搭车旅行：那些边走边晃的日子》

《向世界进发》

《最美藏地时光》

《最美云南时光》

《大学生穷游指南》

书号：ISBN 978-7-5124-0992-7
定价：39.80 元
出版社：北京航空航天大学出版社

《背包客》

书号：ISBN 978-7-5124-0689-6
定价：39.80 元
出版社：北京航空航天大学出版社

《老北京新北京 2012-2013》

书号：ISBN 978-7-5124-0682-7
定价：39.80 元
出版社：北京航空航天大学出版社

上海市区
N
同济大学
闸北公园
鲁迅公园
杨浦公园
和平公园
多伦现代美术馆
多伦路
老电影咖啡馆
思慕精品酒店
老场坊1933
M50创意园区
苏州河
上海站
玉佛禅寺
Urbn碳中性酒店
苏州河畔国际青年旅舍
外白渡桥
外滩源
外滩
海洋水族馆
东方明珠
陆家嘴绿地
金茂大厦
环球金融中心
长风公园
中山公园
张爱玲故居
静安寺
静安公园
静安别墅
当代艺术馆
人民公园
上海美术馆
城市规划馆
上海大剧院
上海博物馆
人民广场
天蟾逸夫舞台
马勒别墅
上海音乐厅
豫园
老城隍庙
上海老街
滨江大道
十六铺面料市场
淮海公园
上海新天地
复兴公园
孙中山故居
上海音乐学院
蔡元培故居
宋庆龄故居
田子坊
文庙
老码头
浦江游览
南外滩面料市场
徐家汇公园
小红楼
国际礼拜堂
上海当代艺术博物馆
世纪公园
世博公园
上海意大利中心
龙华寺
月亮船
中华艺术宫
地铁一号线
地铁二号线
地铁四号线
地铁六号线
地铁七号线
地铁八号线
地铁九号线
地铁十号线
地铁十一号线
黄浦江